U0517302

工业化进程中的变革与自主发展

高校、产业与城市的联动模式

黎贵才 王碧英 著

中国社会科学出版社

图书在版编目（CIP）数据

工业化进程中的变革与自主发展：高校、产业与城市的联动模式／黎贵才，王碧英著．—北京：中国社会科学出版社，2016.1

ISBN 978-7-5161-6020-6

Ⅰ.①工… Ⅱ.①黎… ②王… Ⅲ.①老工业基地—经济发展—研究—长春市 Ⅳ.①F427.341

中国版本图书馆 CIP 数据核字(2015)第 081367 号

出 版 人　赵剑英
责任编辑　杨晓芳
责任校对　张爱华
责任印制　王　超

出　　版　中国社会科学出版社
社　　址　北京鼓楼西大街甲 158 号
邮　　编　100720
网　　址　http://www.csspw.cn
发 行 部　010-84083685
门 市 部　010-84029450
经　　销　新华书店及其他书店

印　　刷　北京君升印刷有限公司
装　　订　廊坊市广阳区广增装订厂
版　　次　2016 年 1 月第 1 版
印　　次　2016 年 1 月第 1 次印刷

开　　本　710×1000　1/16
印　　张　14
插　　页　2
字　　数　233 千字
定　　价　49.00 元

目　录

绪　论

中国自改革开放以来，经济呈现持续快速增长，其直接成因无疑是工业化的快速发展，表现为工业部门在整体经济中比重的扩展以及工业部门生产率的领先发展，而后者很大程度上依赖于一系列具有动态规模效益或技术外部性特征的大规模生产产业的兴起。中国经济在改革年代上半期的工业化发展，是在依循以下动态因果关系中得以实现的：消费诱导投资，带动整体需求扩张，这种模式既能吸纳转移的农村剩余劳动力，又能通过动态规模效益进一步提升工业部门的生产率，形成生产与消费、工业与整体经济增长的良性循环。然而从20世纪90年代起，以消费为主导的工业化模式开始让位于以投资为主导的工业化模式，即呈现出“资本深化”的工业化特征。

当前“资本深化”的工业化有其特定历史背景中的可行性和合理性。就可行性而言，自20世纪90年代以来，中国消费需求增长放缓使得经济增长必须转而依赖投资需求，而消费需求增长放缓是长期趋势而非短期波动，这是因为收入分配格局的愈趋不平均，归根到底是因为公有制部门在整体经济中的比重大幅度下降；就合理性而言，早在改革年代的上半期，以国有工业企业为核心的中国经济体制就具备集体学习效应和动态规模效益所需的能力。市场化的改革并没有消除这种体制特征，作为国有工业企业核心部分的大型企业，与政府、在岗职工和银行等利益相关者的长期导向关系依然存在，在此期间成长起来的非国有大型企业也趋于显现出近似的体制特性。因此，大型工业企业成为了“资本深化”的工业化的主要承载者，并在1998年之后得以迅猛扩张。

自2008年世界性经济危机以来，中国经济增速有所回落，中国经济开始步入“新常态”阶段。经济增速的回落，自然容易引发学术界对有关当前模式的可持续性的质疑。要探讨由20世纪90年代确立的、当前仍在维系的“资本深化”工业化模式是否具有可持续性，就必须从决定这种模式的内生因素和这种模式所面对的外部环境两方面来考察。

在内生因素方面，这种“资本深化”的工业化模式是否具有可持续性，取决于它是否能够获得足够的动态规模效益，而这又有赖于需求因素与长期导向的经济体制是否配合。从迄今为止的发展来看，这两者基本是配合的，但没有证据显示这种配合在未来一定能持续下去。因而，从内生因素看，这种模式是否具有可持续性关键还在于，中国本土工业是否能够在愈趋严峻的国际竞争中提升自身的技术创新能力，以克服内部的需求约束。

从外部环境来看，这种“资本深化”的工业化模式确实存在不少问题。一方面，具有“资本深化”特征的一般工业企业的生产能力表现相对过剩，而资本密集型和技术密集型等工业企业却发展相对不足，大量的资本密集型和技术密集型机械设备和运输设备依赖进口；另一方面，改革开放以来中国的工业化获得了长足进步，中国的持续快速增长堪称世界经济奇迹，然而近年来中国经济增长的资源消耗也是震惊世界的，并已成为中国经济发展的瓶颈。要克服这两方面的外部环境制约，都有赖于本国工业企业技术自主创新能力的提升。前者需依靠技术创新摆脱技术依附，后者则需依靠技术创新实现技术升级以淘汰落后产能。

因此，实现技术自主创新是突破当前工业化内外部约束的关键。在当今知识经济时代，技术自主创新更是企业生存的圭臬。世界主要发达国家都将提高技术自主创新能力作为提升竞争力的战略选择。当前中国要突破“资本深化”工业化发展的内外瓶颈，也唯有实现自主创新，走新型工业化道路，才是最佳选择。

一个国家的创新体系一般包括三个方面，即知识创新体系、技术创新体系和技术转移体系。高校是知识创新的主体，技术研究机构和企业则是技术创新的主体，而政府则在技术转移体系发挥着不可替代的作用。如何将国家创新体系的四大主体有机地结合，则是实现创新的关键。当然，不同地区由于历史原因这四个主体的结合方式也自然有所不同。本书则以长春市为例，探讨这四者的结合模式，探索以创新为主导的高校、产业、城市联动发展的新型工业化模式。

长春市是最重要的东北老工业基地之一，其机械制造业尤其是汽车制造业的建设与发展，对新中国工业的崛起发挥过重要作用。然而自市场经济体制改革以来，长春与其他老工业基地一样显现出一定程度的衰落迹象。要化解长春工业发展的困局，必须将其放在中国特定的工业化发展阶段和经济全球化的大背景下来考虑，同时还必须考虑长春市工业化特定的历史发展背景。

长春市这样的东北老工业基地具有较好的工业基础、较高的城市化水平和较好的基础设施条件，蕴含着巨大的发展潜力，可以为中国的工业化发展做出重大贡献。但长春也像其他东北老工业基地一样，存在企业技术改造投入不足、技术装备老化、结构矛盾突出、污染严重等问题。在当前经济全球化大背景下，长春市如何更好地参与国际分工，抓住发展新机遇，通过提高技术自主创新能力，加快产业转型升级，走出一条符合长春特色的新型工业化振兴之路，这对吉林省工业的振兴乃至中国工业的发展都将具有十分重要的战略意义。

本书的研究意义在于，对中国工业化效率、动因及其演进进行理论分析，并运用相关结论，以技术创新为主导，从高校、产业与城市联动发展的视角，探讨长春市的新型工业化道路，为中国新型工业化的发展提供借鉴。基于以上构想，本书分为五个部分共七章来展开。

第一部分，即为第一章，国内外工业化理论的回顾与评价。该部分内容首先概述西方主流经济学对工业化问题的研究，重点论述主流发展文献的洞见和不足；其次分析马克思主义经济学和西方激进经济学对工业化的讨论，着重讨论马克思主义经典作家关于工业化的探讨和社会主义工业化的实践，并讨论激进经济学家关于发达国家对发展中国家工业化的影响的分析；最后简要概述国内学者对中国工业化问题的争论和理论创新。

第二部分，包括第二、第三章，中国工业化效率与可持续性讨论。这部分内容主要探讨中国工业化与经济增长的体制和结构特征，并以发展中国家工业化作为增长的动力议题，以马克思再生产理论为主要理论基础，借鉴西方主流发展文献的合理成分，构建一个适合分析发展中国家经济增长特征的工业与非工业两部门模型，以分析中国当前经济发展模式的效率特性和现实可行性。这部分内容分析得出，自20世纪90年代以来，中国工业化模式开始由消费主导型转向投资主导型，呈现出“资本深化”的特征。这种“资本深化”的工业化模式有其特定历史背景中的可行性和合理性。就可行性而言,自20世纪90年代以来,中国消费需求增长放缓使得经济增长必须转而依赖投资需求。就合理性而言,早在改革年代的上半期,以国有工业企业为核心的中国经济体制就具备集体学习效应和动态规模效益所需的能力。

第三部分,包括第四、第五章,技术创新与长春市的新型工业化。这部分内容主要运用第二部分所构建的理论框架,从宏观视角来分析长春市的工业化的动态规模效率及其可持续性。分析得出,长春作为重工业基地,自振兴战略实施以来,“资本深化”特征更趋明显。这种“资本深化”模式是否具有可持续性,关键在于工业化的动态规模效益是否足以阻止投资边际报酬递减的趋向,而这最终又取决于长春工业部门是否具有足够的技术创新速度,从而维持较高的动态效率。本部分还从提高长春工业自主创新能力和实现“农业工业化”角度,考察了长春新型工业化的战略选择。

第四部分,即第六章,技术创新与长春的“高校—产业—城市”联动发展。本部分着重运用“技术—经济范式”理论框架,对大学城在城市科技创新中的作用提供理论解释,并试图探讨长春高校、产业与城市联动发展的微观机制。本部分认为,技术创新得以实现的前提条件,一是必须培育出新的“关键要素”;二是必须具备与创新活动相配合的“制度环境”。从资源的特性看,唯有“持续的创新能力”才是促进“技术—经济范式”变革的“关键要素”。本部分还从“从大学城到技术创新”与“从技术创新到生产率提升”两个层面,讨论了长春市南大学城推进策略,及其与之对应的长春市高校、产业与城市联动发展的新型工业化道路。

第五部分,即第七章,结束语。这部分内容主要从“技术—经济范式”对中国自改革以来工业化积累体系的演进做一个总结性的讨论,着重分析了当前以“资本深化”为特征的积累体系的制度特性,并在此基础上讨论当前“新常态”形成的需求因素。本部分认为,根据“技术—经济范式”,“新常态”下应该更加重视与当前积累体系相匹配的、虽缺乏灵活性、但却具有较强集体学习效应的大型国有企业在国家创新体系中的作用。

第一章

国内外工业化理论的回顾与评价

工业化是经济增长、社会发展的一个过程，也是工业化和社会化生产方式替代传统手工业和小农经济并逐步成为主要生产方式的一个过程。任何一个国家，从传统农业社会走向现代工业社会，工业化均是必经之路。有关工业化研究的理论文献可谓浩如烟海，这里首先概述西方主流经济学对工业化问题的研究，重点论述主流发展文献的洞见和不足；其次分析马克思主义经济学和西方激进经济学对工业化的讨论，着重讨论马克思主义经典作家关于工业化的探讨和社会主义工业化的实践，并讨论激进经济学家关于发达国家对发展中国家工业化的影响的分析；最后简要概述国内学者对中国工业化问题的争论和理论创新。

第一节　西方主流经济学对工业化问题的研究

一　关于工业化模式的研究

“工业化”的思想起源于18世纪中期英国发生的工业革命，因此最早的工业化理论是关于工业化阶段划分和工业化特定内涵的工业革命理论，以及关于为何应该发展制造业和如何发展制造业的理论。英国学者汤因比出版了专著《工业革命》（1884），[①]“工业革命”这个名词从而得以在世界流行。在此之前，1791年美国重商主义学者汉密尔顿在他向政府所提交的政府文件《制造业报告》中强调了美国发展制造业的重要性，

① Toynbee, *Lectures on the Industrial Revolution of the 18th Century in England*, London: Rivingtens, 1984.

并对美国制造业的发展状况和如何促进美国制造业发展的具体措施做了详细论述。到19世纪中叶，德国历史学派的李斯特才对“工业化”理论进行系统研究，在他的《政治经济学的国民体系》一书中强调了工业化强国思想，指出工业化的成败事关国家的兴衰和经济的振兴，并指出贸易政策选择和国内市场建设是工业化强国之路的重要方面。进入20世纪以来，西方学者关于工业化模式的研究大致可以分为四个阶段。

（一）20世纪40年代关于进口替代工业化战略的研究

20世纪40年代理论界第一次出现了工业化研究高峰，其主要原因是，部分发展中国家虽在政治上不再受制于发达国家，但在经济上仍依附于发达国家，许多学者和发展中国家的政策制定者都意识到“国家支持工业化是走向发展的唯一康庄大道”，探讨发展中国家工业化道路的发展经济学应运而生。这一时期工业化理论研究成果丰富，涉及工业化发展阶段、工业化产业结构变动规律、工业化战略选择和工业化实现机制等多方面。这一时期研究的特点是，强调农业国必须走工业化道路，才能实现国家富强。这一时期的代表性著作有：威廉·吕彼克的《农业国的工业化：一个科学的问题》（1938）、罗森斯坦·罗丹的《东欧与东南欧工业化问题》（1943）、曼德尔鲍姆的《落后地区的工业化》（1945）等。[①] 这些理论大多以发展中国家为背景加以研究，提出了一系列工业化和贸易保护的政策主张，以加快本国工业化的发展，实现进口替代，振兴民族经济。

（二）20世纪六七十年代关于出口导向型工业化战略的研究

自20世纪40年代开始，拉丁美洲的一些国家利用核心国家控制削弱的有利时机，积极推行工业品国产化政策，率先实施进口替代工业化战略，取得了较好成效。许多发展中国家争先效仿拉丁美洲工业化模式，面向国内市场发展本国工业，也取得较好的经济成效。但从20世纪60年代开始，实施进口替代战略的拉美国家出现较严重的财政失衡和部门失衡，普遍陷入经济困境。而对应的是，东亚的部分国家和地区在该时期实行的是出口导向的工业化政策，并取得了较长时期的经济高速增长。针对这种情况，经济学界开始反思进口替代工业化战略缺陷。

---

① 郭俊华：《西部地区新型工业化模式的选择研究》，博士学位论文，西北大学，2005年，第11页。

利特尔、西托夫斯基和斯科特（1970）在他们合著的《某些发展中国家的工业和贸易：比较研究》一书中，分析了阿根廷、巴西、墨西哥、印度、巴基斯坦和中国台湾等地区所实施的进口替代和贸易保护主义战略的工业化特征及其后果。①迈因特（1980）在其代表性著作《发展中国家的经济学》中，对进口替代工业化的理论核心和体系进行了系统分析和深入批判，并阐释了发展中国家实行出口导向型工业化发展战略的意义，较全面地梳理了发展中国家工业化的理论。迈因特（1971）在其代表性著作《东南亚经济：70年代的发展政策》中，还提出了进口替代工业化战略会加剧发展中国家二元结构问题的观点。②这个时期对工业化战略的反思，还涉及对政府和市场关系的反思。部分学者强调在资源配置方面需从注重政府和计划的作用转向强调市场机制的作用，由片面发展工业化，转向在推进工业化的同时，也应重视农业的发展。

（三）20世纪80年代关于经济结构变动的工业化研究

以往的工业化研究，无论是早期的进口替代，还是其后的出口导向，都没有考虑到各国工业化的差异性。由于各国内外部条件的不同，如不加区别强调统一的工业化模式，对发展中国家的工业化发展就可能产生误导。强调工业化的国别差异、地区差异和阶段差异是20世纪80年代较为普遍的研究工业化的方式。钱纳里、鲁滨逊和赛尔奎因（1986）在其合著《工业化和经济增长的比较研究》③中考察了“二战”后发展中国家的各种工业化类型，并且提出了一种对不同国家工业化原因进行比较的研究方法。

有些学者对工业化差异性的原因做了进一步分析。对于鲍莫尔（Baumol，1986）所提出的关于部分发展中国家在战后30年仍然无法实现经济腾飞问题，④吉梅尔（Gemmell，1991）从要素投入和技术进步的差异等

① Little，I.，Scitovsky and M. Scott，*Industry and Trade in Some Developing Countries*，London：Oxford University Press，1970.

② 范家骧：《七十年代的发展经济学》，《世界经济》1980年第4期。

③ 钱纳里、鲁滨逊、赛尔奎因：《工业化和经济增长的比较研究》，上海三联书店1989年版。

④ Baumol Willian J.，“Producitivity Growth，Convergence and Welfare：What the Long-Run Data Show”，*American Economic Review*，Vol. 76，No. 5，1986.

角度做出了解释。吉梅尔认为,技术溢出、要素市场不均衡以及部门间技术进步和资本深化差异都是导致发展中国家工业化差异的原因。在这里技术进步的重要性成为解释工业化后发优势为什么不能产生经济收敛的重要原因。[①]

(四)20世纪90年代以来的可持续发展工业化研究

这一时期主要围绕着环境资源问题、工业化动力机制问题、"再工业化"问题展开了一系列讨论。

1. 工业化与环境资源问题研究

20世纪50年代以后,大部分发展中国家都走上了工业化的道路,随着工业化的深入,环境资源问题开始凸显,工业化、经济增长与环境资源的关系开始成为90年代以后工业化研究的一个重要议题。一方面,就经济收敛而言,西方学者开始考虑环境资源对经济增长的反作用。巴罗(Barro,1995)[②]、罗默(Romer,1990)[③]等对众多国家工业化研究的比较表明,贫困国家的长期增长率还是低于富裕国家,并没有出现新古典增长理论所预期的收敛。帕克(Pack,1994)[④]所提供的解释是,不稳定的经济政策和管理机构制约了新技术和创新的产生,继而对经济增长产生了约束作用。而20世纪90年代后的研究大多倾向认为,贸易结构会对自然资源、环境和经济增长产生影响,从而导致工业化不能产生经济收敛。随着经济全球化的深入,对工业化和环境资源问题的研究,部分学者开始考察发达国家与发展中国家经济发展中的环境资源冲突问题。彭慕兰(Kenner Pomeranz,2002)曾对欧洲和中国的工业化进行对比分析,得出结论的是,发展中国家大量消耗资源和对环境的破坏,将可能导致发达国家和发展中国家因争夺资源产生冲突。[⑤]

---

① 欧曼等:《战后发展理论》,中国发展出版社2000年版,第90页。

② Barro, et al., *Economic Growth*, New York: McGraw-Hill, 1995.

③ Romer, P. M., "Endogenous Technological Change", *Journal of Political Economy*, Vol. 98, No. 5, 1990.

④ Pack, H., "Endogenous Growth Theory: Intellectual Appeal and Empirical Shortcomings", *Journal of Economic Perspectives*, Vol. 8, No. 4, 1994.

⑤ Kenner Pomeranz, *The Great Divergence: China, Europe and the Making of the Modern World Economy*, Princeton University Press, 2002.

2. 工业化的动力机制问题研究

在工业化动力机制方面，卢卡斯等人把经济增长理论与工业化问题结合起来，从更宽泛的视角，对工业化与经济增长、技术进步、收入分配、人口增长等之间的关系做了深入研究，试图回答“为什么一些国家在经济发展的一定阶段能出现类似于英国工业革命的经济高速增长期，使其经济在短期内出现超越，而有些国家却长期停滞?”他们将农业社会向工业社会演变的模式分为两大类：一是自然演化型，这种类型表现为农业社会向工业社会的转变是一个自然而然的历史演化过程，这种演化型又可分为资本积累型和技术变革型；二是外部推动型，这种类型表现为农业社会向工业社会的转变，是由于技术扩散、人力资本积累等外部因素的推动而得以实现，这种变革起决定作用的是增长因素和学习。

琼斯（Jones，1999）认为新思想新技术产生的数量依赖于人口的规模。[①] 科蒙和克洛麦（Chamon and Kremer，2006）进一步从发达国家与发展中国家相对人口比例的变动来揭示世界经济增长的趋势。科蒙和克洛麦认为，发达国家人口数量的规模大小决定了购买力需求的大小，当发达国家人口增加时，对外贸易的需求就会增加，发展中国家由于贸易机会的增加，发展速度也得以提高。当然，只有发展中国家与发达国家人口增长的差距不是过大，发展中国家向发达国家过渡的速度才会加快。[②]

克拉克等（Clark et al.，2008）则指出对外贸易对工业化才起到关键作用，认为对外贸易是英国工业化发展的主要驱动力。[③] 柔克等（Rourke et al.，2007）通过实证分析发现，对外贸易不仅对英国，对西方其他发达国家的工业化也有重要意义，因为它能够阻止本国技术报酬率的下降，甚至可以促使技术报酬率的回升。[④]

琼斯（Jones，1999）指出20世纪促进创新的制度的建立对工业化发

---

① Jones, C. I., “Was An Industrial Revolution Inevitable?”, *NBER Working Paper*, 1999, w7375.

② Chamon, Kremer, “Economic Transformation, Population Growth and the Long-Run World Income Distribution”, *NBER Working Paper*, 2006, w12038.

③ Clark, G. et al., “Made in American? the New World, the Old, and the Industrial Revolution”, *NBER Working Paper*, 2008, w14077.

④ Rourke, et al., “Trade, Knowledge and the Industrial Revolution”, *NBER Working Paper*, 2007, w13057.

挥着核心作用。达林和赫尔曼（Da Rin & Hellman，2002）认为，银行作为一种经济制度具有将协调问题的外部性内部化的作用。不同企业的投资活动具有互补性，银行可以充当企业投资活动的协调器，即银行在工业化过程中充当催化剂，从而起到加速工业化进程的作用。[①]

不同的发展中国家工业化的经历有着较大的差异。东亚新型工业化国家以制造业的发展推动工业化，使工业化成为这些国家收入增长与经济结构转型的发动机。而非洲国家只有一些简单的工业部门，只能靠生产消费品来推动工业化的发展。这种差异的传统解释是贸易导向的结果，从而认为实施出口导向型战略能更有效地实现工业发展。桑贾亚·拉尔（Sanjaya Lall）依据激励有效性假设把贸易战略作为工业化成功的主要决定因素，认为"激励是工业化发展的必要条件"。[②] 在工业化过程中存在市场失灵的可能性，政府干预则是有效的补救措施。成功的工业化是激励、能力和制度相互作用的结果。

3. 再工业化问题研究

"再工业化"是20世纪90年代工业化研究的另一个重要论题。20世纪90年代苏联、东欧国家发生剧变后，这些国家为扭转由于多年优先发展重工业造成的产业结构畸形，提出"再工业化"或"二次工业化"发展战略，目的是为了纠正以往工业化的偏差，再次有选择地发展相关工业，调整和优化产业结构，以提高工业化整体水平，实现工业现代化。

2008年金融和经济危机后，美国也曾提出要"再工业化"，其意图是运用现代新技术来重新振兴美国制造业，进行大规模基础设施建设，提高基础设施技术装备水平，发展实体经济，扭转经济过度虚拟化和服务化。美国有学者认为，忽视工业发展、过度依赖虚拟经济是不可能保证经济持续增长的。美国经济的空心化，主要特征表现为实体经济生产能力薄弱，其后果必然为收入差距扩大和财政赤字增加。因此有学者认为，美国经济复苏的出路在于提振实体经济，发展工业、扩大生产，进行"再工业化"。纽约时报专栏作家托马斯·弗里德曼建议，通过能源保护和绿色技

---

① Da Rin and Hellman, "Banks as Catalysts for Industrialization", *Journal of Financial Interdediation*, Vol. 11, No. 4, 2002.

② 桑贾亚·拉尔：《对发展中国家工业成功的解释》，载《发展经济学前沿问题》，中国税务出版社2000年版，第138页。

术来重建工业基础，复苏美国经济。[①]

二　关于工业化内涵和阶段的研究

（一）关于工业化内涵和作用的研究

1. 关于工业化含义的分析

约翰·科迪等在其著作《发展中国家的工业发展政策》（1990）中认为“工业化的目标通常是国民经济的增长和生活水平的提高”，“对发展中国家来说，工业化已经成为赶上工业化国家的高生活水平和政治地位的关键”，“工业化被看成是把农业、建筑业、运输业和其他服务业转变成高效率生产部门的一种手段”。[②] 阿米亚·巴克奇指出“工业化是一个过程”，其特征是：制造业或第二产业的增加值在国内生产总值中所占比重的上升，对应的就业人口也呈相应的趋势变动；第二产业与第一产业人均劳动生产率的差距不断缩小；城镇人口所占的比重不断上升。[③] 卢卡斯（Lucas，2002）则把工业化定义为“人均收入的持续增长”，并认为工业革命不仅促进了经济增长，同时也促进了人口的增长、技术的进步和生活水平的提高，但工业革命也促使不平等程度提高和收入差距扩大。[④]

2. 关于工业化度量的理论

就工业化的衡量标准问题，约翰·科迪等人指出，制造业增加值在国内生产总值中所占的份额是衡量工业化的主要标准。这个指标随着工业化的进程变动也会发生变化。一般来说，“制造业产出在总产出中的份额先是提高，然后下降，因为传统服务业在发展的初期水平上较高，随着工业化的推进，其重要性会发生下降。当人均收入达到较高水平时，新的服务业将会出现并变得重要起来。”[⑤] 桑贾亚·拉尔对“什么是成功的工业化”做了界定。他认为，“成功的工业化不仅意味着物质能力增加或生产的增加，还意味着，这种能力的建立和利用是有效的，而且在长期中由于生产

---

① Jonathan M. Feldman，“Before the Second Wave of Crisis”，*Economic Reconstruction Network*，October 15，2008，http：//www. Economic reconstruction. com.

② 约翰·科迪等：《发展中国家的工业发展政策》，经济科学出版社 1990 年版，第 17 页。

③ 阿米亚·巴克奇：《工业化》，《新帕尔格雷夫词典》，经济科学出版社 1992 年版。

④ Robert E. Lucas，Jr.，*Lectures on Economic Growth*，MA：Harvard University Press，2002.

⑤ 约翰·科迪等：《发展中国家的工业发展政策》，经济科学出版社 1990 年版，第 17 页。

率和竞争力的提高，增长是持续的。”而“一个成功的工业化国家表现出以日益增长的本国物质、人力和技术来不断使制造业活动深化和复杂化”。“从发展活力或效率来看，工业投资需遵从最优原则，在动态情况下，技术始终在进步。发展中国家的‘效率’也包括生产率同步提高和工业技术的多样化。”并指出，“确定工业化成功最方便的方法是考察长期中制造业增值的增长，而且，把资本产出比的提高、全要素生产率的增长、出口增长和多样化，以及国内工业能承受的保护水平作为效率和活力的指标。”①

3. 关于工业化作用的理论

卡尔多曾提出过关于工业化意义的三个增长规律：一是制造业产出的增长与国内生产总值的增长之间存在强正相关关系；二是制造业产出的增长与制造业生产率的增长之间存在强正相关关系；三是制造业产出的增长与非制造业生产率的增长之间存在强正相关关系。这三个规律被学界统称为“卡尔多—维尔敦定律”（Kaldor-Verdoorn's Law）。卡尔多特别强调了工业化对发展中国家经济发展的意义，并认为发展中国家必须工业化，也只有通过保护才能实现工业化。桑贾亚·拉尔也强调工业化的意义，认为“工业是国家收入增长和经济结构转型的发动机”。霍利斯·钱纳里认为，总产出中制成品份额的增长是工业化的特征，“这一结构变化既是收入增加的原因，也是其结果”。钱纳里还认为，制造业的如下特点凸显了在国民经济发展的重要意义：对工业品的需求收入弹性较高；工业品的可贸易程度大；按照比较优势建立的工业部门，允许劳动和资本向生产价值较大的部门重新配置，并且从专业化和规模经济中挖掘潜在收益；制造业是技术变化的主要原因之一。②

（二）关于工业化过程和发展阶段的研究

1. 霍夫曼定理

西方大部分学者根据产业结构的特点和演进过程来分析工业化的发展阶段，揭示工业化过程中产业结构的演进规律。德国经济学家霍夫曼

① 桑贾亚·拉尔：《对发展中国家工业成功的解释》，载《发展经济学前沿问题》，中国税务出版社2000年版，第139—140页。

② 钱纳里、鲁滨逊、赛尔奎因：《工业化和经济增长的比较研究》，上海三联书店1989年版。

(1931) 在其《工业化的阶段和类型》一书中分析了工业化演进的一般模式，并构建了霍尔曼系数（消费品工业与资本品工业的净产值之比），认为系数越大，工业化水平就越低。霍夫曼并根据该系数的大小特征将工业化过程分为三个阶段：当该系数介于4—6之间，即消费品工业在制造业中占主导地位，工业化即处于起步阶段；当该系数介于1.6—3.2之间，此时资本品工业的增长快于消费品工业的增长，但其总规模仍小于消费品工业，工业化即处于中级阶段；当该系数介于0.6—1.5之间，此时资本品工业不论是增长速度还是总量规模上都已超过消费品工业，当该系数低于1水平，表明资本品工业净产值已经开始赶上或超过经济而进入重工业化阶段。①

2. 配第—克拉克定理

克拉克发现，在工业化过程中，三次产业在国民经济中的比重和地位存在第一次产业逐步下降，第二、第三次产业依次逐步上升的规律。② 最先研究三次产业变动规律的是英国古典经济学家威廉·配第，他在其著作《政治算术》③ 一书中提出，“工业收益比农业收益多得多，商业收益又比工业收益多得多”，劳动力向收入高的部门流动对经济发展更为有利。在这里，威廉·配第初步揭示了工业和商业会不断扩大的趋势。克拉克则在其研究的基础上，揭示了工业化过程中三次产业的变动规律。

3. 赫希曼的“最终行业理论”

艾伯特·赫希曼指出，“不发达国家常常首先建立‘最终行业’”。所谓的“最终行业”，就是“原材料从国外进口，经过混合、装配、包装等程序，使之有所增值，并将制成品迅速供应最终消费者”的行业。赫希曼并指出，“某些迅速发展的不发达国家近年来的许多经济实例，曾经证明其工业化进程是从发展‘最后加工’阶段开始，继而在国内从事中间产品制造，最后发展基本原料工业。经过这一途径，工业化已经证明是农业发展的一个强有力的刺激因素。”④

① 谭崇台：《发展经济学》，上海人民出版社1989年版，第236—338页。

② 伊特维尔等：《新帕尔格雷夫经济学大辞典》第1卷，经济科学出版社1992年版，第467页。

③ 威廉·配第：《政治算术》，载《配第经济著作选集》，商务印书馆1981年版，第19页。

④ 艾伯特·赫希曼：《经济发展战略》，经济科学出版社1991年版，第101页。

4. 西方学者对欧美国家工业化阶段的划分

约顿（Jordon，2002）以全要素生产率的增长为指标分析了美国自1870—1996年生产率的增长状况。他发现，美国1870—1891年全要素生产率增长缓慢，1891—1972年进入相对稳定增长阶段，全要素生产率以年均约1%的速度增长。因此，约顿认为美国工业化发展的黄金时代始于1913年，持续到1972年。① 根据阿布莱莫维茨（Abramowitz，1991）的研究，欧洲1870年的劳动生产率相当于当时美国的77%，而1913年劳动生产率水平相当于同时期美国的61%，1950年相当于美国的46%，与美国的差距达到最大。随着工业化黄金时代的到来，欧洲劳动生产率与美国的差距开始逐渐缩小，1913年劳动生产率水平提高到相当于同时期美国劳动生产率水平的69%，1986年欧洲劳动生产率水平相当于美国的76%。②

从以上西方学者对工业化问题的研究可以发现，其理论贡献主要表现在将工业化作为发展中国家经济发展的主题，并研究了发展中国家工业化战略，这些研究对发展中国家的工业化和可持续发展有着重要的启发意义。当然，西方学者对工业化问题的研究还存在许多不足。首先，对工业化问题的研究，西方学界还存在各种不同的观点，并没有形成完整系统的工业化理论。对什么是工业化道路、工业化应该包括哪些具体内容，西方发展经济学也没有给以准确的界定。此外，这些研究大多以特定国家、特定区域或特定时期为研究对象，所得出的结论不具有普遍意义。

第二节　马克思主义经典作家对工业化问题的研究

工业化理论也是马克思主义经济学的重要组成部分。马克思和恩格斯有关工业化的论述主要集中在三个方面：一是对工业化产生的分析，提出市场化是工业化产生的必要前提和条件；二是对工业化的客观描述和实证

① Jordon, R. J., "Technology and Economic performance in the American Economy", *NBER Working Paper*, 2002, w8771.

② Abramowitz, "The Postwar Productivity Spur and Slowdown: Factors of Potential and Realisation", in G. Bell, ed., *Technology and Productivity: The Challenge for Economics Policy*, Paris: OECD, pp. 19 – 37.

分析，指出工业化所带来的生产力飞速发展和经济结构、社会生活的巨大变化；三是通过对工业化与资本主义生产关系矛盾的分析，推导出工业化必然导致资本主义被社会主义所取代。

列宁、斯大林运用马克思的再生产理论提出了生产资料生产优先增长规律，并运用该理论于社会主义建设实践。布哈林则反对苏联社会主义工业化实践中所出现的牺牲农业以支持工业发展的现象，并认为国家的工业化就意味着农村的工业化。

20 世纪 20 年代苏联经济学家菲尔德曼对马克思的再生产理论进行模型化，较系统地分析了马克思关于资本主义生产资料的生产优先增长规律。这一理论在一定程度上成为苏联和改革前中国等社会主义国家的工业化实践的理论依据。马克思的工业化思想对后凯恩斯的发展文献也产生了深远影响，著名的“卡尔多—维尔敦定律”与马克思理论就有着极深的渊源关系。

一 马克思、恩格斯关于工业化的理论

马克思主义的创始人马克思和恩格斯所处的历史时代，正是英国等西方国家由工业革命所推动的工业化的初始阶段，也是资本主义在世界范围迅猛扩张和资本主义矛盾充分暴露时期，在这种历史背景下，马克思、恩格斯运用历史唯物主义和辩证唯物主义对资本主义发展规律进行了深入分析，创立了科学社会主义理论体系。由于在该时期工业化是资本主义发展中的一个重要方面，马克思和恩格斯在科学社会主义理论体系中对工业化的兴起和工业化与资本主义之间的关系做了深入分析，下面就马克思、恩格斯的工业化的产生、结构变动和发展趋势等方面的理论做一个简要的概述。

（一）马克思、恩格斯关于工业化产生的理论

工业化是资本主义发展的必经阶段。马克思、恩格斯在《德意志意识形态》的“交往与生产力”一节中深入分析了西方国家封建经济向资本主义经济的演变过程。马克思、恩格斯认为这种演变过程，始于 16 世纪脱离行会约束的“特殊的商人阶级”的出现，造成城市间生产的分工，从而工场手工业兴起，随着世界市场的需求扩大，机器大工业开始出现，这些变化表明西方国家的封建经济向资本主义经济的过渡完成。对这个过

渡过程，马克思在《共产党宣言》中做了更简洁的概述：“以前那种封建的或行会的工业经营方式已经不能满足随着新市场的出现而增加的需求了，工场手工业代替了这种经营方式”；“市场总是在扩大，需求总是在增加。甚至工场手工业也不再能满足需要了。于是，蒸汽和机器引起了工业生产的革命。”① 对于贸易与工业化之间的关系，马克思曾这样描述：“当贸易在英国已发展到手工劳动不能满足市场需求的时候，人们就感到需要机器。于是人们便想到应用18世纪时即已充分发展的机械学。”②

恩格斯对手工业向大工业转变也做了较精辟的分析：“随着15世纪中叶以后欧洲以外的世界的发现，资产阶级得到了一个更广大得多的通商地区，从而也得到了发展自己工业的新刺激；在一些最重要的生产部门中，手工业被已经具有工厂性质的工场手工业所排挤，而工场手工业又被大工业所排挤，而这种大工业是由于前一世纪的各种发明，特别是由于蒸汽机的发明才可能建立的。大工业又反过来影响商业，它在落后国家排挤旧式手工劳动，在比较发达的国家里，创造出现代的新式交通工具——轮船、铁路和电报。”③

关于资本主义工业化产生的动力机制问题，马克思指出：“由封建农业社会到工业社会的转变，以及各国在世界市场上进行的与此相应的工业战争，都取决于资本的加速发展，这种发展并不是沿着所谓自然的道路而是靠强制的手段来达到。”④

（二）马克思、恩格斯关于经济结构变化的工业化理论

对于率先进入工业化的英国，恩格斯对其工业化的后果做了深入分析：“近六十年至八十年前，英国和其他任何国家一样，城市很小、工业少而不发达、人口稀疏而且多半是农业人口。现在它是和其他任何国家都不一样的国家了：有居民达250万的首都，有许多巨大的工业城市，有供给全世界产品而且几乎一切东西都是用极复杂的机器生产的工业……人口有三分之二从属于工业和商业。”⑤ 马克思也充分肯定工业化对产业结构

① 《马克思恩格斯选集》第1卷，人民出版社1995年版，第273页。
② 《马克思恩格斯全集》第4卷，人民出版社1958年版，第169页。
③ 《马克思恩格斯全集》第3卷，人民出版社1960年版，第335页。
④ 《马克思恩格斯全集》第25卷，人民出版社1974年版，第884页。
⑤ 《马克思恩格斯全集》第2卷，人民出版社1957年版，第295页。

和就业结构所带来的变化，马克思指出“从事农业的相对人数，不能简单地由从事农业的人数决定。在进行资本主义生产的国家，有许多人间接地参加这种农业生产，而在不发达国家，这些人都是直接从属于农业的。……这个差别极为重要，这个差别在于，有相对大部分参与农业的生产者不直接参加农业，而摆脱了农村生活的愚昧，属于工业人口。”①

（三）马克思、恩格斯关于工业化发展趋势理论

马克思、恩格斯从历史唯物主义角度阐述了工业化与无产阶级革命之间的关系。恩格斯指出：“随着产业革命的发展，随着挤掉手工劳动的新机器的不断发明，大工业把工资压得越来越低，……因而无产阶级的处境也就越来越不堪忍受了。这样，一方面由于无产阶级不满情绪的增长，另一方面由于他们力量的壮大，工业革命便孕育着一个由无产阶级进行的社会革命。”“大工业使建立一个全新的社会组织成为绝对必要的，在这个新的社会组织里，工业生产将不是由相互竞争的厂主来领导，而是由整个社会按照确定的计划和社会全体成员的需要来领导。”“大工业及其所引起的生产无限扩大的可能性，使人们能够建立这样一种社会制度，在这种社会制度下，一切生活必需品都将生产得很多，是每个社会成员都能够完全自由地发展和发挥他的全部力量和才能。”②

二　列宁、斯大林和布哈林的工业化理论

（一）列宁的关于社会主义国家工业化的思想

列宁特别重视工业化对社会主义建设的意义。列宁认为：“社会主义的唯一的物质基础，就是同时也能改造农业的大机器工业。”③ 就工业化过程中经济结构的变化方面，列宁认为生产资料生产具有优先增长的特征。列宁指出，“生产资料增长最快这个规律的全部意义和作用就在于：机器劳动代替手工劳动（一般指机器工业时代的技术进步）要求加紧发展煤、铁这种真正‘制造生产资料的生产资料’生产。”“技术愈发展，手工劳动就愈受排挤而为许多愈来愈复杂的机器所代替，就是说，机器和

① 《马克思恩格斯全集》第 26 卷，人民出版社 1973 年版，第 542 页。

② 《马克思恩格斯全集》第 1 卷，人民出版社 1956 年版，第 216—217 页。

③ 《列宁全集》第 32 卷，人民出版社 1985 年版，第 446—447 页。

制造机器的必需品在国家全部生产中所占的地位愈来愈大。"① 列宁还提出利用市场和资本主义来实现工业化的思想。列宁认为，"同社会主义比较，资本主义是祸害。但同中世纪制度、同小生产、同小生产者涣散性引起的官僚主义比较，资本主义则是幸福。既然我们还不能实现从小生产到社会主义的直接过渡，所以作为小生产和交换的自发产物的资本主义，在一定程度上是不可避免的，所以应该利用资本主义（特别是要把它纳入国家资本主义的轨道）作为小生产和社会主义之间的中间环节，作为提高生产力的手段、途径、方法和方式。"②

（二）斯大林的社会主义工业化理论

斯大林的工业化理论内容丰富，代表了20世纪20年代至50年代的社会主义世界的工业化主流理论，是苏联社会主义建设的指导思想，对其他社会主义工业化发展也产生了深远影响。斯大林的工业化理论包括四个方面：一是优先发展重工业；二是促进工业高速增长；三是建立单一公有制和计划经济以作为工业化的制度保障；四是以农补工以支持工业资本积累。

在工业化战略方面，斯大林特别强调重工业的作用。斯大林指出，"在资本主义国家，工业化通常都是从轻工业开始的。由于轻工业同重工业比较起来，需要的投资少，资本周转快，获得利润也较容易。……轻工业率先发展的头一个对象，只有经过一个长时期，轻工业积累了利润并把这些利润集中于银行，这才轮到重工业，……共产党不能走这条老路，……没有重工业就无法保卫国家。"③ "不是发展任何一种工业都算作工业化。工业化的中心，工业化的基础，就是发展重工业。归根到底，就是发展生产资料的生产，发展本国的机器制造业，……否则就谈不上我国在经济上的独立。"④

要实现对西方发达国家的赶超，斯大林认为必须高速发展工业，"高速度发展整个工业特别是生产资料的生产，是国家工业化的主要基础和关键"。高速度发展工业指的就是，"尽量增加工业的基本建设投资，但是

① 《列宁全集》第1卷，人民出版社1984年版，第88页。

② 《列宁全集》第4卷，人民出版社1984年版，第509—510页。

③ 《斯大林选集》下卷，人民出版社1979年版，第496页。

④ 《斯大林全集》第8卷，人民出版社1954年版，第112—113页。

这样做会使我们的一切计划都很紧张”。为什么需要如此？斯大林给出了两个理论：一是苏联在经济上落后于发达资本主义国家，处于资本主义包围之中，因此必须加快工业发展；二是从内部条件看，苏联的农业、农业技术和农业文化过分落后，小商品生产还占绝对优势，如不高速发展工业，要把经济转到新的技术基础上去是不可能的。①

在工业化的制度保障方面，斯大林强调建立高度集中的以单一公有制和行政命令为特征的计划经济体制，认为“在私有制的小农基础上是不能实现社会主义工业化的”。事实上，在1928年开始实施的第一个五年计划之前，苏联就已解决了城市的公有制问题，1930年开展的农村集体化运动，将农村的个体经济也改造成公有制经济，从而全面实现国民经济的公有制。关于计划管理，斯大林在1927年召开的联共十五大上指出：“我们的计划不是臆测的计划，不是想当然的计划，而是指令性计划，……这个计划能决定我国经济在全国范围内将来发展的方向。”②

在工农关系方面，斯大林采取压低农产品价格、实现工农业“剪刀差”的办法来为工业化积累资金。1928年，斯大林在中央全会上明确指出，农民不仅须向国家缴纳一般的税，而且在购买工业品时还要因为价格较高而多付一些钱，在出卖农产品时要少得一些钱。这是为了发展为全国服务的工业而向农民征收的一种额外税。③

（三）布哈林关于社会主义工业化的思想

十月革命后，新生社会主义国家苏联面临着如何突破资本主义国家的经济封锁、如何迅速实现工业化，以迅速发展社会生产力的问题。以普列奥普拉任斯基为代表的苏联激进学者所提出的“社会主义原始积累”理论认为，社会主义国家不可能使用对外掠夺等暴力手段来为本国工业化积累原始资本，而必须依靠内部积累。所谓的内部积累，指的是靠收缴农民剩余、压低工人工资，从而提高储蓄以增加资本积累。普列奥普拉任斯基等认为，“在社会主义原始积累时期，如果不把农村和手工业的部分剩余产品归公”，就无法发展国营经济，国家必须利用垄断地位，运用预算、

① 《斯大林选集》下卷，人民出版社1979年版，第76—84页。

② 《斯大林全集》第10卷，人民出版社1954年版，第280页。

③ 《斯大林全集》第11卷，人民出版社1955年版，第139—140页。

信贷和价格等手段对国民收入进行再分配，将农业剩余抽调到工业部门来。因此，普列奥普拉任斯基反对列宁的旨在利用市场机制的新经济政策。[①]

布哈林反对剥夺农村剩余来发展工业的做法。他将资本主义的城乡关系分为三类：一是落后的半农奴制农业，农民赤贫，国内市场容量狭小；二是农奴制虽仍残存，但农奴主（地主）在很大程度已转变成资本家，农民较富裕，农村市场容量也较大；三是美国式的城乡关系，这里封建关系不复存在，农场主支配农村市场，工业较发达，且有很大的国内市场。布哈林认为革命前的俄国城乡关系属于第一类。在这种情况下，社会主义工业化不能采用资本主义工业化的方法，将农村作为"殖民地"，靠掠夺农业来加速工业化的发展。而必须"对农业进行巨大改造和使农业得到极大增长的手段。因此，国家工业化也意味着农业工业化，这样它就为城乡对立的消灭作准备"。[②]

第三节　西方激进政治经济学关于工业化的理论

第二次世界大战后，世界经济格局发生了深刻变化。垄断资本的全球扩张，将世界各国经济纳入到全球资本主义的国际分工体系中。曾沦为欧洲殖民地、半殖民地和附属国的广大亚非拉国家，"二战"后虽获得政治上的独立，但在资本全球化的大背景下，经济上仍依附于发达资本主义国家。如何摆脱依附、实现跨越式发展，是这些处于依附地位的发展中国家所共同面对的现实难题。"中心—外围"理论、拉美的依附理论等西方激进政治经济学正是在这种背景下应运而生。"中心—外围"理论最先由阿根廷经济学家劳尔·普雷维什提出，20世纪六七十年代在拉美和非洲等发展中国家发展为成熟的依附理论，现已是西方发展理论流派中最有影响的激进学派之一。

依附学派从理论上对"二战"后世界依附格局的形成做了较好的阐

① 武力、高伯文：《试论马克思主义工业化理论的实践与发展》，载《马克思主义研究》2003年第7期。

② 《布哈林选集》上册，人民出版社1981年版，第456页。

释，并主张发展中国家以工业化促发展，来打破对发达资本主义国家的依附，实现民族振兴。他们的观点在国际学术界产生重要影响，并直接或间接地影响到发展中国家的经济政策和发展道路。20 世纪东亚经济体的崛起一定程度反映了依附理论所起的积极作用。进入 21 世纪以来，资本主义开始由国家垄断向国际金融垄断转变，世界经济不平衡发展格局有了新变化，但依附理论对解释这种由资本垄断性质变化所带来的世界发展格局的新的不平衡，仍有较强的解释力。

一　“中心—外围”理论

20 世纪 30 年代爆发的世界性经济危机，旧国际分工体系的瓦解，拉美国家自发的工业化发展，为早期依附理论的诞生提供了温床。世界性经济危机沉重打击了拉美国家的初级出口经济，使得拉美国家愈发依赖于发达资本主义国家。如何摆脱依附，实现民族经济自主发展，是当时拉美国家所面临的发展难题。世界经济的复苏给拉美国家自发性工业化带来新动力，国民经济结构开始由满足国外市场的外向发展转向满足国内市场的内向发展，这种结构性转变的可行性值得理论界做深入的探讨。从 20 世纪 50 年代开始，跨国公司在拉美国家迅速扩张，形成了以美国为首的发达国家与拉美国家之间的“中心—外围”关系新格局。这种国际关系新格局也对拉美国家的发展带来了新挑战，也亟须理论界对此提供新解释。早期的依附理论正是在以上诸多因素的推动下得以诞生。

1949 年，阿根廷经济学家普雷维什（Raúl Prebisch）在向联合国拉美经济委员会提交的一份报告中提出了关于世界经济格局的理论模式，这个理论模式即是“中心—外围”理论，是依附理论的早期代表。普雷维什在该理论模式中将世界经济分为两极：一极是以“大的工业中心”为特征的中心国家；另一极是“为大的工业中心生产粮食和原材料”的外围国家。普雷维什认为，中心国家的生产结构基本是匀质的，现代化的生产技术贯穿整个经济。而与之相反，外围国家的生产结构则是非匀质的，即劳动生产率低、生产技术落后的传统生产部门与劳动生产率高、生产技术先进的现代化生产部门同时存在。在这种“中心—外围”关系中，“工业品”与“初级产品”的分工，并不像主流经济学所描述的那样是互利的，而是前者对后者剩余的榨取，是不对等的。①

普雷维什和他所属的拉美经济委员会所提出的破解这种不合理国际分工格局的基本政策立场是以工业化促发展。但他们认为，无论是基于比较优势的自由放任政策所推动的工业化，还是完全由市场导向所决定的工业化，都是不可行的，因为它们无法克服非匀质性和单一化所带来的结构性问题，也无法改变部门内部发展的不平衡和国际贸易恶化的趋势。在郑重打破新古典主义传统之后，拉美经济委员会等“中心—外围”论者认为，只有经过周密计划的、有相应政策支持的工业化才是它们发展的必由之路。他们所提出的主要政策工具是“产业规划”，通过这些规划可以实现各部门之间的投资与经济全面发展所需的投资要求协调一致、计划的投资需求与可利用的资源（内外部储蓄）协调一致。②

在对待贸易和保护的作用方面，“中心—外围”理论与主流经济学观点截然相反。主流的传统贸易理论往往强调各贸易参与国在贸易中都能获益，但“中心—外围”理论则认为自由贸易的收益分配是倾向于中心国家的。这是因为，一方面，中心国家的进口需求收入弹性一般低于外围国家，而中心国家往往又倾向于采用先进技术来替代对进口原材料的投入，使得外围国家经常出现贸易赤字；另一方面，贸易赤字必然引发货币贬值，从而刺激外围国家初级产品的出口和进口替代工业的发展。导致外围国家贸易条件进一步恶化。而外围国家通常降低进出口部门的工资，来抵消部分由于贸易条件恶化所导致的收入的下降，使得外围国家工业部门技术进步的一部分成果被转移给中心国家。这即是所谓的“普雷维什—辛格理论”。③ 拉美经济委员会据此认为，外围国家有必要实行贸易保护。

当然，许多主流经济学家并不认同普雷维什和拉美经济委员会的“中心—外围”理论。他们认为，“中心—外围”论者关于贸易条件恶化的假设并不成立，即使贸易条件长期可能呈下降趋势，但其对收入的负面

① R. Prebisch, “The Economic Development of Latin America and its Principal Problems”, *Economic Bulletin for Latin America*, Vol. 17, No. 1, 1962.

② G. Meier and D. Seers, *Pioneers in Development*, New York: Oxford University Press, 1984.

③ R. Prebisch, “Commercial Policy in the Underdeveloped Countries”, *American Economic Review*, Vol. 49, 1959.

影响，可能要小于要素生产率提高所带来的正面影响。[①] 另一种批评意见是，拉美经济委员会以牺牲农业来支持进口替代工业化，这是基于工业的技术进步比农业更为显著，但这一假定并没有事实依据。[②] 不过，到20世纪50年代末，拉美经济委员会所强调的工业化政策已经被大多数拉美国家的政府所接受。

二　拉美学派的依附理论

然而，到20世纪60年代初，美国逐渐取代欧洲在拉美经济中的地位，资本输出形式开始由金融资本输出为主转变为工业资本输出为主。这种转变导致依附形式也发生相应变化。一方面，发达国家通常将技术含量相对较高的产业留在国内，而将技术含量较低的产业转移给发展中国家，致使拉美国家在国际分工中处于劣势地位；另一方面，拉美国家为加快工业化发展大力吸引外资和技术，使得拉美国家在技术上受制于发达国家。同时拉美国家的进口替代工业化也暴露出许多问题，严重损害了进口替代战略的活力与实效。[③] 以上问题的出现，在拉美经济委员会中产生了两个后果：一是在其官方文件中体现出某种折衷程度的"发展主义"主张；二是出现一系列的更激进的理论，这意味着依附理论发展到一个新阶段。根据帕尔马（G. Palma）的观点，这一时期的拉美依附理论可分为以下三个主要流派。[④]

（一）以福塔多、桑克尔为代表的"二元结构主义"的依附论流派

这一理论流派主要将依附归因于外围国家（或地区）内部二元结构问题。福塔多认为，在发达资本主义国家，大众消费是构成本地产品市场需求的主要来源，这种大众消费可以诱导投资，促进经济持续增长。但在外围国家，消费与投资的这种相互促进的基础并不存在。福塔多认为，外围国家中高收入群体，出于对发达资本主义国家消费模式的模仿，倾向购

---

① G. Haberler, *International Trade and Economic Development*, Cairo: National Bank of Egypt, 1959.

② J. Viner, *International Trade and Economic Development*, Oxford: Clarendon Press, 1953.

③ 欧曼、韦格纳拉加：《战后发展理论》，中国发展出版社2000年版，第117—119页。

④ G. Palma, "Dependency: A Formal Theory of Underdevelopment or a Methodology for the Analysis of Concrete Situations of Underdevelopment?", *World Development*, Vol. 6, 1978.

买中高端进口产品和国内相应的进口替代产品，他们的消费——而不是大众消费——构成了拉美国家进口替代发展战略的国内主要市场需求来源。①

福塔多（Furtado）认为，正是这种消费方式与传统社会结构（建立于殖民主义统治时期）的结合，决定了拉美国家进口替代工业化的发展进程和与发达国家间的“中心依附机制”。进口替代工业部门与国内传统经济部门生产技术上的差异，是造成外围国家收入分配恶化和对外国依附的重要原因，因此，福塔多特别强调需加强经济结构改革，以使现代技术能够尽快地渗透到所有生产部门，从而改善收入分配状况和减少边缘化。福塔多还强调须提高外围国家的自主程度，特别是一定程度上的技术自主，以摆脱依附。②

桑克尔（Sunkel）进一步分析了依附形成的机制，认为首先因保留传统社会结构而出现传统农业的停滞，粮食进口越来越多，出口增长缓慢，导致贸易失衡；出口商品的持续高度集中，使得经济结构失衡难以扭转；而随着进口替代工业化进程的推进，对外国技术和外国资本依赖日益严重；公共部门扩张性财政造成预算赤字不断增加，诱发外债不断上升。桑克尔指出，“正是由于不得不求助于外国资金，导致了依附态势。”③ 桑克尔由于看到拉美国家对对外关系的高度依赖，同福塔多一样，强调发展民族经济来改变这种“中心—外围”格局。他特别强调发展农业、提高农业生产率的重要性。桑克尔和福塔多都相信，制定有效的经济发展战略，特别是通过扩大出口和推进区域经济一体化，可以增强拉美经济的自主性。

（二）以弗兰克为代表的“不发达的发展”的依附论流派

这一理论流派否定拉美资本主义发展的可能性，认为资本主义导致了“不发达的发展”。弗兰克在其代表作《拉美资本主义与不发达》（1969）中认为，发达资本主义的商业扩张必然促成殖民地经济与世界经济的融

① C. Furtado, *Development and Underdevelopment*, Berkeley: University of California Press, 1964, pp. 21 – 78.

② Ibid., pp. 78 – 162.

③ O. Sunkel, “National Development Policy and External Dependency in Latin America”, *Journal of Development Studies*, Vol. 1, No. 1, 1969.

合，殖民地经济也被相应地转变成资本主义经济，最终从国际、国家到地方各层次上都变成是统一的资本主义。但各个层次上的资本主义并不是平等关系，而是自上而下的剥削性的“都市—卫星城”关系等级链。在等级链中，每个都市都分得部分的或全部的由它所控制的卫星城所产生的经济剩余，而且每个卫星城在等级结构中又充当了它下面卫星城的都市。①

弗兰克认为，中心国家向外围国家所进行的投资、贸易和国际援助，都是其榨取外围国家剩余价值的渠道。区域一体化只能起到加强榨取的作用，而不能改变这种不平等的关系格局，除非现存的国内或国际的“都市—卫星城”结构被推翻，否则工业化、进口替代或其他途径都不可能打破“剩余价值榨取—不发达”这个恶性循环。②

弗兰克关于“不发达的发展”的中心观点，被巴西社会学家桑托斯（Santos）批判性地继承。桑托斯认为，拉美国家的经济社会完全属于资本主义性质，拉美的“不发达”，不是先于资本主义的一个落后阶段，而是资本主义的一种后果，是资本主义发展的一种特殊形式，即是依附性的资本主义。③ 桑托斯认为“二战”后的依附已从“金融—工业依附”转向了“工业—技术依附”。④

桑托斯着重分析了“工业—技术依附”的形成机制。桑托斯认为，“二战”后拉美国家替代工业的发展取决于是否具有足够的外汇来购买国内不能生产的机器和材料，因此，拉美的工业发展不仅受制于拉美出口创汇能力，还受制于发达国家的专利垄断。因为拉美国家发展工业必须向中心国家购买生产所需的机器设备和材料，而这些材料都受专利权的保护，这迫使拉美国家必须为外资的进入提供各种方便和优惠，外资在这些优惠条件下获得高额利润，并可以自由地将利润用于投资。⑤

桑托斯认为，这种依附性结构影响着依附国的生产体制，形成一种恰

---

① A. Frank, *Capitalism and Underdevelopment in Latin America: Historical Studies of Chile and Brazil*, New York: Monthly Review Press, 1969.

② Ibid..

③ D. Santos, “The Structure of Dependence”, *American Economic Review*, Vol. 60, No. 2, 1970.

④ 桑托斯：《帝国主义与依附》，社会科学文献出版社 1999 年版，第 265 页。

⑤ 同上书，第 267—270 页。

恰以其依附为特征的特殊发展形式，其积累模式严重受制于帝国主义中心对技术和金融的控制，受制于国际收支状况和国家的经济政策。这种生产体制严重影响国内市场的发展。一是这种生产结构将劳动力置于具有高度剥削性的生产关系之下，从而限制了他们的购买力；二是由于采用资本集约度高的技术，新增就业机会相对下降，限制了新收入来源的增加，从而与前者一同限制了消费市场的扩大；三是利润汇出国外抽走了国内创造的部分经济盈余。①

桑托斯于1970年在《美国经济评论》上还对依附概念给出一个较周详的界定，认为所谓的“依附是这样一种状态，即一些国家的经济受制于它所依附的另一国经济的发展和扩张。两个或更多国家的经济之间以及这些国家的经济与世界贸易之间存在着相互依赖的关系，但是结果某些国家（统治国）能够扩展和加强自己，而另外一些国家（依附国）的扩展和自身的加强则仅是前者扩展——对后者的近期发展可以产生积极或消极的影响——的反映。这种相互依赖关系就呈现依附的形式”。② 这一概念被学界广泛引用。

因此，主张“不发达的发展”的依附论者虽没有直接将外围地区落后的责任归咎于中心国家，但弗兰克和桑托斯还是明确指出，“都市—卫星城”的关系是前者对后者剥削的基础。对于这些理论家来说，依附概念不仅仅指来自外部的控制，而依附的内部动力通常认为具有渗透功能，在很多方面更为微妙，更难打破。他们一个共识是，试图以“资产阶级的民族主义”、“民族资本主义”或“国家资本主义”来解决问题，注定是会失败的。因为这些方法所依靠的阶级本身受制于他们在国际体系中的作用。只要它们走资本主义道路，继续依靠外国资本，最终将不得不向外国势力妥协和讨好，打破依附即意味着打破资本主义秩序。

（三）以卡多索和法勒多为代表的“批判主义”的依附论流派

这一学派并不认为依附和发展必然是不相容的，他们的观点与传统马克思主义关于资本主义发展的分析非常相近，强调阶级冲突的意义。他们

---

① 桑托斯：《帝国主义与依附》，社会科学文献出版社1999年版，第271—272页。

② D. Santos, T., “The Structure of Dependence”, *American Economic Review*, Vol. 60, No. 2, 1970.

像其他流派一样，把拉美经济看作世界资本主义体系的一部分。他们认为，“外部控制”实际是一个内部现象，外部控制是通过一些内部集团和阶层来实现，内部集团和外部控制者有着共同利益和价值取向。他们不赞同把世界资本主义体系看成是一部分是“发展的”另一部分是“不发展的”。卡多索和法勒多也已发现跨国公司已经开始充当中心角色，但他们与其他依附论者不同的是，他们认识到跨国公司正越来越多地投资面向本地市场的生产。而且那些工业化的努力，即以前被视为反对资本主义的努力，正逐渐成为外国投资者的目标。因此，在卡多索和法勒多看来，依附与工业化不再是相互矛盾的，并且对部分外围国家来说，“依附发展”的道路是可行的。当然，他们发现，这种依附关系将给高收入群体带来更多的利益，因而造成收入分配上更大的不平等性，如果这种不平等性超出了一定的范围，这一发展道路就有了严重的政治局限，进一步的工业化就需要一场“深刻的政治—社会变革”，或者“向外国资本开放市场”，或者“进行一场转向社会主义的剧烈的政治运动”。①

拉美学派的依附论在国际学术界有着广泛的影响，也直接或间接地影响到拉美国家的经济政策和发展道路。同时，它们也受到来自各方的批评，尤其是马克思主义者的批评。早期较著名的马克思主义批评者是阿根廷的拉克劳。弗兰克认为，剩余价值从边缘国向中心国的转移是边缘国不发达的原因，但在拉克劳看来，它是边缘地区阶级结构的一种表现，是与物质生产相联系的社会关系的一种特征。沃伦就依附关系对发展中国家的影响发表了与拉美依附学派不同的观点。沃伦认为，不发达国家资本主义发展的潜在障碍来自不发达国家的内部冲突，而不是来自帝国主义等外部因素；帝国主义对第三世界国家的政策及其全部的影响是推进工业化和放松依附的纽带；帝国主义通过打破传统的和较为静止的社会为工业社会开辟了道路，从而对发展做出贡献。非马克思主义者对依附理论的反应相对较弱，有学者认为，东亚“四小龙”的发展足以证明依附论是正确的。劳尔相对其他非马克思主义者而言，对依附理论做了相对较理论性的批评。他认为在不发达理论中，“依附”如有意义，应满足两个标准：一是依附理论必须阐明某些在非依附经济中不会出现的经济特征；二是这些特

① 欧曼、韦格纳拉加：《战后发展理论》，中国发展出版社 2000 年版，第 134 页。

征必须表明对依附国家发展道路和模式起到不利的影响。就第二条标准，劳尔发现依附的静止特征与不发达之间没有因果关系，因此劳尔认为拉美不发达理论也就失去了基础。[①]

三　每月评论派对依附理论的发展

《每月评论》(*Monthly Review*) 是美国一家具有60年以上历史的左翼杂志。一批具有左翼倾向的学者以该杂志和相应出版社作为激进主义思想的主要研究阵地。他们中的一批学者长期致力于发达国家与发展中国家的关系研究，并力图从依附论视角对各种新变化寻求比较一贯的理论解释，成为美国很有影响的依附学派，其代表人物有斯威齐（Paul Sweezy)、阿明（Samir Amin)、马格多夫（Magdoff)、福斯特（Foster）等。

斯威齐是《每月评论》的创始人，他在与另一左翼学者巴兰的合著《垄断资本》(1966）中分析了外围国家欠发达的原因。他们认为，跨国公司向外围国家输出资本并汇回利润，即是掠夺了外围国家可供投资的剩余，从而阻碍了外围国家生产力的发展。[②] 但他们认为，中心国家最终还是摆脱不了停滞的趋势。这是因为，资本主义发展没有像工业革命时期那样的划时代的创新来推动资本积累，资本缺乏有利可图的投资途径，而政府的财政赤字政策虽能够消费部分剩余资本，但终究推动作用有限。[③]

阿明是非洲对依附理论做出最重要贡献的经济学家，曾在《每月评论》上发表了一系列相关文章，成为每月评论派的重要代表人物。阿明在其研究中吸收了拉美结构主义和依附论者的观点，认为中心国对外围国剩余的榨取，是造成外围国家不发达的主要原因。在阿明的分析模式中，外围国家是高度二元化的：增长往往发生在出口品生产部门，或按当地收入水平来看是奢侈品的资本主义生产部门；而大众消费品的生产往往存在于资本主义之外，并停滞不前；资本品的生产部门基本不存在。全球不平衡发展的代价主要由非资本主义生产部门的贫困大众来承担。[④] 因此，阿明认为，外围国家为求发展，必须将消费与资本品生产相“挂钩”，并

---

① 欧曼、韦格纳拉加：《战后发展理论》，中国发展出版社2000年版，第137页。

② P. Baran and P. Sweezy, *Monopoly Capital*, New York: Monthly Review Press, 1966, p. 159.

③ Ibid., p. 226.

④ 欧曼、韦格纳拉加：《战后发展理论》，中国发展出版社2000年版，第142页。

“斩断”与帝国主义的联系。[①]

20世纪80年代金融资本开始日渐膨胀，90年代出现爆炸性增长并向全球扩张。“资本主义经济金融化”已成为当代资本主义的核心特征。马格多夫和斯威齐在《生产与金融》（1983）一文中认为金融资本的扩张是垄断资本主义消化经济剩余的一种重要方式。他们反对主流学家金融扩张是为生产融资的观点，但也不赞成部分左派学者所认为的金融资本的过度扩张不利于资本主义发展的观点，在这些左派学者的观念中，金融资本扩张意味着资本从生产领域流向金融领域，这是生产资本的漏出。马格多夫和斯威齐认为，资本主义生产停滞导致了金融的扩张，而不是相反。他们认为，20世纪80年代以来，如果没有金融的扩张，资源也不会被实物生产吸收，而只会增加资源闲置，金融资本实质上对资本积累有积极作用。[②]

针对资本主义经济金融化发展，福斯特在《垄断金融资本的时代》（2010）一文提出了资本主义双重积累体制。他认为在资本主义早期阶段，资本主义积累不仅是生产资本的积累，同时也是货币资本的积累，这两者包含于资本积累的同一过程。两者的分化，即金融资本脱离生产资本周期而发展为独立的积累过程，需要有一个成熟的金融市场，而这只能是资本主义发展到垄断阶段才可能出现。在福斯特的双重积累体制的理论框架中，一方面，金融资本的积累已脱离生产资本积累周期，不再随着产业资本的扩张而扩张，相反在产业资本积累进入萧条期时，金融领域成为货币资本继续发挥作用而持续扩张的场所。另一方面，不论金融资本如何远离产业资本，它所依托的基础和它的最终利润来源，都是产业资本循环过程中的剩余价值的积累。金融资本的收益仍不过是剩余价值的再分配。没有产业资本积累过程支持的金融积累，必将产生金融危机。[③]

福斯特进一步运用双积累机制解释了20世纪80年代以来的新自由主义、全球化和新帝国主义等问题。福斯特认为，资本主义从来都是在全球范围内实现其积累，中心国家的积累必然对外围国家的发展产生影响，也

---

① 欧曼、韦格纳拉加：《战后发展理论》，中国发展出版社2000年版，第142页。

② H. Magdoff, P. Sweezy, “Production and Finance”, *Monthly Review*, Vol. 27, No. 6, 1983.

③ Foster, “The Age of Monopoly-Finance Capital”, *Monthly Review*, Vol. 61, No. 2, 2010.

只能是对外围国家更多剩余的榨取。福斯特在该文中写道："资本主义世界经济核心区的停滞与金融化与低工资的外围地区出口导向型工业化的新兴经济体有着结构性的关系。新自由主义的金融全球化与外围国家的债务危机也有着密切的联系。金融全球化在不发达经济体创造出的新的'金融结构'，引起了欠发达经济体的新的金融依赖，……使得这些国家产生的经济剩余从外部渠道转移出来。"[①]

第四节　国内学者对工业化问题的研究

在中国经济学界尽管没有形成多少系统化的工业理论，但中国作为发展中大国，中国学者对工业化道路的探索一直都未中断，不少学者对工业化的概念、工业化所处的阶段、工业化的发展战略、工业化与农业关系、工业化的效率等方面进行了深入研究，比较有代表性的观点主要集中在以下几个方面。

一　工业化阶段、工农关系及新型工业化道路的研究

（一）工业化发展阶段的研究

张培刚是较早研究发展中国家工业化问题的中国学者，他曾将工业化概括为："工业化首先表现为生产技术和社会生产力的变革；然后表现为由此引起的国民经济结构的调整和变动；最终必然会导致并表现为人们思想观念和文化素质上的变化。"[②] 他根据资本品生产和消费品生产的关系，按照霍夫曼定理，将工业化分为三个阶段：消费品工业占优势阶段；资本品工业相对增加阶段；消费品工业与资本品工业相对平衡，并由资本品工业暂占优势地位阶段。[③]

塞风、陈淮（1990）[④] 认为中国经济发展的关键在于解决工业化过程中的五大难题，对这五大难题的系统研究构成中国的工业化理论：一是由

---

① Foster, "The Age of Monopoly-Finance Capital", *Monthly Review*, Vol. 61, No. 2, 2010.

② 张培刚：《新发展经济学》，河南人民大学出版社 1993 年版，第 102 页。

③ 张培刚：《农业与工业化：农业国工业化问题初探》上卷，华中科技大学出版社 2009 年版，第 93—100 页。

④ 塞风、陈淮：《论工业化理论》，《中国人民大学学报》1990 年第 3 期。

大机器发展引起的积累与消费的矛盾、管理与劳动的矛盾、部门间生产率提高速度不均衡导致的利益矛盾、产业结构转换引起的利益矛盾等，使经济关系协调成为实现工业化的首要条件；二是社会主义计划经济事件遇到了宏观决策失误和丧失微观活力两大风险；三是资源大量投入是工业化过程的必经阶段，中国的资源限制和经济发展的矛盾比其他国家更尖锐；四是竞争不足与过度竞争并存、分散生产与过度集中并存；五是资源结构与发展目标不适应，空间发展不平衡等。

国内大多学者对工业化阶段的研究主要是根据西方工业化理论来对中国工业化所处阶段进行分析。郭克莎（2000）以人均收入水平作为主要依据、结合三次产业结构和工业内部结构特征对中国工业化所处阶段作出判断，认为中国当前的工业化只处于中期阶段的上半期，但产业结构相对偏差和工业结构升级缓慢，这两方面影响了工业化中经济的持续增长和增长质量的上升。并认为当前应加快第三产业发展来带动农业剩余劳动力转移和农民收入水平较快提高，消除人均收入水平与工业产出比重不协调而产生的需求制约，以支持工业化阶段的演进和经济较高速稳定增长，同时加快装备工业的发展以带动工业结构升级，推动经济增长质量的提高。[①]

袁志刚（2003）认为改革以来中国工业化进程直接表现为农村剩余劳动力向非农产业快速转移，并运用劳动力空间分布的偏离份额法对中国各地区工业化进程进行分析发现，我国原三大直辖市北京、上海、天津都已进入工业化的后期阶段，东部沿海地区和东北三省处于工业化中期阶段，而中部、西北和西南地区则处于工业化的中前期阶段。并发现，整个大陆的第二产业有进一步向东部沿海地区（包括直辖市）聚集的倾向，使东部沿海地区有形成中国制造业中心的可能。[②]

陈佳贵等（2006）从经济发展水平、产业结构、工业结构、就业和空间结构等多方面对中国大陆所有省级区域的工业化进行评估得出：2004年中国工业化进程的地区结构是一个典型的“金字塔型”，有向“橄榄型”结构演变的趋势；1995—2004年，中国绝大部分地区处于加速工业

① 郭克莎：《中国工业化的进程——问题与出路》，《中国社会科学》2000年第3期。

② 袁志刚：《1978年以来中国的工业化进程及其地区差异分析》，《管理世界》2003年第7期。

化阶段，但先进地区和落后地区之间的工业化差距在不断拉大；2000 年以后，工业结构升级代替产业结构调整成为大部分地区工业化的主要动力。①

（二）工业化与农业发展的关系研究

工业化与农业发展的关系，是张培刚着重研究的领域。张培刚认为，农业与工业存在彼此依存和相互影响的关系。农业为工业提供所需要的粮食、原料、劳动力和产品市场，工业发展则能够促进农业技术的改良、大规模农场的建立、农业生产方式和组织形式的革新、农业生产结构的变化和农业机械化的实现，等等。他还进一步指出，产业革命之前农业改革促进了工商业的发展；产业革命之后，工业发展对农业的影响更大；短期内工业发展可能对农业产生某些不利的影响，而就长期而言，农业的进步必然是工业发展的结果。②

面对全球化不断加快的趋势，江时学（1999）认为，正确处理好工业化与农业发展之间的关系是发展中国家在新的历史背景下要解决好的重大的问题之一。在许多发展中国家，“重工轻农”是决策者们实现工业化较常采用的政策措施，其后果是农业发展相对滞后，粮食生产增长停滞，食品自给率严重不足，城乡差距进一步扩大。在发展中国家，东亚的农业与其他地区相比相对较有活力，这是因为东亚国家政府相对较重视农业发展。③

钟宁桦（2011）分析了中国自改革以来农村工业化道路的演进过程，认为中国的户籍制度制约了劳动力在城乡间的自由流动。在这一制度的约束下，乡镇企业自然成为吸收农村富余劳动力的主渠道，使得这些富余劳动力有机会以“离土不离乡”的方式参与工业部门的生产，从而使得中国农村“偶尔被迫”地走上了一条农村工业化的道路。由此，钟宁桦建议，应在城市内部及其周边地区加快工业化发展，以推进城镇化进程。为化解农村富余劳动力，一方面允许更多的农村劳动力进入城市工业部门；

---

① 陈佳贵等：《中国地区工业化进程的综合评价和特征分析》，《经济研究》2006 年第 6 期。

② 张培刚：《农业与工业化：农业国工业化问题初探》（上），华中科技大学出版社 2002 年版，第 110 页。

③ 江时学：《发展中国家发展模式中的五大关系》，《世界经济》1999 年第 12 期。

另一方面通过农村现代化和规模经营，提高进城农民的收入水平。①

（三）新型工业化道路的研究

自18世纪中叶起始于英国的工业革命以来，工业化创造了前所未有的物质财富，促进了科学技术的突飞猛进，工业化自此成为社会发展的重要方向。西方传统工业化模式仅追求最大化的经济增长而忽略了其对生态环境的影响。发展中国家如果模仿西方国家的工业化模式，必然会加速对资源环境的恶化。中国为避免重复发达国家传统工业化的老路，党的十六大报告特别强调，在新形势下中国必须走新型工业化道路。

对新型工业化道路的理解，吴敬琏（2006）认为，"新型工业化道路"具有双重含义：第一层含义的"新"，是相对于18世纪中叶至19世纪中叶的早期增长模式而言的；第二层含义的"新"，就是为工业化增加新的加速器，"用信息化带动工业化"。② 刘世锦（2006）除了强调信息化以外，认为新型工业化在遵循工业化一般规律的基础上还应具有如下新特点：一是新型工业化的主要推动力量是市场而非政府；二是新型工业化道路不得不面对资源和环境的严重约束，走集约发展之路；三是新型工业化必须面对全球化，融入国际分工。③

对走新型工业化道路的措施而言，吴敬琏（2006）认为，要走新型工业化道路、实现增长模式的转变，第一要转变传统工业化模式下形成的思维定式；第二要建立能够激励科学研究和技术下生产中运用的制度和机制，以加快技术进步；第三要加快服务业特别是生产性服务业的发展；第四要用信息化带动工业化，即通过信息服务提升各行各业的效率；第五要加快改革，完善社会主义市场经济体制。④

黄泰岩（2003）认为，在新型工业化道路的政策安排上，最核心的就是实施三大战略：一是优先发展以信息技术为先导的高新技术产业，实施科教兴国战略；二是全面发展制造业，实施信息化带动工业化战略；三是广泛采用节能技术，大力发展环保产业，形成工业化与能源保护的良性

① 钟宁桦：《农村工业化还能走多远?》，《经济研究》2011年第1期。

② 吴敬琏：《中国应当走什么样的工业化道路》，《管理世界》2006年第8期。

③ 刘世锦等：《传统与现代之间——增长模式转型与新型工业化道路的选择》，中国人民大学出版社2006年版，第21页。

④ 吴敬琏：《中国应当走什么样的工业化道路》，《管理世界》2006年第8期。

互动，实施可持续发展战略。①

任保平、洪银兴（2004）认为，中国是发展中国家，工业化仍然是经济发展的主要途径，面对世界经济发展的新趋势，中国必须以新型工业化推动中国工业化发展路径的转型：一是加快工业技术进步，促进工业结构的优化升级。新型工业化是以信息化和技术进步来推动的工业化，我国工业领域中制造业的技术水平普遍落后，难以形成核心竞争力。因此，新型工业化必须坚持用信息技术、高新技术和先进适用技术改造传统产业，用信息化带动工业化，提高工业的现代化水平和竞争能力，促进工业结构的优化升级。二是进行制度创新，创造新型工业化的制度条件。这种制度创新主要表现在加快工业经济所有制结构的调整、市场制度创新和产业制度创新。三是加快技术进步，推动农村工业现代化。

叶裕民（2006）认为新型工业化是一个包括产业结构、技术结构、企业组织结构、市场结构以及空间结构发生重大转型与变化的过程。中国作为发展中大国，重工业化是不可逾越的阶段。她反对学术界部分学者所认为的“中国新型工业化须跨越重工业化阶段，直接进入服务业时代，建立以第三产业为主体的产业结构”的观点，认为现代服务业的发展都是建立在现代制造业充分发展基础之上，如果没有发达的现代制造业体系，现代的服务业尤其是生产性服务业将因为缺乏市场基础成为无源之水。②

二　经济结构、外贸外资与工业化关系研究

（一）经济结构调整与工业化关系的研究

经济结构调整是中国经济发展的重要议题。国内许多学者就经济结构调整与工业化发展之间的关系做了深入探讨，这些论著从不同角度分析了工业结构变动的特点，提出了促进工业速度增长和结构升级的若干政策建议。李悦（1983）的《中国工业部门结构》一书是中国学者第一部研究中国工业结构的专著，在该著作中作者提出了关联分析论，并运用理论分

① 黄泰岩、李德标：《我国新型工业化的道路选择》，《中国特色社会主义研究》2003 年第 1 期。

② 叶裕民：《城市化与新型工业化道路》，载《中国经济发展研究报告 2006：全面可持续和谐发展的新型工业化道路》，中国人民大学出版社 2006 年版，第 140—142 页。

析了产业部门结构变化与其直接关联因素即技术进步、社会供求和国外供求之间的关系。[①]

周振华的《现代经济增长中的结构效应》（1991）著作则从整体上考察了结构转换与经济增长之间的关系，揭示了经济增长中的各种结构效应及其发挥作用的机制。在该著作中作者认为，现代经济增长更具有专业化和一体化的倾向，结构效益成为现代经济增长的一个基本支撑点；大量的资本积累和劳动投入固然是经济增长的必需条件，但其投入的产出效益在很大程度上取决于结构状态，结构的扭曲将影响经济的可持续增长；现代经济所出现的生产率高增长最终可归因于科学技术的发展，而技术创新对总量增长的作用在很大程度上是通过结构关联效应实现的。[②]

吕铁和周叔莲（1999）从产业结构角度考察了工业化发展所存在的问题。作者认为在20世纪90年代以前中国长期实行的是粗放型的经济发展战略，对工业化内部结构的升级重视不够。工业结构的升级影响有两个：一是需求结构变动的作用。除消费需求外，正是与投资需求增长相联系的中间需求的比重上升导致了主导产业的更替，促进了重型制造业和机电工业的发展。二是技术进步的作用。技术进步一方面通过开发新产品和开拓新市场来创造新的消费需求；另一方面又通过改进现有的生产方式和技术联系以提高生产效率。技术进步率在不同部门中存在差异，技术进步快的部门将取代技术进步慢的部门成为主导部门，由此推动工业结构向高度化演进。[③]

卢荻（2001）从需求和制度的视角考察了经济结构与工业化之间的关系。卢荻认为，改革开放年代中国的工业化和经济增长，是建立在国内需求膨胀的基础上的。这表现为经济结构向工业倾斜以及工业结构向新兴产业倾斜；而需求膨胀促进工业化的具体机制，则是包括吸纳来自农业部

① 李悦：《中国工业部门结构》，中国人民大学出版社1983年版。

② 周振华：《现代经济增长中的结构效应》，上海三联书店、上海人民出版社1991年版，第17页。

③ 吕铁、周叔莲：《中国的产业结构升级与经济增长方式转变》，《管理世界》1999年第1期。

门的劳动力转移以及透过动态规模效益推动工业生产率提升两方面。[①]

刘伟等（2008）从产业结构演进角度讨论了经济结构与工业化之间的关系。刘伟认为，只有当产业结构的演进能使得各个产业的劳动生产率都提高到更高的水平时，这样的产业结构演进才是有意义的。产业结构的高度化包含比例关系的演进和劳动生产率的提高两方面内容，前者是产业结构高度化的“量”，后者是产业结构高度化的“质”。产业结构高度的演进与经济发展水平的提升呈明显的相关性。发达经济的产业结构高度显著大于1，发展中国家的产业结构高度则显著低于1。产业之间并不是均衡的，第三产业的现代化进程明显快于第一、第二次产业，第一和第二、第三产业之间的距离正在拉大。[②]

张军等（2009）从结构变革对生产效率影响的角度讨论了经济结构变革在工业化发展中的作用。张军认为，1978 年以来中国工业是在持续的结构变革中表现出强劲的增长和生产率水平的不断提高。由工业结构改革所导致的生产要素在行业间的重新配置对改革开放期间的工业生产率的提高乃至工业增长起到了实际推动作用。2001 年后要素配置效率的下降也构成同期全要素增长贡献份额下降的主要原因。中国要素市场改革和工业行业结构调整是要素配置效率变化的主要决定因素，也是造成不同行业要素配置效率显著差异的主要原因。[③]

（二）外贸外资与工业化发展关系研究

对外经济关系与工业化发展有着重大的关联。就工业化的对外经济联系方面，张培刚（2002）指出，“对外贸易和引进外资是工业化和经济发展的两个基本的外部要素”，“发达国家在 18—19 世纪的工业革命时期，几乎无一例外地依靠对外贸易和引进外资带动了工业化”。“对外开放是一把‘双刃剑’，如果抓住机遇，利用得当，便可以促进工业化和经济起

① 卢荻：《变革性经济增长——中国经济的结构与制度分析》，经济科学出版社 2001 年版，第 76 页。

② 刘伟等：《中国产业结构高度与工业化进程和地区差异的考察》，《经济学动态》2008 年第 11 期。

③ 张军等：《结构改革与中国工业增长》，《经济研究》2009 年第 7 期。

飞，反之则可能阻碍甚至打断经济发展的进程。”①

王允贵（2000）对经济开放对工业化的影响做了详细阐述。王允贵认为，推进工业化需要从经济开放中获得效率。对外开放对工业化最深刻的影响是由技术变革而带来的全要素生产率的提高，主要包括如下几种效应：一是出口产业关联效应，即通过出口产业的前向关联和后向关联带动国内相关产业发展；二是出口积累效应，即通过出口获得积累（剩余或附加值），进行原有产业的扩大再生产或新兴产业的投资，以实现连续增长；三是进口技术进步效应，即通过进口国外先进技术，增加经济发展的技术含量和知识含量，提高生产率；四是外贸的学习效应；五是要素跨国流动的资源配置效应；六是外国企业的竞争激励效应。②

刘志彪（2004）分析了中国的具体国际化战略与工业化之间的关系。刘志彪认为，经济全球化对传统的工业化带来了挑战，也对发展中国家的工业化带来了前所未有的挑战。中国在改革开放中走出了一条以吸收外商直接投资为主的转口贸易的国际化道路。刘志彪并认为，中国目前以转口加工贸易为特征的国际化模式必须升级，否则就是“无根之花”，它所造成的“非地经济”格局，会形成本国经济与外资经济之间严重的二元发展态势，也会一定程度上控制中国企业真正起飞和获得国际化的机会，使中国自身企业被边缘化。③

姚树洁等（2006）具体分析了外商直接投资影响新兴工业化国家发展过程的具体机制。姚树洁等认为外商直接投资加快了东道国采用通用技术的速度，外商直接投资本身包含东道国所没有的新技术和专有技术。外商直接投资对经济增长的作用体现在以下两个方面：一是外商直接投资有利于减少国内生产的非效率，是提高生产技术效率的推动器；二是外商直接投资有利于加快国内技术进步，是生产前沿的移动器。这两个方面使得外商直接投资成为新兴工业化国家赶超世界发达国家的一个重要因素。④

① 张培刚：《农业与工业化：农业国工业化问题再论》，华中科技大学出版社 2002 年版，第 273—334 页。

② 王允贵：《21 世纪初期中国开放型经济发展战略研究》，《改革》2000 年第 2 期。

③ 刘志彪：《经济国际化的模式与中国企业国际化的战略选择》，《经济理论与经济管理》2004 年第 8 期。

④ 姚树洁等：《外商直接投资和经济增长的关系研究》，《经济研究》2006 年第 12 期。

从以上国内学者关于工业化的研究中可以看到，这些研究大多停留在对西方理论的批评和借鉴上，而对符合中国国情的新型工业化路径理论的研究表现则相对不足。为弥补现有文献的不足，本书将以马克思理论为指导，运用西方发展经济学的工业化理论的合理成分，探寻符合中国国情的内生型的新型工业化道路，并用其来分析和建设地方经济。

第二章

全球化背景下的中国工业化模式选择

改革开放以来，中国工业化发展所取得的成效举世瞩目，成为21世纪世界经济发展史上的一大奇迹，一些媒介和经济学家将其称为“中国模式”。“中国模式”的崛起既是中国改革开放所取得的成效，也是中国作为发展中国家崛起的一个典范。因此，“中国模式”不仅对中国本身发展有着特殊意义，而且对发展中国家也具有重要的经验意义。要理解“中国模式”的意义，就必须将其放在全球化的大背景下来进行讨论。

第一节　全球化与中国工业化模式的转变

一　全球化进程中的中国后进发展

改革年代的中国工业化，重要特征在于制度变革与后进发展并行，这可以称为全球化进程中的特例。这种特例不仅反映在保持较长时期的快速增长，还反映在它成功地挡住了祸及广泛非西方世界的三次经济灾难和2008年所爆发的全球性经济危机。前三次灾难：一是自20世纪80年代初期以来大部分发展中国家所经受的“失去发展的年代”；二是自20世纪80年代中期以来前苏联集团国家的总体危机；三是20世纪临近结束时席卷东亚大部分地区的金融和经济危机。①

正如表2—1所示，在此之前，大部分国家和地区的经济表现基本上还是令人满意的。其中，以东亚的韩国和中国台湾、拉丁美洲的巴西和墨西哥等为代表的新兴工业经济体，其表现更为突出，而同期苏联东欧国家

① 卢荻：《面对全球化的制度变革和后进发展》，《政治经济学评论》2005年第2期。

的经济增长同样也是不遑多让。进入20世纪80年代，局面却是完全改观，包括巴西和墨西哥在内的发展中国家和世界整体的人均国内生产总值增长率，在20世纪80年代年平均不超过1.3%。在整个20世纪90年代，发展中国家的人均GDP平均水平也仅回升至2.2%，而世界经济的人均GDP的总体水平还仅维持在1.3%。进入21世纪后，世界经济的总体虽有所复苏，但人均GDP的增长率仍未超过5%。

表2—1　　中国经济增长的国际比较（1960—2012）　　（单位：%）

年份	1960—1969	1970—1979	1980—1989	1990—1999	2000—2010	2011	2012
中国	2.9	5.4	7.6	8.6	9.6	8.8	7.3
印度	1.1	2.3	3.6	4.2	5.6	5.3	3.4
韩国	5.7	5.5	6.5	5.5	4.0	2.9	1.6
巴西	3.3	6.0	0.2	0.4	2.5	1.8	0.0
墨西哥	3.4	3.7	0.5	1.7	0.9	2.6	2.6
苏联/俄罗斯	4.0	4.7	1.3	-4.7	5.7	3.8	3.3
发展中国家	3.0	3.3	1.3	2.2	4.5	4.9	3.6
世界经济	3.2	1.8	1.2	1.3	1.5	1.0	1.0

注：表中数据为人均国内生产总值的年平均实际增长率。

资料来源：世界银行《世界发展报告》和《世界发展指标》各期。

与此相对应，中国的工业化自20世纪80年代以来呈现出的持续快速增长，即这种在原来已是相当高的水平上加速以至超越了东亚新兴工业化经济体的表现，显得特别不同寻常。正如同表2—1所显示的，中国的人均国内生产总值增长率，在20世纪80年代是年平均7.6%，在20世纪90年代升至8.6%，进入21世纪的头10年年均增长为9.6%，在其后两年即2011年和2012年，即使受世界经济危机的冲击，这两年的增长率虽分别下降到8.8%和7.3%，但仍远优于同期世界范围后进发展的佼佼者——东亚地区的平均表现。联系到中国的经济体制和发展政策，长期以来，这种经济体制及其政策被既有世界政治经济秩序的主流系统——华盛顿系统及其相应思想范式——认定为本质上偏离了自由主义市场经济模式，因为在这种体制及相关政策中存在较多的类似于前苏联、东欧和东亚地区等经济体制中易引发危机的因素，那么，中国上述瞩目的经济增长表现，就着实耐人寻味了。

当然，所谓“中国模式”的提法，即意味着对自由市场信条的质疑，自然要遭到主流系统的否定。因而，每隔一段期间就会冒出这样一种论调：只要耐心等待，中国经济早晚要遭遇灾难，这是作为对偏离自由市场的惩罚。主流系统所认为形迹可疑以至认为必然要受到惩罚的，指的是中国经济体制在各个层面上对市场原则的背离，诸如政府对经济活动的干预、国有企业的软预算约束、刚性的劳动工资制度，等等。[①] 更有甚者，2008 年世界金融危机发生后，一些西方媒体和学者包括部分政治人物，不仅认为中国经济迟早要走向崩溃，甚至将当前世界危机的责任也归咎于中国的工业化模式。[②]

上述论调的分析逻辑是，他们认为改革以来的中国经济体制是一种混合体，既包含符合市场规范的成分，也包含压抑市场调节的成分，而过去 30 多年中经济发展所取得的不菲成就，意味着前者占主导。但随着经济转轨难度的不断加大，后者将会起主导作用。由此他们推断，中国的经济前景并不乐观，甚至可能出现危机。只有全面地毫无保留地接受自由主义信条，大规模地推行国有企业私有化和金融自由化，才有可能避免危机。[③]

关于中国的争论有其特定的历史背景。在苏联、东欧经济模式变革后，中国的经济发展和制度改革经验，就自然成了对自由主义主流信条的挑战，因为中国的发展不符合国际货币基金组织所谓的“转轨策略的市场原教旨主义”即“华盛顿共识”。在 20 世纪 90 年代初期，韦茨曼（Weitzman，1993）就曾提出这样的疑虑：“人们通常所说的‘东欧模式’应该是基本上代表了制度变革的正确方法，而所谓‘中国模式’则应该

---

① 卢荻：《面对全球化的制度变革和后进发展》，《政治经济学评论》2005 年第 2 期。

② 郑永年：《国际发展格局中的中国模式》，《中国社会科学》2009 年第 5 期。

③ Lardy, N. R., *China's Unfinishied Economic Revolution*, Washington, D. C.: Brookings Institution Press, 1998; World Bank, *Transiton*: *The First Ten Year - Analysis and Lessons for Eastern Europe and the Former Soviet Union*, Washington, D. C.: The World Bank, 2002.

是导致经济灾难的处方……，但怪异的是，实际上中国模式却伴随着巨大的成功，与东欧模式的大致上的、迄今为止的和比较上的不成功形成强烈对照。"[①] 中国的发展经验显示，对于持续的快速发展或避免经济停滞而言，遵循自由市场原则既不是必要的也不是充分的。

面对中国特例，1996年，世界银行在其关于"转轨经济学"的带有总结性的《世界发展报告》中设置了这样一个问题："制度转轨中的不同政策和实际效果所反映的，究竟是变革策略的差异，还是诸如历史条件、发展水平以至政治环境等各自特有的因素的差异?"而自己给出的回答是，特有因素的差异，尤其是工业化水平的不同，而非决策差异，导致了实际经济表现的差异。中国有幸在改革起始时工业化程度较低，因而随后可以通过劳动力从农业向工业部门转移来推动经济增长，从而避免了改革的阵痛；苏联和东欧则不幸，改革一开始就必须面对过度工业化的经济结构，因而改革阵痛也就不可避免。[②]

不难看出，世界银行所提出的论题是建立在这样一个假定前提之上，即经济发展是一件"自然而然"的事，即所谓的"自然的发展途径"。然而，这个前提显然并非人们可以轻易接受的，因为这至少与上文所提及的世界范围的后进发展失落的现实很不合拍。须知，制度变革过程中中国经济的增长表现，不仅是与苏联东欧大不相同，还远优于绝大多数后进发展中国家，这实在很难用自然而然来解释。斯蒂格利兹（Stiglitz，1999）就明确做出批评，"中国经济变革远比前苏联东欧复杂和艰难，因为它需同时应对体制转轨和经济发展两个难题，而不像后者仅需应对体制转轨。这显然意味着经济发展并不是一件自然而然的事。"[③]

诚然，无论是从直观上看还是相关研究文献所揭示的，改革年代中国的工业化和与之相关的工业化，相当大程度上确实有赖于主流系统所指认的相对于苏联东欧而言的特有因素，即同期劳动力从农业向工业的大规模

---

① Weitzman, M. and C. Xu, "Chinese Township-village Enterprises as Vaguely Defined Cooperatives", *Journal of Comparative Economics*, Vol. 18, 1994.

② World Bank, *World Development Report 1996*, New York, Oxford University Press, 1996.

③ 斯蒂格利兹这些明显背离传统的话，是他作为世界银行的首席经济学家时提出的，因而特别引人注目。这种背离所反映的，是所谓"后华盛顿共识"对"华盛顿共识"的挑战，也即这一挑战在有关摆脱苏联模式经济制度变革的争论的延伸。

转移，而经济的持续快速增长，也确实有助于缓解改革过程中的种种摩擦和矛盾。问题是，将这个劳动力转移过程说成是自然或容易的事未免武断，尤其是必须认识到，中国的经济体制改革的初始环境，其实并不是简单的工业化水平偏低所能概括的。要揭示中国工业化发展的内在动力，必须对中国工业化模式做更深入的考察。

二　中国工业化模式的转变

改革期间的中国工业化呈现出截然不同的两种阶段性特征：一个是1979—1989年间的“劳动密集型”，如从资本与产出的关系看，即为“资本广化型”；另种一是自1990年至今的“资本深化型”。[①] 这种阶段性特征在图2—1中得到很好的反映。

图2—1描述的是自改革以来中国总体经济的资本—产出增量比（dK/dY）和就业增长率（G_L）的5年移动平均的变动趋势。从该图可以看到，资本—产出增量比（dK/dY）在1980—1986年间一直保持较低水平，其后有所上升，但1988年后一直保持下降，直至20世纪90年代初期才开始回升。自进入20世纪90年代以后，这一比值基本保持上升态势，2007年达6.35，此后仍保持直线上升，2012年上升至11.25。而就业增长率（G_L）1990年以前在dK/dY曲线的上方，即就业增长率高于1.29%，其后低于1.29%。因此，我们可以大致将1990年作为经济增长模式的“分水岭”，从增长的就业吸纳能力的特征看，前期可称为“劳动密集型”，后期可称为“资本深化型”。

换言之，这两个阶段的增长模式有不同的就业表现。图2—2显示了这两个阶段劳动市场的供求态势。从图2—2中可以观察到两点：其一，后一时期的劳动力供给和就业的增长率都明显低于前一时期；其二，前一时期就业的增长率高于劳动力供给的增长率，而在后一期则正好相反。这第两个观察结果所显现出的就业增长的差异，正是这两种不同增长模式的特征反映。“劳动密集型”增长阶段的就业增长要显著地高于“资本深

① 这里将中国经济分成“1979—1989年”与“1990年至今”这两个阶段，一种是因为这两个阶段增长模式有明显差异，符合邹至庄断点划分标准；另一个是因为1990年前后劳动统计口径不同，需区别对待。

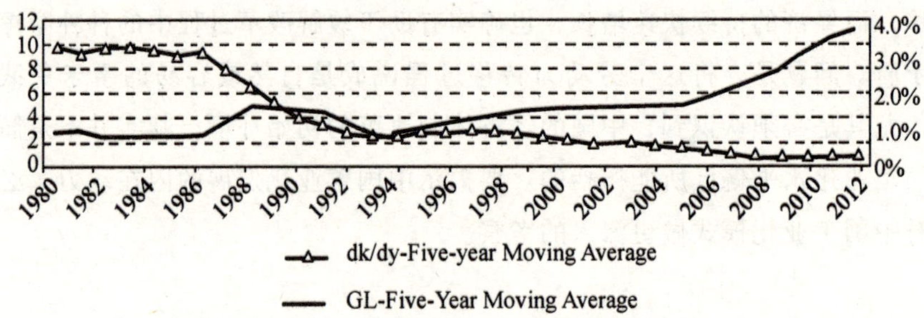

图 2—1　资本—产出增量比与就业增长率（1980—2012）

注：资本—产出增量比 = *dK/dY*（对应左轴），这里 *dK* 为固定资产投资总额，*dY* 为 GDP 增量；G_L为就业增长率（对应右轴）。

资料来源：《中国统计年鉴 2013》。

化”增长阶段的就业增长，甚至高于同期劳动供给的增长。第二个观察结果表明，在“资本深化”的阶段，需求因素对就业决定起着关键性作用。而且从总体趋向看，就业的增长滞后劳动供给的增长愈显突出，说明需求约束对就业的影响愈趋明显。

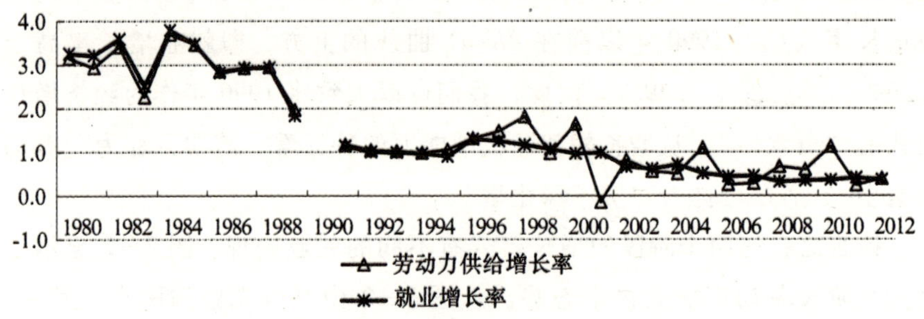

图 2—2　劳动力供给与就业的年均增长

注：1990 年中国劳动供给与就业的统计口径做了调整，劳动供给与就业在 1990 年前后的统计数据不具可比性，因此将 1990 年的数据排除在外。

资料来源：《中国统计年鉴 2013》。

在整个改革年代，工业化无疑是中国经济增长的原动力。图 2—3 描述的是工业相对非工业的劳动生产率和全要素生产率。从图 2—3 可以看到，在整个改革年代，以不变价格计算的中国工业部门对非工业部门的相对劳动生产率和相对全要素生产率都远大于1，说明工业部门的生产率远高于非工业部门的生产率。而且在整个20世纪90年代和21世纪初期，这两个比率一直保持不断上升，显示出工业部门相对非工业部门有更高的生产率提升速度。

进一步观察图2—3中相对劳动生产率曲线可以发现，以不变价格产值计算的相对生产率曲线始终远高于以当年价格产值计算的曲线，反映了工业部门的生产率提升，通过相对价格变动向非工业部门转移，从而推动了整体经济增长。而且随着时间的推移，两条曲线之间的差距在持续扩大，而同时对应的相对全要素生产率保持持续上升，这意味着工业部门的快速增长对整体经济的推动作用在愈趋强化。这也是中国经济得以持续增长的重要原因。

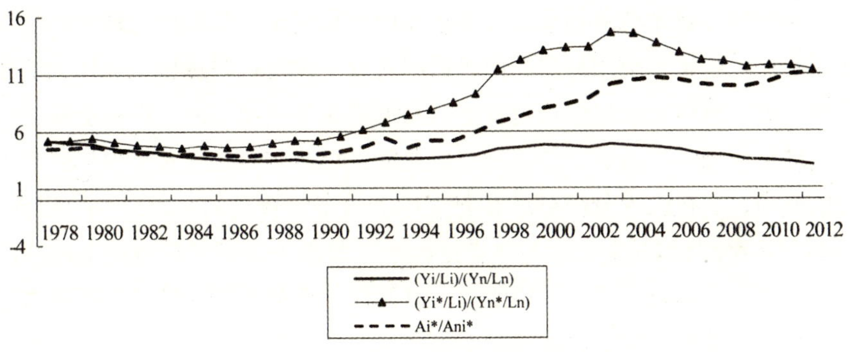

图2—3　工业部门的相对劳动生产率和相对全要素生产率

注：Y代表*GDP*现值，Y*代表以1978年不变价格核算的GDP的量；L代表总就业量，K代表工业部门以1978年为基期按永续盘存法核算的资本存量；$A=\frac{Y}{K^{0.4}L^{0.6}}$，代表全要素生产率；下标i和n分别代表工业和非工业。

资料来源：《中国统计年鉴2013》。

图2—3中有一点值得注意的是，这三条相对生产率曲线，在20世纪80年代和2003—2012年间年表现为下降倾向，而在整个90年代，这三条相对生产率曲线都表现出上扬趋势。这种相对生产率的变

动规律反映了经济增长不同模式和同一模式不同阶段的工业化动力机制间的差异。在20世纪80年代，中国经济增长表现为“劳动密集”的增长模式，这一时期的中国经济增长主要靠大规模的农业劳动力向工业转移来推动。这种体现中国资源配置比较优势的劳动力转移，对工业部门的相对劳动生产率的提高自然有消极影响。因为新加入工业部门的劳动力主要是非熟练技术工人，劳动力的迅速扩张必然对相对劳动生产率和相对全要素生产率施加下降压力，从而促成图2—3中三条曲线的同步下降。

自1990年，尤其是90年代中期以来，中国经济日益显现出愈趋明显的资本深化特征。需求特征的转变是促成经济增长模式转变的关键因素，而需求特性和特定体制的配合是现有增长模式得以持续和巩固的决定性条件。透过产业结构的演化可以考察需求因素在经济增长模式转变中所起的作用。在20世纪80年代，产业结构演化的一个重要特征是，以非农产品为原料的轻工业制造业和重工业制造业的大幅增长，其中增长最快的是机械制造业，特别是耐用消费品的机械制造业。正是这些机械工业作为主要力量，带动整体工业部门透过价格机制促进非工业部门的生产率提升，从而促进整体经济的增长。与机械制造业膨胀相对应的是相对平均化的收入分配格局，这种收入分配格局有利支撑了耐用消费品的需求增长。因此，20世纪80年代增长路径的主要支撑因素可归结为，以劳动力向工业部门转移为特征的资源配置效率的改进，以及以一系列大规模机械制造业膨胀为特征的日益显现的动态规模效益。

随着市场化改革的深入，收入分配格局的平均化程度愈趋减弱。从表2—2可以看到，中国基尼系数自改革以来一直显示出上升趋势，1990年中国的总体基尼系数达0.343，进入国际公认的偏高水平。平均化分配格局打破，促成原有积累体系逐步瓦解，作为支撑经济增长的主要需求因素，开始从消费需求让位于投资需求，推动中国工业化和经济增长的主要动力来源从资源配置效率为主转为以动态规模效率为主，经济增长模式从“劳动密集型”转向了“资本深化型”，与此相对应的产业结构演化特征表现为重工业和投资业的比重持续上升，图2—3中对应的三条曲线表现为同步上升。

表 2—2　　中国的基尼系数

年份	1978	1985	1990	1995	2000	2005	2008	2009	2010	2011	2012
全国			0. 343	0. 389	0. 409	0. 485	0. 491	0. 490	0. 481	0. 477	0. 474
农村	0. 21	0. 30	0. 31	0. 34	0. 35						
城镇	0. 16	0. 19	0. 24	0. 28	0. 32		—				

注：2000 年及以前数据来自《中国统计年鉴》各年，2008—2012 年数据为国家统计局 2013 年 1 月发布数据，见 http：//news. sina. com. cn/c/2013 - 01 - 18/131726067826. shtml。

自 2003 年以来，中国资本深化增长模式有了新特征：一方面，传统主导型制造业开始向高技术、高附加值为目标的产业结构转化，即向资本密集型和技术密集型的产业结构转化；另一方面，随着中国工业化和城镇化的加速，农村劳动力向工业和服务业的流动也在加速。这一时期经济增长的驱动力表现出 20 世纪 80 年代模式的某种程度上的复归，即增长动力来自于动态规模效益和资源配置效率双重提升。两者的区别是，前期的动态规模效益是以“资本广化”为特征，而后期遵循的仍然是 20 世纪 90 年代以来所确立的“资本深化”的路径。图 2—3 中的三条曲线即表现为，相对劳动生产率曲线趋于下降，而相对全要素生产率曲线仍继续上升。

2003 年以来的这种增长路径能够得以维持的一个重要因素是，消费需求的下降趋缓。从图 2—4 可以看到，居民的消费率的下降自 2005 年得到遏制，2007 年以后开始缓慢上升，而对应的基尼系数也自 2008 年达到峰值以后开始下降（见表 2—2）。

劳动力的资源配置效率可以通过“劳动力流动的结构效应”这一指标来反映。[①] 表 2—3 描述了 1979—2012 年间劳动力产业间流动的结构效应变动情况。从表 2—3 可以看出，1979—1989 年间和 2002—2012 年间的“劳动力流动的结构效应”这一指标数值明显高于 1991—2001 年间对应

① 徐现祥（2001）根据钱纳里等的总增长与部门增长之间的关系式，推导出劳动结构效应的表达式：$STE_l = g_Y - g_l - \sum s_i g_{pi}$，其中 STE_l 代表劳动的结构效应，g_Y 为总产出的增长率，g_l 为总就业的增长率，s_i 为 i 部门产出占总产出的比重，g_{pi} 为 i 部门劳动生产率的增长率。本表就根据该公式来测算产业间劳动力流动的配置效应，表中的数据是根据公式算出的值乘上 100 后的值。

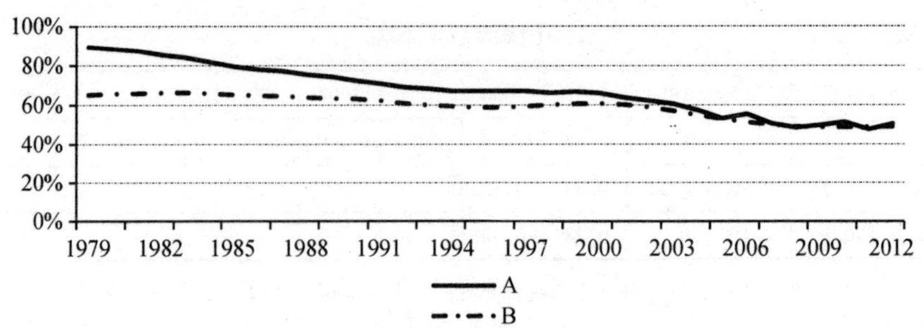

图 2—4　估算的居民消费率和国民消费率

注：A 代表估算的居民消费率，B 为国民消费率。

资料来源：《中国统计年鉴 2013》。

数值。反映劳动力资源配置效率的劳动力流动结构效应的变动趋势，与图 2—3中相对生产率变动所反映出的配置效率特征是一致的。

表 2—3　　劳动力流动的产业结构效应（1979—2012）

年份	结构效应	年份	结构效应	年份	结构效应
1979	1.36	1991	0.38	2002	-0.51
1980	2.48	1992	1.55	2003	1.18
1981	0.77	1993	2.89	2004	3.18
1982	-0.04	1994	2.78	2005	3.27
1983	1.55	1995	2.60	2006	3.24
1984	4.69	1996	2.16	2007	2.76
1985	2.38	1997	0.73	2008	1.45
1986	2.33	1998	0.06	2009	1.84
1987	1.47	1999	-0.68	2010	1.86
1988	1.13	2000	-0.22	2011	2.16
1989	-1.10	2001	-0.16	2012	1.40

注：1979—1989 年：结构效应均值 = 1.55；1991—2001 年：结构效应均值 = 1.10；2002—2012 年：结构效应均值 = 1.99。

资料来源：根据国家统计局《中国统计年鉴 2013》数据推算结果。

第二节　中国工业化进程中的均衡与非均衡增长：模型构建

工业化作为经济增长原动力，是发展中国家、尤其是像中国这样大型的发展中国家的重要特征。具体而言，正如前文分析，不论是在理论上还是从经验观察判断，与经济增长过程结合在一起的，往往包括资本积累的增长、技术进步、需求结构和体制结构的演化等，这些因素的相互作用形成特定的增长模式，而在发展中国家，工业化往往就是这种特定增长模式的载体和经济增长的驱动力。卡尔多—维尔敦定律将其驱动机制概括为，工业部门的扩张往往带来边干边学、诱导更新和创新投资以及整体经济的专业化等效应即动态规模效益，因而能够透过扩大非工业部门的产出和需求规模并推动非工业部门生产率提升，从而促进整体经济的发展。本节试图根据发展中国家工业化作为经济增长驱动力议题，构建工业与非工业两部门结构模型来分析中国的工业化发展及其增长意义。

一　两部门经济结构模型的基本框架

经济体的二元结构问题一直是发展经济学研究的重要领域，从传统古典经济学到现代经济学的三大理论体系，即现代主流文献的新古典主义和凯恩斯主义经济学以及马克思主义经济学对这一问题都做了深入研究，取得了丰硕成果。传统古典经济学和现代西方主流文献主要从工业与农业关系的角度来考察经济结构。这类文献一个基本特征是，假设一个欠发达的经济体内部，存在一个“现代”资本主义领域和一个落后的传统领域。经济体在发展过程中，现代化领域不断扩大，传统领域逐渐收缩。当二元性消失时，发展也就实现了。传统古典文献如刘易斯—费景汉—拉尼斯（Lewis-Fei-Ranis）模型①及早期的新古典文献如乔根森（Jorgenson）模型②等一般将工业化作为实现发展和消除二元性的途径；而后期的新古典

① Rains and Fei, “The Theory of Economic Development”, *American Economic Review*, Vol. 51, 1961.

② Jorgenson, D. W, “Surplus Agricultural Labor and the Development of A Dual Economy”, *Oxford Economic Papers*, Vol. 19, No. 3, 1967.

文献如约翰斯顿和克拉克（Johnston and Clark）模型[①]、艾利斯（Ellis）模型[②]及金（King）模型[③]等则更注重农业自身的现代化和发展，它们着重强调了农业在经济结构转变中的作用。

自20世纪30年代的大萧条以来，不论是发达国家还是发展中国家都受到不同程度的有效需求不足的困扰。发展中国家的工业化此时面临着劳动过剩与有效需求不足的双重制约，这是古典主义和新古典主义的二元经济学说所无法解释的。拉克西特（Rakshit）[④]、卡尔多（Kaldor）[⑤] 等凯恩斯主义者试图将有效需求理论纳入他们的理论框架，着重强调需求在经济结构转换中的意义。卡尔多还认为技术进步也是需求驱动的，工业的增长对非工业增长的显著促进作用，就是通过需求规模的扩张来实现的。[⑥]

许多马克思主义经济学文献对生产规模扩张的技术进步意义也给予了充分肯定。马克思在《资本论》中曾多次阐述了生产技术可以透过资本积累的扩大而不断提高。[⑦] 后来的马克思主义者对这一理论进行了发挥，并根据马克思的再生产理论，得出生产资料生产部门优先增长对整体经济发展具有重要促进作用的结论，并进而将其应用于发展中国家的工业化实践。费尔德曼—马哈拉劳比斯—多马（Feldman-Mahalanobis-Domar）模型[⑧]就是这一思想的重要体现，该模型探讨了一个封闭经济如何分配更多

---

① Johnston, B. F. and Clark, W. C, *Redesigning Rural Development: A Strategic Perspective*, Maryland: Johns Hopkins University Press, 1982.

② Ellis, F., *Agriculture Policy in Developing Countries*, London: Cambridge University Press, 1992.

③ King, M. B., "Interpreting the consequences of middle-western agriculture industrialization", *Journal of Economic Issues*, Vol. 34, No. 2, 2000.

④ Rakshit, M., *Labor Surplus Economy: A Neo-Keynesian Approach*, Delhi: Macmillan India Press, 1982.

⑤ Kaldor, N., "Economic Growth and the Verdoorn's Law: A Comment on Mr. Rowthorn's Article", *Economic Journal*, Vol. 85, No. 340, 1975.

⑥ 卢荻：《面对全球化的制度变革和后进发展》，《政治经济学评论》2005年第2期。

⑦ 马克思在《资本论》第1卷中曾写道："在正常的积累进程中形成的追加资本，主要是充当利用新发明和新发现的手段，总之，是充当利用工业改良的手段。""一定程度的资本积累表现为特殊的资本主义的生产方式的条件，而特殊的资本主义的生产方式又反过来引起资本的加速积累。"具体参见马克思《资本论》第1卷，人民出版社1975年版，第685、689页。

⑧ 海韦尔·G. 琼斯：《现代经济增长理论导引》，商务印书馆1994年版，第199页。

的资本品给资本品生产部门以获取更高的增长率。达茨（Dutt）的南北模型①则试图从这一视角出发讨论两个不同技术发展水平的经济体如何进行分工生产等问题。

以上这些发展文献从不同角度解释了发展中国家相应时期所遭遇的现实，对分析当代发展中国家工业化仍具有重要的启发意义。本章的目的，则试图以马克思再生产理论为基础，借鉴达茨南北模型分析思路，构建工业与非工业的二元结构模型，来分析发展中国家工业化过程中增长与就业的动态结构特征，并进而阐释发展中国家工业化作为经济增长动力和作为技术进步载体作用的微观机理。

假设一封闭经济可划分为工业和非工业两大部门，劳动和资本是这两大部门的基本生产要素。工业部门按社会化大生产方式组织生产，生产的产品包括消费品和投资品。工人和雇主是工业内部的两大利益集团，工人将所有的工资收入全部用于消费，雇主将利润收入的一部分作为储蓄，剩余部分作为对奢侈品消费；非工业部门按照传统生产方式组织生产，生产的产品全是消费品。生产者将收入的一定比例作为储蓄，用以购买工业部门的投资品作为非工业部门再生产需要，剩余部分作为消费。并假定所有的储蓄都能够转变为投资。并假定工业部门的工资收入与非工业部门的劳动收入相等，两大部门劳动者（工业部门包括工人和雇主）的消费偏好无差异。根据以上假定，基本分析框架可建构如下：

$$X_m = C_m^m L_m + C_m^n L_n + g_m K_m + g_n K_n \tag{2—1}$$

$$X_n = C_n^m L_m + C_n^n L_n \tag{2—2}$$

$$X_m P_m = W_m L_m + r_m P_m K_m \tag{2—3}$$

$$(1 - s_n) X_n P_n = W_n L_n \tag{2—4}$$

$$C_m^m L_m P_m = a[W_m L_m + (1 - s_m) r_m P_m K_m] \tag{2—5}$$

$$C_n^m L_m P_n = (1 - a)[W_m L_m + (1 - s_m) r_m P_m K_m] \tag{2—6}$$

$$C_n^n L_n P_n = (1 - a)(1 - s_n) X_n P_n \tag{2—7}$$

$$C_m^n L_n P_m = a(1 - s_n) X_n P_n \tag{2—8}$$

$$W_m = W_n \tag{2—9}$$

---

① Dutt, A. K., *Growth, Distribution, and Uneven Development*, London: Cambridge University Press, 1990.

其中 X_i、K_i、L_i、P_i、r_i、W_i、s_i、g_i 分别代表 i 部门产品的产量、投入要素资本和劳动、产品的价格、资本的利率、工人工资或劳动收入、储蓄率以及资本的增长率（$i=m$，n，m 代表工业部门，n 为非工业部门），C_i^j 代表 j 部门劳动者对 i 部门产品的人均消费（i，$j=m$，n），a 为工业品消费占总消费的比重（假定工人与雇主的消费偏好无差异）。那么等式（2—1）代表的是工业品生产部门产品的实物构成。意为工业部门生产的产品由四部分构成，其中第一部分作为工业部门自身内部的消费，第二部分为非工业部门的消费，第三、四部分分别为工业部门和非工业部门的投资品。等式（2—2）说明非工业部门产品，一部分用作工业部门工人消费，另一部分用作非工业部门自身劳动者的消费。等式（2—3）代表的是工业部门的收入分配结构，即工业产品的一部分为工资收入，另一部分为利润收入。等式（2—4）代表的是非工业部门的收入分配结构。其表达式的含义是，总收入中 s_n 比例的收入作为购买资本品资金，剩余部分为工人的可支配收入。等式（2—5）、式（2—6）、式（2—7）、式（2—8）反映的是工业部门和非工业部门的可支配收入对工业品和非工业品的消费分配构成。根据基本框架，如两部门之间产出实现市场供求平衡，则必须满足如下平衡关系式：

$$C_n^m L_m P_n = C_m^n L_n P_m + g_n K_n P_m \tag{2—10}$$

从式（2—10）平衡关系式可以看出，部门间产品的供求关系直接影响部门间产品的价格水平比，即部门间的相对贸易条件。反过来，部门间的相对贸易条件也将调节各部门产品的供求。而在短期，各部门的产量主要取决于各部门的生产技术。

二　两部门的均衡增长与比较静态

各部门经济协调发展是国民经济良性运行的基本要求。要实现各部门经济协调发展，除实现市场的供求平衡外，还必须保持各部门的平衡增长。就本文所构建的两部门模型而言，除需满足（2—10）式的平衡关系式，还必须满足两部门的增长率相等，即 $g_m=g_n$。下面就两部门均衡增长的条件及相关影响因素做一个简单讨论。

首先讨论平衡增长条件下非工业部门资本增长率的决定因素。由等式（2—2）、等式（2—10）可得：

$$P_nX_n = P_nC_n^mL_m + P_nC_n^nL_n$$
$$= P_mC_m^nL_n + P_mg_nK_n + P_nC_n^nL_n$$

将（2—7）式和（2—8）式代入上式可得：

$$P_nX_n = (1 - s_n)X_nP_n + P_mg_nK_n$$

即可得：$g_n = s_n \cdot \dfrac{P_n}{P_m} \cdot \dfrac{X_n}{K_n}$　　（2—11）

该式表明，非工业部门增长率与该部门储蓄率和非工业相对工业的贸易条件呈正相关关系。类似地，可以得到工业部门资本增长率的表达式。由等式（2—11）可得：

$$P_mX_m = P_mC_m^mL_m + P_mC_m^nL_n + P_mg_mK_m + P_mg_nK_n \qquad (2—12)$$

将（2—10）式代入上式可得：

$$P_mX_m = C_n^mL_mP_n + C_m^mL_mP_m + P_mg_mK_m$$

再代入等式（2—3）、（2—5）、（2—6）式可得：

$$W_mL_m + r_mP_mK_m = W_mL_m + (1 - s_m)r_mP_mK_m + P_mg_mK_m$$

即可得工业部门资本的增长率：$g_m = s_mr_m$　　（2—13）

再根据（2—3）式、（2—4）式和（2—9）式可得：

$$r_m = (P_mX_m - W_mL_m)/P_mK_m$$
$$= [P_mX_m - (1 - s_n)X_nP_nL_m/L_n]/P_mK_m$$

即有：

$$r_m = [1 - (1 - s_n)\frac{P_n}{P_m} \cdot \frac{X_n}{L_n} \cdot \frac{L_m}{X_m}] \cdot \frac{X_m}{K_m} \qquad (2—14)$$

令非工业相对工业的贸易条件$\dfrac{P_n}{P_m}$为 π，各部门的劳动生产率为 $A_i = \dfrac{X_i}{L_i}$（$i = m$，n）。并将工业相对非工业的劳动生产率记为 A_r，即 $A_r = \dfrac{A_m}{A_n}$。根据“卡尔多典型事实”，不妨假定工业和非工业的资本—产出比为常数，为简化讨论，假定这两者都相等，记作$\dfrac{X_i}{K_i} = \varphi$（$i = m$，$n$）。根据等式（2—11）、（2—13）等式和等式（2—14）可得：

$$g_n = s_n\varphi\pi \qquad (2—15)$$

$$g_m = s_m\varphi[1 - (1 - s_n)\pi/A_r] \qquad (2—16)$$

根据资本—产出比的不变性假定，等式（2—15）和（2—16）式所表示的非工业和工业部门的资本增长率实际就是该两部门产出的增长率。根据（2—15）式和（2—16）式可得两部门的均衡增长率和贸易条件分别为：

$$g^e = \varphi / [\frac{1}{s_m} + \frac{1 - s_n}{s_n A_r}] \quad (2—17)$$

$$\pi^e = 1 / [\frac{s_n}{s_m} + \frac{1 - s_n}{A_r}] \quad (2—18)$$

从式（2—17）、式（2—18）可以看出，两部门的贸易条件对它们的供求平衡起着重要的调节作用。当工业部门的增长超过非工业部门的增长，贸易条件将上升，反之则下降；两部门的储蓄率对经济增长都起着重要作用。工业部门储蓄率的提高不仅能提高两部门的均衡增长率，还能有利改善非工业对工业的贸易条件；工业对非工业的相对劳动生产率与工业部门的储蓄率对经济增长有相同的意义，这充分说明工业部门的增长能够带动非工业部门的增长。这一结果与后凯恩斯主义的“卡尔多—维尔顿定律”是基本相符的。

三 工业化进程中的均衡与非均衡增长

（一）工业化进程中的均衡增长

对两部门的相互需求做进一步的讨论，可以得到均衡意义下的增长的动态结构特征。将（2—5）式、（2—11）式、（2—13）式代入（2—12）式即可得：

$$\begin{aligned} P_m X_m &= a[W_m L_m + (1 - s_m) r_m P_m K_m] + a(1 - s_n) X_n P_n + r_m s_m P_m K_m + s_n X_n P_n \\ &= a W_m L_m + [a(1 - s_n) + s_n] X_n P_n + [a(1 - s_m) + s_m] r_m K_m P_m \end{aligned} \quad (2—19)$$

令 $\lambda_i = a(1 - s_i) + s_i (i = m, n)$，则（2—19）式可简写为：

$$P_m X_m = a W_m L_m + \lambda_n X_n P_n + \lambda_m r_m K_m P_m \quad (2—20)$$

将（2—4）式、（2—9）式、（2—14）式代入上式可得：

$$(1 - \lambda_m) P_m X_m = \frac{X_n P_n}{L_n} [\lambda_n L_n - (1 - s_n)(\lambda_m - a) L_m] \quad (2—21)$$

令非工业对工业的相对就业量 $\frac{L_n}{L_m}$ 为 l_r，并将 $l_r = \frac{L_n}{L_m}$、$A_i = \frac{X_i}{L_i}$ 和 $A_r = \frac{A_m}{A_n}$ $(i = m, n)$ 代入上式可得：

$$(1-\lambda_m)A_r=[\lambda_n l_r-(1-s_n)(\lambda_m-a)]\pi \quad (2\text{—}22)$$

即得：

$$\pi=\frac{(1-\lambda_m)A_r}{[\lambda_n l_r-(1-s_n)(\lambda_m-a)]} \quad (2\text{—}23)$$

根据（3—4）式，可以假定非工业相对工业的贸易条件 π 的短期调整方程为：

$$d\pi/dt=\rho\{(1-\lambda_m)A_r-[\lambda_n l_r-(1-s_n)(\lambda_m-a)]\pi\} \quad (2\text{—}24)$$

其中 ρ 为调整系数，$\rho>0$。另一方面，根据 $A_r=\frac{X_m}{X_n}\cdot\frac{L_n}{L_m}$，可以得到：

$$g_{Ar}=(g_m-g_n)+g_{lr} \quad (2\text{—}25)$$

其中 g_{lr}代表非工业对工业相对就业量的变动率。在相关文献中，技术进步一般反映在工业（或制造业）部门生产率相对其他部门的领先发展。而这种技术进步又具有规模效益，即随着生产规模的扩大，对应的技术水平提高。新古典的干中学和知识积累模型、后凯恩斯的“卡尔多—维尔顿定律”以及马克思的再生产理论对技术进步都有过类似的阐述。这里不妨将相对劳动生产率的变动规律表述如下：

$$\dot{A}_r=(\frac{K_m}{K_n})^{\beta}\cdot A_r^{\mu}(0<\beta<1,0<\mu<1) \quad (2\text{—}26)$$

其中 A_r 代表 dA_r/dt。该式意味着，相对劳动生产率的增长率是相对规模的增函数，而且随着相对劳动生产率水平的递增，其增长率呈递减趋势。为讨论方便，记 $\dot{A}_r/A_r=\Lambda$，那么由上式可得：

$$g_\Lambda=\beta(g_m-g_n)-(1-\mu)\Lambda \quad (2\text{—}27)$$

其中 g_Λ 代表的是 Λ 的增长率。该式表明，当 $\Lambda<\frac{\beta}{1-\mu}(g_m-g_n)$ 时，$g_\Lambda>0$，即 Λ 将上升；当 $\Lambda>\frac{\beta}{1-\mu}(g_m-g_n)$ 时，Λ 将下降，因此相对生产率变动的稳定条件是：

$$\Lambda=\frac{\beta}{1-\mu}(g_m-g_n) \quad (2\text{—}28)$$

将（2—25）式 $\Lambda=g_{Ar}=(g_m-g_n)+g_{lr}$代入上式可得：

$$g_{lr}=\frac{\beta+\mu-1}{1-\mu}(g_m-g_n) \quad (2\text{—}29)$$

结合（2—15）式和（2—16）式可得非工业对工业相对就业量 l_r 的短期调整方程：

$$dl_r/dt = \sigma\{s_m[1-(1-s_n)\pi/A_r]-s_n\pi\}l_r \tag{2—30}$$

其中 $\sigma = \frac{\beta+\mu-1}{1-\mu}\varphi$。满足 $d\pi/dt=0$ 和 $dl_r/dt=0$ 的均衡点为：

$$\begin{cases} \pi^e = 1/[\frac{s_n}{s_m}+\frac{1-s_n}{A_r}] & (2—18)' \\ l_r^e = \frac{1}{\lambda_n}[(1-\lambda_m)\frac{s_n}{s_m}A_r+(1-s_n)(1-a)] & (2—31) \end{cases}$$

由此，我们可以进一步求出微分方程（2—24）式和（2—30）式的雅可比行列式：

$$|J_E| = \begin{vmatrix} -\rho(1-s_m)[\frac{s_n}{s_m}A_r+(1-a)(1-s_n)] & -\rho[a(1-s_n)+s_n]\pi^e \\ -\sigma\frac{s_m}{\pi^e} & 0 \end{vmatrix} \tag{2—32}$$

此时，π 和 l_r 的动态调整可分三种情况来讨论：

（1）当 $\beta+\mu>1$ 时，有 $trJ_E<0$，$|J_E|<0$，相对贸易条件 π 和相对就业量 l_r 的动态调整将产生鞍点均衡，即只存在一条均衡路径，其相位图见图 2—5：

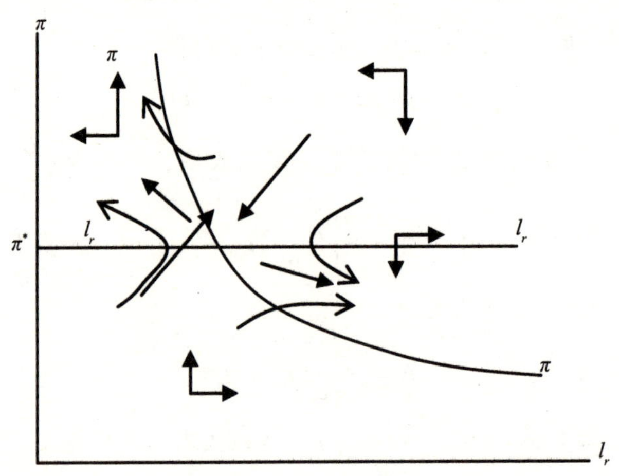

图 2—5　$\beta+\mu>1$ 时的相对贸易条件 π 和相对就业量 l_r 的动态学

（2）当 $\beta+\mu<1$ 时，$trJ_E<0$，$|J_E|>0$，相对贸易条件 π 和相对就业量 l_r 的动态调整将产生稳态均衡，其相位图见图2—6：

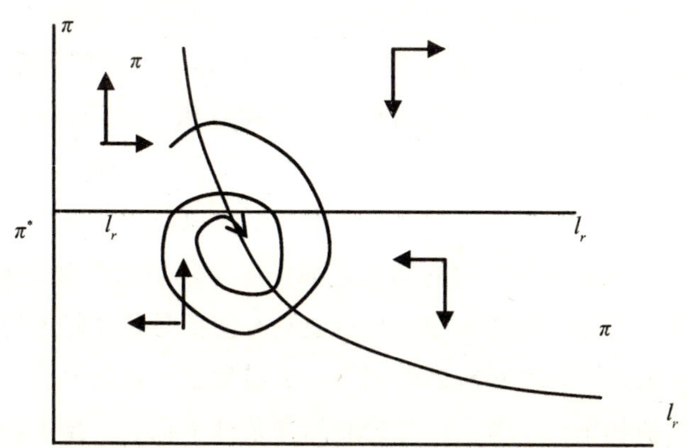

图2—6　$\beta+\mu<1$ 时的相对贸易条件 π 和相对就业量 l_r 的动态学

（3）当 $\beta+\mu=1$ 时，l_r 不发生变动，但相对贸易条件 π 在市场机制的作用下也将趋于均衡。在本文的框架中，均衡增长意味着 $g_m=g_n$，从而有 $\Lambda=0$，$g_{lr}=0$，即有 A_r 和 l_r 为常数。[①] 进而根据（2—18）式、（2—15）式可知，贸易条件、均衡增长率为常数，此时即为新古典式的稳定状态。

但如果工业部门的技术进步打破稳态均衡，即出现 $\Lambda>0$，导致 g_m 相对 g_n 的较快增长，将出现非均衡。下面我们将分析，在贸易条件 π 保持不变的条件，这种非均衡将导致相对劳动生产率的累积上升。

（二）工业化进程中的非均衡增长

经济全球化给发展中国家带来了较好的发展机遇。自20世纪90年代末以来，包括中国在内的大多数发展中国家都经历了较快增长，进入发展的"黄金时代"。但同时全球化也给这些国家带来许多负面影响，例如出

---

① 当然，这并不意味着均衡增长条件下，相对劳动生产率不发生变化。如果工业部门出现技术革新，将会导致相对劳动生产率提高，根据（2—31）式，两部门的相对就业比也会发生变化。但随着相对劳动生产率的提高，（2—27）式将发生作用，相对劳动生产率增长的提升速度将趋于下降，最后趋于稳定，即体现技术进步的扩散作用。

现了外汇储备积累过度、投资过度消费疲软、失业率上升、外贸依赖度增加等“非均衡”特征。本节试图运用上节所构建模型，对非均衡条件下的技术进步、积累与增长的相互作用机制和就业特征进行讨论，并试图对发展中国家增长的结构特征和中国模式提供一种可能性解释。

非均衡增长可以是经济系统内生所致，也可以是外部因素作用的结果。如上文所述，工业部门较快的技术进步将导致工业部门较快的增长，从而打破均衡状态；政府干预、自然条件的恶化等都可能导致非均衡。

就贸易条件而言，贸易条件低于均衡水平可以是工业部门较快增长所造成，也可以是外界条件作用的结果，如国际市场对农产品价格的牵制，政府的限价等。当然，市场机制本身可能具有使贸易条件趋于均衡的稳定器作用。但一般而言，市场机制的调节一般滞后于工业化发展，使得经济往往处于非均衡状态。本节主要讨论非均衡条件下积累、技术进步及增长之间的相互作用机制及其就业含义。

1. 非均衡增长条件下的技术进步与就业动态

如果工业部门的增长快于非工业部门的增长，出现了非均衡：

$$g_m > g_n \tag{2—33}$$

如果贸易条件不能及时调整，此时非工业相对工业的贸易条件将低于均衡水平，根据（2—28）式和（2—29）式，相对劳动生产率和相对就业量将呈累积增长趋势，并表现出类似的哈罗德“刃锋式”增长特征，即一旦离开均衡，只会偏离均衡越来越远。

就相对劳动生产率的变动趋势而言，综合（2—15）式、（2—16）式和（2—28）式，可以得到 A_r 累积增长趋势的动态方程：

$$g_{Ar} = \frac{\beta\varphi}{1-\mu}[s_m - s_m(1-s_n)\pi/A_r - s_n\pi] \tag{2—34}$$

即可得：

$$A_r(t) = \frac{s_m(1-s_n)\pi}{s_m - s_n\pi} + [A_r(0) - \frac{s_m(1-s_n)\pi}{s_m - s_n\pi}]e^{\frac{\beta\varphi}{1-\mu}(s_m - s_n\pi)t} \tag{2—35}$$

当贸易条件低于均衡水平，有 $g_m > g_n$，即有 $s_m > s_n\pi$ 和 $A_r(0) > \frac{s_m(1-s_n)\pi}{s_m - s_n\pi}$，根据（2—35）式，则有 $A_r(t)$ 不断增大。而 g_{Ar} 是 $A_r(t)$ 的增函数，$A_r(t)$ 不断增大意味着 g_{Ar} 也在不断增大，根据（2—28）式，即

意味着工业与非工业的增长缺口将不断扩大。从（2—35）式还可以得出，只有贸易条件高于均衡水平，且满足 $s_m < s_n\pi$，$A_r(t)$ 的动态调整能够最后趋于稳态。

就相对劳动生产率的变动对就业的影响而言，根据（2—28）式和（2—29）式，有：

$$g_{lr} = \frac{\beta + \mu - 1}{\beta} g_{Ar} \tag{2—36}$$

这里需要分三种情况来讨论：①当 $\beta + \mu > 1$ 时，g_{lr} 的变动与 g_{Ar} 的变动正相关，即工业部门相对较快的技术进步将导致非工业部门就业所占比重不断上升，工业部门就业所占比重不断缩小，意味着工业部门技术进步对就业所带来挤出效应大于对就业的促进效应，从而不利于工业部门就业的扩张；②当 $\beta + \mu < 1$ 时，g_{lr} 的变动与 g_{Ar} 的变动负相关，意味着工业部门相对较快的技术进步对就业的促进效应大于挤出效应，工业部门的发展能够创造更多的就业机会；③当 $\beta + \mu = 1$ 时，g_{lr} 的变动与 g_{Ar} 的变动不相关，意味着工业部门技术进步对就业的影响是中性的。

2. 非均衡增长条件下消费的相对不足与投资的过度扩张

在非均衡增长条件下，与工业相对劳动生产率累积增长相对应的是，投资需求相对消费需求不断扩大，而劳动收入相对资本收入不断下降。下面我们就来根据本文的分析框架对此做一简单论述。我们先来考察工业部门产品的需求构成。为讨论方便，可将（2—20）式转化为：

$$P_m X_m = aW_m L_m + \lambda_n X_n P_n + \lambda_m (P_m X_m - W_m X_m) \tag{2—37}$$

根据 a、λ_m 和 λ_n 的界定可知，$aW_m L_m$ 表示的是工业部门工资收入对工业部门消费品的需求；$\lambda_m(P_m X_m - W_m X_m)$ 代表的是工业部门的利润收入对工业部门消费品和投资品的需求；$\lambda_n X_n P_n$ 为非工业部门对工业部门消费品和投资品的需求。各需求占工业部门总产出的比重可表示为：

$$\frac{aW_m L_m}{P_m X_m} = \frac{a\pi(1 - s_n)}{A_r} \tag{2—38}$$

$$\frac{\lambda_m (P_m X_m - W_m L_m)}{P_m X_m} = \lambda_m \left[1 - \frac{\pi(1 - s_n)}{A_r}\right] \tag{2—39}$$

$$\frac{\lambda_n X_n P_n}{P_m X_m} = \frac{(1 - \lambda_m) P_m X_m + (\lambda_m - a) W_m L_m}{P_m X_m} = (1 - \lambda_m) + (1 - a) s_m \frac{\pi(1 - s_n)}{A_r} \tag{2—40}$$

当既定的贸易条件 π 低于均衡水平时，根据（2—35）式，A_r 有不断上升趋势。因此由以上各式可知，就社会对工业品的需求而言，非工业部门对工业品需求的相对量将不断下降，工业部门对工业品需求的相对量将不断上升；在工业部门内部，工资收入对工业品需求（消费需求）的相对量不断下降，利润收入对工业品需求（包括消费需求和投资需求）的相对量将不断上升。

从工业部门内部需求类型看，将工业部门对工业品的需求分为消费需求和投资需求，它们占总需求的比重可分别表示为：

$$\frac{E}{AD}=\frac{aW_mL_m+a(1-s_m)(P_mX_m-W_mL_m)}{P_mX_m}=a(1-s_m)+as_m\pi\frac{1-s_n}{A_r} \tag{2—41}$$

$$\frac{I}{AD}=\frac{s_n(P_mX_m-W_mL_m)}{P_mX_m}=s_n[1-\frac{\pi(1-s_n)}{A_r}] \tag{2—42}$$

其中，E 代表工业部门对工业品的消费需求；I 代表工业部门对工业品的投资需求；AD 为总需求，即为工业部门的总产出。从（2—41）式和（2—42）式可以看出，在贸易条件低于均衡水平的情况下，由于 A_r 不断上升，$\frac{E}{AD}$将不断上升，$\frac{I}{AD}$将不断下降。

这说明，一方面，如果贸易条件低于均衡水平，工业部门的增长将超过非工业部门的增长；另一方面，在工业部门内部，投资品的增长将不断上升，消费品的增长将相对下降。

从收入分配的角度来看，工业部门工资收入占总收入的比重可表示为：

$$\frac{W_mL_m}{P_mX_m}=\frac{\pi(1-s_n)}{A_r} \tag{2—43}$$

此式表明，在贸易条件低于均衡水平时，随着 A_r 的不断上升，工资收入将不断下降，利润收入将不断上升。

投资需求不断扩张，消费需求相对不足，这种增长模式就是相关文献上所概括的“生产投资品以生产投资品”增长模式，其意是，整体经济的增长主要靠工业部门的增长来拉动，而工业部门的增长又主要依赖投资品生产的增长来实现。

从本框架来看，这种模式形成的原因在于，非工业相对工业的贸易条件有利于工业品的生产，而不利于非工业品的生产。因此，如果要改变这种增长方式，其途径之一就是提高非工业品（主要是农产品）的价格，增加工资收入，以压缩投资促进消费。

概括而言，根据模型分析我们可以得到以下主要结论：

（1）工业相对非工业的贸易条件，对两部门的供求条件起着重要的调节作用。当工业部门的增长超过非工业部门的增长，贸易条件将上升，反之则下降。

（2）工业部门和非工业部门的储蓄对经济增长都起着重要的作用。工业部门储蓄率和工业相对非工业的劳动生产率的提高，不仅能提高两部门的均衡增长率，还能有利改善非工业相对工业的贸易条件，这说明工业部门的增长能够带动非工业部门的增长。这一结果与后凯恩斯主义的“卡尔多—维尔顿定律”是基本相符的。

（3）在工业与非工业部门达到均衡增长条件下，即两部门的增长率保持一致时，工业部门相对非工业部门的劳动生产率、相对就业量、贸易条件皆为常数，这一结论与新古典经济学的结论基本一致。

（4）如果工业相对非工业较快增长或其他外部因素的作用使得经济出现非均衡，工业部门的相对劳动生产率将累积增加，工业与非工业的增长缺口将不断扩大。后果是，从收入分配看，在工业部门内部，工资收入所占的比重不断下降，利润收入所占的比重不断上升；从对工业品的需求构成看，消费需求所占的比重不断下降，投资需求所占的比重不断上升。此时的经济增长表现为投资驱动。对就业造成的影响是，由于投资驱动的增长模式将导致工业部门相对劳动生产率累积性增长，对应的工业部门吸纳就业的能力也将不断下降。

就现实而言，自 20 世纪 90 年代末以来，包括中国在内的大多数发展中国家都经历了较快增长，进入发展的“黄金时代”，但结构失衡现象也极为严重，出现投资过度消费疲软，失业率上升强等“非均衡”特征。从本部分分析框架得出的启示是，要处理好这些结构问题，在促进经济增长的同时，必须改善非工业相对工业的贸易条件，增加劳动报酬，提高社会保障水平，以及从更广泛的社会经济发展等方面考虑，来促进经济和社会的和谐发展。

第三节　中国经济变革中的工业化：理论阐释

毫无疑问，中国经济持续快速增长背后的直接推动力是中国快速的工业化进程。从国际比较视角来看，中国的工业化进程远远超过了同期其他发展中国家。在20世纪80年代，中国工业增加值的实际增长率达到年平均11.1%，在90年代更上升至13.7%，不仅远高于同期低收入经济体的平均水平即分别为5.5%和2.7%，以及中等收入经济体的3.6%和3.9%，而且超过东亚地区（包括中国在内）的平均水平——在这两个时期东亚地区的平均水平都为9.3%。进入21世纪后，世界经济遭受经济金融危机的冲击，增长率出现下滑，而中国经济仍保持较快增长，2000—2012年间的工业增加值的实际增长率仍在9%以上。

在相关理论文献上，结构主义发展经济学（这个理论流派吸收了大量的后凯恩斯经济学的变革性增长理论）倾向认为，工业部门（或制造业部门）有较强的动态规模效益。这也正是"卡尔多——维尔顿定律"所概括的。对此的理论解释是，生产率的提高（即动态效率）取决于技术条件与有利需求因素的相互作用。需求带动生产率进步，表现为边干边学效应、诱导更新和创新投资以及整体经济的专业分工深化，概言之，就是集体学习效应。前文曾从工业与非工业两部门的相互需求出发，构建了工业部门的相对劳动生产率与相对资本存量之间的动态关系模型，对这种集体学习效应做了理论概括。并分析了在相对劳动生产率的变动达到稳定条件下，工业部门的相对劳动生产率与两部门相对增长之间的相互促进机制，这个相互促进机制可以从联立方程（2—44）和方程（2—45）中得到反映，即：

$$g_{Ar} = \frac{\beta}{1-\mu}(g_m - g_n) \qquad (2—44)$$

$$g_m - g_n = \varphi[s_m - s_m(1-s_n)\pi/A_r - s_n\pi] \qquad (2—45)$$

从这个联立方程可以看出，工业部门的较快增长将促进工业部门相对劳动生产率的提高，工业部门较高的相对劳动生产率反过来将促进工业部门更快的增长，即形成一个相互推动机制，因而短期呈累积趋势。然而，当两部门间的相互需求发生作用，工业部门需求的扩大促使非工业相对工业的贸易条件上升，从而拉动非工业部门的增长，促使工业部门与非工业部门增长趋于均衡，实现经济的整体增长。从这里可以看到，需求是促进经济整体增长的最终决定因素。下面将分别讨论需求各构成部分在经济发展中的作用。

一　中国工业化发展的内部动力：消费与投资

揭示经济增长的直接动因，这只是探讨“中国模式”的起步，必须进而揭示有关动因的深层的体制和结构性成因，这些成因有可能正是中国特有的。卢荻[①]认为，根据“卡尔多的典型化现实”的讨论，生产率进步的根源在于需求因素与特定体制的配合。因此，进一步的探讨可以从下列问题起始：世界范围的后进发展从黄金时代转入全球化年代的停滞和衰退，主要原因之一是工业化所面对的需求制约，那么，支撑着体制改革下中国工业化进程的需求来源是什么？就中国本身的角度看，提出这个问题的原因，是因为早在20世纪70年代末期即改革年代的起始时候，中国的工业产出占国内生产总值的比重已属于世界最高的行列，在随后的30多年工业增长还持续不断甚至趋于加速，同一比重至2003年竟达世界各国中最高的52%水平，使得中国变成名副其实的“世界工厂”。显然，需求来源问题对于揭示“中国模式”的特性是至关重要的。

从图2—7可以看到，中国经济的总需求构成呈现出一个重要转折，这就是在1980—1991年的改革年代前期消费需求的比重明显高于1992—2012年的后期阶段，而投资需求的比重则明显低于后期。与此相对应是图2—3所示的相对劳动生产率曲线的变化。在改革年代的后期阶段，中国的经济增长路径呈现出明显的“资本深化”特征，表现为工业部门相对于非工业部门的劳动生产率加速度提升；这种趋势刚好与前期相反，在1978—1992年期间，工业发展以至整体经济增长的主要动力之一是规模巨大的农村剩余劳动力向工业部门转移，从而，工业部门相对于整体经济的劳动生产率显著下降。就工业部门的产品结构看，同样可以见到与上面的观察相一致的特征：在改革年代的上半期，轻工业和消费品工业在整体工业部门中的比重持续上升，至下半期却是重工业和投资品工业的比重持

① 卢荻：《面对全球化的制度变革和后进发展》，《政治经济学评论》2005年第2期。

续上升。

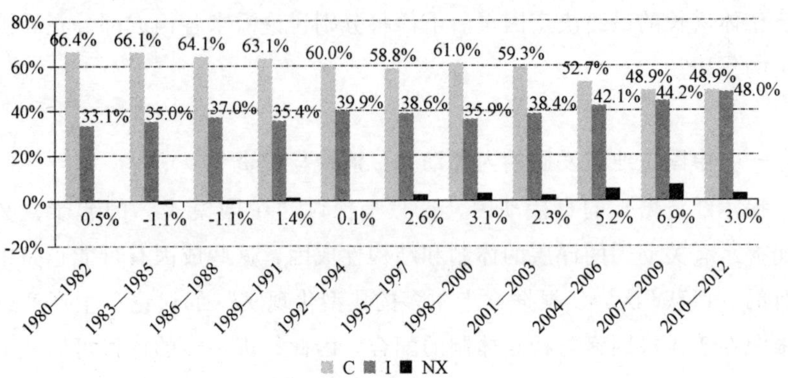

图 2—7 中国的总需求构成（1980—2012）

注：C = 总消费；I = 投资；NX = 商品与服务的净出口。

资料来源：《中国统计年鉴 2013》。

从改革年代的前期阶段看，追溯工业化需求来源的一个可能途径，是引用后凯恩斯经济学和马克思主义经济学的一个经典论题，将专注点放在收入分配方面。作为分析的起点是考察中国的工业结构的演变。正如表 2—4所示，贯穿整个改革年代，这种演变的一个瞩目特征，是重型制造业在整体工业部门的产出中的比重大幅度上升，而采掘工业和以农产品为原料的轻工业（特别是纺织和服装工业）的比重则趋于萎缩。更加仔细地考察还可以见到，产出比重上升最快的是广义的机械工业部门，尤其是其中的电子工业。

表 2—4　　工业部门的产出结构变动　　（单位:%）

年份 工业部门	(a) 1980	(b) 1991	(c) 2002	(d) 2007	(b) — (a)	(c) — (b)	(d) — (c)
轻工业：以农产品为原料的	27.62	28.79	24.61	19.14	1.17	-4.19	-5.47
纺织、缝纫、皮革制品工业	14.95	11.51	8.40	7.40	-3.44	-3.10	-1.00
轻工业：以非农产品为原料	12.54	14.41	12.83	17.82	1.87	-1.58	4.99
重工业：采掘工业	11.00	9.40	9.87	11.59	-1.60	0.47	1.72

续表

工业部门＼年份	(a) 1980	(b) 1991	(c) 2002	(d) 2007	(b) — (a)	(c) — (b)	(d) — (c)
重工业：原料工业	24.42	21.79	25.13	18.31	-2.63	3.35	-6.82
重工业：制造业	24.40	25.61	27.57	31.14	1.21	1.95	3.57
机械电子工业	22.56	24.37	24.67	24.89	1.81	3.90	0.22
电子工业	1.64	3.11	7.64	6.77	1.47	4.53	-0.87

注：表中数字为有关行业在全部工业企业中的产值比重（%）。产值数据在1980年和1991年为工业净产值，在2002年和2007年为工业增加值。全部工业企业，在1980年和1991年为乡及乡以上独立核算工业企业，2002年以后为全部国有及规模以上非国有企业。

资料来源：中国国家统计局《中国统计年鉴》和《中国工业经济统计年鉴》各期。

在经济体制市场化改革的背景中，这种工业结构演变似乎与市场化改革的取向并不十分相符。须知，机械制造业的领先发展是传统苏联模式的一个重要特征，也是中国改革前的发展模式。从工业部门的协调发展而言，至20世纪70年代末期，机械工业在整体工业部门的增加值中的比重已达23%，显然早已饱和。而在改革年代机械工业仍保持继续扩张，这是否意味着中国仍在延续原来的发展路径？但实际情况并非如此简单。在改革年代的前期，机械工业的膨胀，应该是与几乎所有的中国城镇居民都能感受到的一个现象相联系的，这就是以一大批新兴耐用消费品的爆炸性增长和迅速普及为表征的“消费革命”。这些新兴产品如家用电器、消费类电子产品，以至在20世纪90年代同样迅速普及的手提电话机和个人电脑等，都不是作为投资品的机器，不过它们一般还是属于广义的机械工业部门，正是这些产品的爆炸性增长支撑了机械工业部门的膨胀；而机械工业又是作为主要力量，带动整体工业部门透过价格机制将生产率进步效应转移到非工业部门，推动经济增长。

现在回到需求方面。考察图2—7中的消费和投资的变动趋势可以发现，1993年中国经济总需求构成出现一个重要转折，这就是在1980—1992年的消费需求比重明显高于1993—2012年的改革的后半期，而投资需求则明显低于后半期。由此可以判断，20世纪90年代以后，消费增长让位于投资增长，后者变成是支撑经济增长的主要需求因素。而在90年代以前的中国经济增长是在依循下面的因果纽带中得以实现：消费诱导投资，带动整体需求增长，因此既能吸纳来自农业的劳动力转移，又能透过动态规模效益进一步提升工业部门的生产率，形成生产与消费、工业与整体经济增长的良性循环。这种良性循环机制正是式（2—44）与式(2—45)的联立方程所反映的。

从式（2—44）可以看出，农业部门劳动生产率的提高，一方面将提高农业部门的增长率；另一方面，在工业部门增长保持相对稳定的条件下，将出现农业部门的增长速度超过工业部门的增长速度，导致 A_t 下降，从式（2—45）可以得出，贸易条件 π 将会上升。根据模型的基本假定，这两方面的作用，将促进劳动报酬的增长。劳动报酬的增长，将必然带动消费的增长，从而产生良性循环的增长趋势。从现实观察来看，这种良性循环能得以实现的关键在两方面。一是工业在整体经济中的比重的上升，以及工业内部一系列新兴的、耐用消费品产业的兴起。前者对应的是劳动力从农业向工业转移的趋向，因而改进了资源配置效率；后者对应的是透过动态规模效率改进了工业生产率。二是平均化的收入分配格局。这种收入分配格局使得大规模消费能够配合大规模生产，起到诱导投资的作用。

随着市场化改革的深入，平均化的收入分配格局被彻底打破。就中国的基尼系数看，虽则不是理想指标，其数值的变动还是在相当程度上反映出收入分配恶化的趋向。在 1978 年，基尼系数数值在城镇居民家庭和农村居民家庭分别是 0.16 和 .21，就国际比较看都处于相当低的水平；至 1992 年，城镇居民的基尼系数上升至 0.25，但仍属中等水平，农村居民家庭却已达高水平的 0.31（李实等，2000；Lo，2001）；再至 2000 年，有关数值更分别达 0.32 和 0.35，都已是国际公认的偏高水平，而其后仍在继续上升。据世界银行测算，欧洲国家和日本的总体基尼系数大多在 0.24 和 0.36 之间，而 2009 年中国的基尼系数高达 0.47，在所公布的 135 个国家中名列第 36 位，接近拉丁美洲和非洲国家水平，远高于改革初期 1981 年的 0.29。

正是这种收入分配的恶化构成了 20 世纪 90 年代中国经济增长路径转变的关键。从 90 年代起，以消费为主导的增长模式开始让位于以投资为主导的增长模式，后者变成支撑经济增长的主要需求因素。与此对应，劳动转移对经济增长的贡献趋于减弱，工业部门的动态规模效应对经济增长的贡献愈趋增强。

二　中国工业化外部动力的实质与限度

针对需求来源问题，来自华盛顿共识或主流系统的一个解答，是强调同期快速增长的外贸出口的作用。换言之，改革年代中国经济发展所依循的，是主流系统向来所推介的劳动密集、出口导向型工业化模式。如果将出口增长的动力归结为依循中国的禀赋国际比较优势，即大量廉价劳动力的利用，因而按照主流经济发展理论是容易或自然的事，如果进而将出口导向部门指认为中国经济中的符合市场规范部分，则上一节提及的两个主流论题好像又再次得到确证。而这个解答及其相应的论题，其实也不仅是针对解释中国提出的，而是主流系统的整个全球化言说的核心话语，作为鼓励后进发展国家融入世界市场的信条。只是，为什么这样被认为是容易或自然而然的事，却没有在这个全球化年代在世界范围上普遍出现，这却是有待解答的难题。

就中国的现实情况看，将在此期间的经济增长概括为出口带导，并进而将之说成是自然和容易的过程，是难以令人信服的断言。一方面，根据国民收入核算的恒等式，可以构成总需求的组成部分的是净出口，而非总出口。从图2—7可以见到，在1978—2003年的25年间，最高年份的比重也不超过3%，而且在这25年间还有8年出现外贸逆差。近几年净出口虽有所上升，比重出现上升迹象，但仍属较低水平。因此将出口作为需求的主要来源，或者说是需求方面的主要支撑力量，显然是夸大其词。即使考虑到出口增长对消费和投资需求的增长可能有诱导效应，也是如此。

另一方面，中国的外贸出口是否符合所谓禀赋国际比较优势，即是否为劳动密集产品所主导，这也是颇成疑问的。表2—5所显示的就并非简单如是，以高科技产品占全部出口制造品的比例看，在2003年，中国的同一指标为27%，不仅远高于发展水平相近的印度（5%），而且超过巴西（12%）、俄罗斯（19%）以及全部中等收入经济体的平均数（21%），反而接近于公认的已臻成熟的工业国家韩国（32%）；而除了印度外，这些国家的人均收入水平都是远高于中国，从而它们的“劳动力丰裕”或“资本匮乏”程度都是应该远低于中国，这也就意味着中国在上述指标的表现不是禀赋国际比较优势理论所能轻易解释的。中国高科技出口产品的主要部分是电子信息产品，就生产技术特征而言，电子信息工业在中国只能归类为资本密集产业：其劳动生产率与整体制造业平均水平的比例，在大多数年份都达两倍，而按照贸易分析文献的惯用标准，相对劳动生产率高于 1 的产业一般归类为资本和技术密集产业。换言之，在整体外贸出口持续快速增长的同时，出口产品中的相当一部分、而且是比重持续大幅度上升的，并不符合禀赋国际比较优势。从这个观察可以得出的判断是，中国的外贸出口表现，不应该被归结为市场调节下的自然而然的结果，外贸出口表现应该是中国工业化的结果而非原因。[①] 因此，促进“中国模式”发展的动力源泉还是来自于内部动力。

表 2—5　　　　工业化水平的国际比较　　　　（单位:%）

类别 国别	工业增加值占国内生产总值的比重		制造品占全部出口产品的金额比重	高科技产品占全部制造品出口金额的比重	
	1980	2003	2001	2000	2003
中国	49	52	89	19	27
印度	24	27	77	5	5
韩国	40	35	91	35	32
巴西	44	19	54	19	12
苏联/俄罗斯	54	34	22	14	19
低收入经济体（不包括中国和印度）	32	27	52	4	—
中等收入经济体	41	—	61	18	21
低收入及中等收入经济体	—	35	—	17	20
东亚及太平洋地区	42	49	80	31	33
欧洲及中亚地区	—	31	56	10	12
拉丁美洲及加勒比海地区	40	27	49	15	14
中东及北非地区	53	43	14	2	—

① 卢荻和陈文鸿（Lo & Chan，1998）分析了中国自 20 世纪 80 年代中期以来的机械电子产品出口膨胀的含义，认为这反映出中国超越了禀赋比较优势的制约，出口产品结构反而与工业化程度较高的韩国和我国台湾地区趋同。

续表

类别 国别	工业增加值占国内生产总值的比重		制造品占全部出口产品的金额比重	高科技产品占全部制造品出口金额的比重	
	1980	2003	2001	2000	2003
南亚地区	24	26	78	4	4
撒哈拉以南非洲地区	39	31	33	4	—
高收入经济体	37	—	82	25	18

资料来源：世界银行《世界发展报告》和《世界发展指标》各期。

三　中国工业化进程中的体制效率

现在转到体制方面。上面提及的改革前半阶段平均化的分配格局无疑是建立在特定的条件基础之上，即中国经济基本上仍是公有制部门占主导，特别是在国有企业，平均化的收入分配模式始终起着主导作用。概念上，直至20世纪90年代的所有制改革之前，中国的企业改革通常被描绘成这样一个过程，政府透过多种途径激励公司管理阶层的创新活动。但值得注意的是，这一过程又是在这样特定的环境中进行，即企业内外的各种利益相关者，包括地方政府、职工、所在地社区、金融机构和其他业务相关部门等构成一种规范企业发展的制衡机制。这种特征不仅存在于国有企业，同样可见于其他公有经济部门，如集体所有制企业和乡镇企业。

改革以来，有关国有企业以及其他公有制企业的经济表现，相关文献一直存有争议。但有两个典型事实大致是公认的：第一，国有企业在20世纪80年代（和2001—2009年）的需求扩张年代的表现要比在90年代需求停滞时期的表现好得多；第二，整个改革年代大型国有企业的表现要比中小型国有企业，甚至可能比包括私营企业在内的其他所有企业的表现都要好得多。根据这两点我们可以设定，在改革的前半阶段，中国经济在宏观层面上的大规模消费与微观层面上企业的长期导向行为特征基本是配合的，也即平均化的分配格局与企业的利害相关者问责体制的配合。然而需求的扩张与结构—制度安排这种联结关系与市场化的改革是不相容的。市场化改革必然强化经济发展的微观激励机制，从而冲击了上述宏观环境与微观机制的配合。在宏观层面上，这种改革倾向势必减少职工的工资收入和社会保障，从而削弱了整体经济的收入分配格局的平均化程度，导致消费需求增长率下降。在微观层面上，这种改革弱化了企业各利益相关者对企业的忠诚或长期职责。结果，在1995—1997年中国的企业制度经历了一个结构调整、规模收缩和所有制转变的痛苦过程。兼之1997—1998年东亚金融危机的影响，中国经济出现严重的宏观需求不足和通货紧缩。

作为对此的反应，中国政府转而采取了一系列的反危机政策，如凯恩斯式的积极财政政策、福利政策措施，恢复国有企业活力和扶持国有银行的政策措施，以及暂时搁置对外金融自由化改革措施等，这样才使得中国经济增长在危机四伏的1998—2001年得以持续。但这种政策并没有导致劳动密集增长模式的复归，而是出现了类似东亚经济体的增长模式，即资本深化的工业化增长路径，而且资本深化步伐趋于加速。

以上分析表明，中国经济生产率的提升也是结构—制度安排与需求环境共同作用的结果。根据第四章的分析，工业部门的较快增长，将促进工业部门劳动生产率相对加速提升。而这种相对生产率的提升，又反过来促进工业部门的更快增长。其后果是，消费需求所占的比重不断下降，投资需求所占的比重不断上升。而工业部门的较快增长，又是工业部门"资本深化"趋向的产物。因此中国经济生产率的提升与结构—制度安排和需求环境是一种互动的关系，它们之间互为因果、相互强化。亦即资本深化的增长模式既是制度、需求环境的产物，又在不断地创造和强化这种环境。从社会效应来看，这种增长模式一方面获得了投资的递增回报，即动态规模效益；另一方面导致生产过程的劳动吸纳能力下降与农村剩余劳动力转移困难。

第三章

中国工业化的资本深化与可持续性发展

中国经济的持续快速增长与经济体制不断变革并行，是中国工业化发展的重要特征。改革开放至今，尽管中国经济增长一直呈现出较快的发展势头，但中国的经济体制改革与工业化发展却表现出一定的复杂性和曲折性。在改革开改初期，随着经济体制市场化改革的不断推进，工业部门原有的积累体系趋于瓦解，以失业加剧、总需求下降、物价下跌、投资一蹶不振、企业经济效益恶化等为征兆的经济停滞迹象渐渐出现。从主流自由主义市场信条的角度看，这种种经济困难或许只是暂时的，是向成熟市场经济过渡中必要的调整。然而，反观“东亚发展奇迹”的兴衰，我们应该相信，这些经济困难所显示的，应该是意味着将出现更深刻的经济体制变革，将是中国整个积累体系也即经济发展模式及其相应体制的重新构建。

不论是短期现象还是长期性质，面对上述的经济困难，连同1998年东亚危机所带来的外部经济环境的恶化，中国政府不得不暂缓市场化改革进程，甚至似乎表现出某种程度的“改弦更张”迹象。在1998—2000年间，一系列与市场化原则相背离的、作为应对经济困难的政策措施得以大力推行。至21世纪初，这些经济困难渐为缓解，外部环境也大见改善，中国又重新面对选择，即是继续推进既有的积累体系，还是重启市场化改革进程？然而，观察现实可以发现，21世纪确立下来的经济增长路径及其相应体制，却是以国家控制的大型企业扩张为特征的“资本深化”模式。这种模式既不是回到改革初期以资源配置效率改善及以公有制基础上的动态规模效益提升并进的“劳动密集”模式，也不是转向西方主流学者所推介的以企业私有化和金融自由化、专注于资源配置效率改善作为经济增长动力的新自由主义模式。

本章的目的，是试图从积累体系的演化角度，阐释自20世纪90年代初期以来的中国经济体制改革和经济发展演进的动因，揭示出在这个背景中形成的以资本深化为特征的工业化发展特性，并进而分析制约增长路径的可持续性的内生和外生因素。

第一节　中国工业化积累体系的动态效率

作为分析的起点，本节首先借助相关文献中的“技术—经济范式”对东亚发展模式做一个简要评述，从中提炼出分析经济积累体系及相关体制和发展含义的理论框架，以作为分析中国经验的基础。

一　从“技术—经济范式”看东亚模式

从世界范围后进发展的角度看，在1998年东亚经济金融危机之前的近半个世纪，东亚地区应该是世界资本主义发展中，能够保持较快的稳定增长的唯一地区，因而被社会各界誉为“东亚奇迹”。东亚地区相对成功的发展经验，被各种具有发展主义倾向的理论系统争相评说。卢荻（2001）在《变革性经济增长——中国经济的结构与制度分析》[①] 一书中对各种理论倾向的评述做了很好的概括。卢荻指出，秉承自由市场信条的主流系统认为，东亚奇迹的成因，是严格遵循世界市场调节的“自然发展路径”，即所谓的比较优势论；而结构主义者则倾向认为，东亚经验所显现的应该是，策略性融入世界市场的发展政策即通过自主创建比较优势促进了东亚的经济发展。这两种理论的分歧在于对东亚经济体制认识的不同，因为不同的体制调节形成不同的融入世界市场的方式。

20世纪末的东亚经济金融危机的爆发使“东亚奇迹”说成为历史，学术界开始评说危机产生的原因。韦德（Wade，1998）对学术界关于危机的分析归为两类：一类是主流系统的内因论；另一类是非主流系统的外

① 卢荻：《变革性经济增长——中国经济的结构与制度分析》，经济科学出版社2001年版，第202—226页。

因论。[①] 韦德认为，主流系统的分析仍执着于内部体制，断言危机的根源来自于东亚经济体制本身，认为东亚经济体制本质上是低效率的，容易导致腐败、产生危机。国际货币基金组织为此开出的处方是，必须彻底进行金融自由化改革，全面开放金融市场。而非主流系统的相当多的学者倾向认为，危机的根源更多在于世界市场本身的缺陷。最具代表性的观点是认为：世界经济中跨国流动资本的膨胀，由于其投机性导致了外汇和金融市场的动荡。这种动荡如果与总需求的萎缩相结合，就会陷入企业破产，金融资产价格剧跌，进而更大幅度的需求萎缩，形成恶性循环，从而将疲软的经济进一步推向更深重的萧条。这种观点着眼于外部的、金融领域上的成因。

这两种观点都各有其片面性和洞察力。就片面性而言，前者的观点难以解释，既然危机来自固有的内部体制，那为什么危机能够扩散到内部体制各具特色的东亚各经济体甚至东亚以外的其他国家；而后者没有回答，既然危机是源自世界市场本身固有的缺陷，对于危机爆发前宏观经济运行相对正常的东亚经济体，在危机爆发后，为什么其危机规模会大到如此惊人？显而易见，唯有将这两种观点所具洞察力的方面综合起来，方能给东亚危机以及之前的“东亚奇迹”提供更全面、更合理的解释。

韦德和凡纳洛索（Wade & Veneroso，1998）曾指出，东亚的“居民高储蓄和企业高负债”体制，其抵抗系统震荡的能力特别脆弱，尤其是当震荡表现为高利率、货币贬值或总需求萎缩。[②] 这个判断应该适用于东亚地区整体的经济积累体系，这个体系的特征是，积累的动力在于一系列具有动态规模效益或强烈外部性的大规模生产产业，在适当的需求环境中的发展。而调节这个积累体系的，就是东亚式具有相对固定的长期导向的利益相关者问责的经济体制。这种体制无疑存在着抵抗系统震荡能力不足的缺陷，20 世纪 90 年代末期的东亚危机以及自 2008 年世界经济危机以来的低迷就是印证。但这种体制也并不是主流系统所判定的那样在本质上是缺乏效率的，须知，支撑前期近 30 年“东亚奇迹”的也正是这种体

① Wade, R., “The Asian Debt-Development Crisis of 1997—1998?: Causes and Consequences”, *World Development*, Vol. 26, No. 8, 1998.

② Wade, R. and Veneroso, “The Asian Crisis: the High Debt Model versus the Wall Street-Treasury-IMF Complex”, *New Left Review*, Vol. 228, 1998.

制。因此，综合而言，这种体制既存在促进发展的一面，也存在抵抗系统风险方面的脆弱性。而就经济发展而言，体制的缺陷与收益两相抵消后其结果如何，最终还取决于这个积累体系与外部需求环境是否相配合。

东亚经济积累体系的另一个重要特征是它的出口导向，换言之就是，支撑东亚地区的需求因素主要来自于地区以外的世界市场，这是因为东亚地区内部收入分配的不平均，导致内部需求不足以支撑地区的经济增长。而东亚经济所面对的不利的外部需求环境不是暂时的，而是长期的，因此，东亚既有的积累体系的可持续性就值得怀疑。如果从世界资本主义积累体系来看，东亚危机所反映的应是普遍范围的后进发展所面对的共同问题，即如何应对以资本主义金融扩张为特征的全球化趋势。这种扩张所表现的大规模资本跨国流动，本质上是资本为追逐高利润的内在动力所驱使的结果。资本全球化也必然将世界各国的生产性资源尽可能地纳入到资本主义体系中。

资本的高流动性，必然要求生产领域包括生产方式和经济体制等的高灵活性，这种高灵活性要求固定在特定生产活动的资本减至最小、生产出来的剩余达到最多。① 根据“技术—经济范式”的相关文献分析，生产领域的行为灵活性，可以来自两种不同的体制安排：一种是按照细微分工和非技能化原则建立起来的灵活性体制。这种灵活性体制的现实例子是，后进发展中国家的以非熟练工人、劳动合约短期化、工资弹性高为特征的“世界工厂”。在产业后备军无限供给的条件下，这种体制是世界市场调节的逻辑产物。另一种是按照社会分工原则建立起来的固定性或长期导向体制，这种体制的相对固定性，来自于集体学习效应和紧密的横向联系，因而相对市场调节而言，相对缺乏灵活性。东亚地区经济体制特征正是这种体制模式的反映。只不过，这种体制的缺陷也是十分明显的，它欠缺相应的内部需求，而只能依赖于出口增长。而随着资本主义金融扩张的深

① 所谓的“灵活性”和“固定性”，指的是经济主体对市场调节的反应的灵敏程度，金融活动和生产活动分别是这两者的极端代表。这两者的特征及相互关系可以用马克思的货币资本循环公式即“G-P-G'”来反映。正如阿瑞基（Arrighi，1994）所言，货币资本（G）意味着流动性、灵活性以及选择的自由；生产资本（P）则是固化在特定投入—产出关系中的资本，从而意味着具体性和固定性，即选择机会的相对狭小。至于行为和体制上的灵活性与固定性，根据新古典经济学的界定，主要是指经济主体在市场上的表现是否符合市场调节。

入，需求的制约将愈趋严重。

二　改革以来中国工业化积累体系的演化

上述“技术—经济范式”文献所概述的理论框架，可以用于分析20世纪后20年的中国经济变革。概言之，中国的经济变革过程，是在两种相互矛盾的发展模式竞争中推进的，这就是上文所阐述的在生产领域所存在的两种体制即灵活性体制与固定性体制的竞争。迄今为止，变革的基本进程无疑是朝着建立符合市场原则的灵活性体制迈进。尤其是自2012年以来政府所采取一系列的市场化改革举措，和对“市场在资源配置中起决定性作用”的强调，进一步表明了政府构建这种灵活性体制的决心和改革取向。但我们不能否认，支撑中国经济持续快速增长尤其是安然度过在此期间的四次经济灾难的，却正是偏离市场原则的、以固定性和长期导向为特征的经济体制。

改革开放年代中国经济的持续快速增长，其直接成因无疑是中国工业化的发展，表现为工业部门在整体经济中比重的扩展，以及工业部门生产率的领先发展，而后者在很大程度上是由一系列具有动态规模效益或技术外部性特征的大规模生产产业的兴起所创造的。这其实与后进经济发展的普遍经验即所谓的“卡尔多的典型化事实”是相一致的。

诚然，中国工业化进程之所以能够得以顺利推进，确实有赖于对微观经济主体激励的强化（包括国企改革和新兴企业的崛起），以及对国外生产技术的大规模引进，这两者都是市场化改革的产物。然而，作为整体，中国经济体制改革不应该简单概括为市场化。改革之前的传统体制，由于经济结构的公有部门的主导地位和分配上的平均化倾向，使得中国的企业尤其是国有企业，都在一定程度上限定在特定的社会网络中。与企业利益相关的除企业员工外，还包括地方政府、金融机构以及其他相关业务部门等，它们之间的相互制衡规范着企业的运作和发展。这种制衡关系也形成了类似于东亚地区固定性和长期导向的体制特征。当然，这种体制由于具有长期导向特征而且对关键产业进行高强度投资从而能够促进集体学习效应的同时，却也牺牲了资源配置效率。与此对应的是，中国平均化的收入分配格局，由于支撑了国内大规模消费形成，使得大规模生产产业的快速发展成为可能。

概而言之，在改革早期，中国的工业化是按照以下内在运行机制不断向前推进的：消费诱导投资从而带动社会总需求的扩张，因此，中国的工业化发展既能吸纳来自农业的劳动力转移，又能透过深化专业分工和学习效应等动态规模效率，以及刺激新兴产业的兴起，提升工业部门的生产率，形成生产与消费、工业与整体经济的良性循环。正是这种良性循环，使得中国经济能够安然地度过在此期间的四次世界范围的后进发展危机。从“技术—经济范式”的分析角度看，中国的经济体制一个显著特征就是，宏观层面上的大规模消费与微观层面上企业的长期导向行为特征相配合，亦即是，中国相对平均化的收入分配格局与企业的利益相关者问责体制的相互配合。这种配合就形成了中国改革早期特有的后进发展模式。

这个积累体系的缺点是，与中国市场化体制改革进程并不十分协调。在原有的经济体制中引入市场调节是建立经济发展微观激励机制的必然要求，然而要实行根本意义上的市场化改革，即使得市场机制在资源配置中起决定作用，就必须按照市场原则推行企业体制和劳动体制改革，但这却往往冲击了上述的宏观环境与微观体制的配合。20 世纪 90 年代以来中国经济之所以愈趋偏离上述积累体系，反而加速向符合市场原则的积累体系迈进，其内在原因却是国民收入分配格局日趋不平均。因为，收入分配的日趋不平均既削弱了大规模消费的扩张，也在一定程度上损害了税基，导致国家财政收入的紧张，其后果必然是国家扩大对国有企业的税费征收，从而导致其财务状况的恶化。各级地方政府为摆脱困境，大规模出售国有资产和解雇国企员工，以减轻财政负担。其整体的经济后果是，这种大力加速市场化改革进程的做法，在导致需求扩张放缓、失业规模不断扩大和经济增长停滞的同时，也导致了原有积累体系的瓦解。中国政府为应对内部经济的停滞和由东亚经济危机所带来的外部经济环境的恶化，采取了一系列的经济措施，包括提高社会保障、实施积极的财政政策、建立国有资产管理部门、加强外汇管制等，这些措施的实施意味着市场化改革进程的暂时放缓。

总而言之，中国改革前期的工业化积累体系的主要特征是，长期导向的经济体制和平均化的收入分配格局，推动了中国工业化进程和整体经济的增长。而这个体系随着市场化体制改革的推进愈趋弱化以至瓦解。然而，至 21 世纪初，确立下来的新的增长路径和积累体系，却不是主流论者所倡导的自由主义的市场化原则，而是资本深化和国家所控制的大型企业的领先发展，这种转变既是来自需求来源变动的诱导和国家政策的促成，也是社会各方力量博弈所共同塑造的结果。下面将讨论这条新的增长路径的效率和可持续性。

三　“资本深化”工业化的动态规模效益

改革开放以来，中国经济呈现出持续快速增长，其关键因素无疑是工业化进程的加速和参与世界经济程度的提高，突出表现为工业部门的规模扩张和生产率的提升。在改革开放的前半期，即20世纪90年代中期以前，中国经济增长的主要动力是规模巨大的农村剩余劳动力向工业部门的转移，即来自资源配置效率的改进。而自20世纪90年代中期以来，中国经济呈现出明显的“资本深化”特征，表现为中国重工业和投资品工业在整体工业部门比重的持续上升，以及工业部门相对整体经济的人均劳动生产率加速提升。

愈趋强化的资本深化增长模式，受到学术界、决策机构和媒体舆论的关注。不少学者对这种增长模式的可持续性表示怀疑，或认为这种资本深化增长模式背离比较优势原则，势必面对资本边际生产率递减的制约，是低效率的；① 或认为这种重工业化模式显现高资源消耗特征，是不可持续的。② 还有部分学者认为，资本深化的模式在相当程度上是来自金融部门的运作背离了市场原则，势必导致大型企业尤其是大型国有企业的垄断，从而不利于中国经济体制向市场经济转轨。③ 上述批评可能都有其合理的一面，而它们的批评都仅是部分而非全面的。仅效率而言，遵循所谓的禀赋比较优势原则，在中国而言是劳动密集的工业化增长模式，其可持续性取决于所提升的资源配置效率，是否足以弥补所牺牲的动态规模效益。而对于资本深化的工业化模式，其可持续性则有赖于动态规模效益是否足以抵消资源配置效率的损失，或者更确切地说，投资所带来的技术进步是否

---

① Krugman, P, “The Myth of Asia's Miracle”, *Foreign Affairs*, Vol. 73, 1994.

② Rosen, D. H. and Houser, T., “China Energy: A Guide for the Perplexed”, *Oil*, *Gas & Energy*, Vol. 1, 2008.

③ Loren Brandt and Xiaodong Zhu, “Redistribution in a Decentralized Economy: Growth and Inflation in China under Reform”, *The Journal of Political Economy*, Vol. 108, 2000.

足以阻止资本边际效率的下降。可见，工业化模式效率的判定就不是先验问题，归根到底就是一个有待考察的经验问题。下面就“资本深化”模式的动态规模效益做一个简单的实证检验。

根据经济学文献的“卡尔多—维尔顿”定律，生产率与产出之间存在着正相关关系，原因包括“边干边学”效应、专业分工深化、需求诱导技术创新投资等，一般被概括为动态规模效益，据此可以用以下数式对中国经验进行分析：

$$\dot{x}_t = \alpha + \beta \dot{Q}_t \tag{3—1}$$

式中，Q 为产出水平，x 为生产率水平；顶上的黑点代表的是求该变量的增长率。下面将运用式（3—1）来检测中国经济 1978—2012 年间的工业与非工业以及工业内部的国企与非国企的动态规模效率特征。分析结果见表 3—1 的第 2、第 3 列。

从回归结果可以看出，不论是工业部门还是非工业部门、国企还是非国企，β 值都为正。这意味着在各部门都存在动态规模效益。具体各部门对照而言，工业部门的 β 值小于非工业部门 β 值，国有部门的 β 值大于非国有部门的 β 值。

表 3—2 给出了产出增长率序列与生产率增长率序列或相互关系的 ADF 单位根检测结果。其结果显示，工业部门、非工业部门以及非国有企业的产出增长率序列和生产率增长率序列都满足 I（0）过程，即都是平稳的；而对于国有部门来说，其产出增长率序列符合 I（0）过程，生产率增长率序列满足 I（1）过程，而两者回归的残差序列满足 I（0）过程。这些单位根检测结果说明，这四个部门的回归结果都是可信的。

为更好地检测工业与非工业、国企和非国企的动态规模效率的长期关系，进而考察对应序列的短期调整关系和相应的体制效率特性，可构造以下恩格尔—格兰杰纠偏模型：

$$\Delta \dot{x}_t = a - b(\dot{x}_{t-1} - \dot{\hat{x}}_{t-1}) + c\Delta \dot{Q}_t \tag{3—2}$$

这里，$\hat{x}$ 是 x 的估计值，亦即代表的是根据 x 与 Q 的长期关系得出的潜在生产率水平；b 反映短期调整关系，c 反映长期对应关系。回归结果见表 3—1 的第 4—6 列。

就工业部门与非工业部门而言，回归结果表明，工业部门的 c 值小于非工业部门，这个结果似乎并不支持工业部门比非工业部门有更强的动态规模效益的“卡尔多—维尔顿”定律假说。这实际上正反映了中国特殊的增长方式：在改革的前半期，工业化采取的是“资本广化”而不是“资本深化”的模式，总体经济的增长在很大程度上是由非熟练劳动力从农业部门向工业部门的转移来推动。就b值而言，工业部门略高于非工业部门，且非工业部门的b值在统计上不显著，这说明工业部门的资源配置效率略高于非工业部门。

而对于工业内部的国企与非国企而言，国企的c值显著高于非国企；而b值明显低于非国企，且国企的b值在统计上不显著。这说明，由于国企更具有长期刚性的制度导向，因而更能产生动态规模效率，而面对短期波动的自我调整能力则显得相对较弱。

为更好说明工业与非工业、国企与非国企b和c对应系数的显著性差异，可构造如下统计量来进行检验：

$$F_1=\frac{(RSS_T-RSS_1-RSS_2)/(K+1)}{(RSS_1+RSS_2)/(N_1+N_2-2K-2)};F_2=\frac{(RSS_A-RSS_1-RSS_2)/K}{(RSS_1+RSS_2)/(N_1+N_2-2K-2)}$$

其中RSS_i为第i个方程回归的残差平方和；RSS_T和RSS_A分别为合并样本不变参数和可变截距情形下的回归方程的残差平方和；K为自变量的个数；Ni为样本i的观测个数（$i=1$，2）。考察以下两个虚拟假设：

$$H_1:a_1=a_2,b_1=b_2,c_1=c_2;H_2:b_1=b_2,c_1=c_2$$

若构建的统计量F_1小于给定置信度下的对应临界值，则接受虚拟假设H_1，反之则拒绝虚拟假设H_1，并继续检验虚拟假设H_2；在H_2检验中，若统计量F_2小于给定置信度下的对应临界值，则接受虚拟假设H_2，反之则拒绝虚拟假设H_2。

对于本书工业与非工业和国企与非国企模型，$K=2$，$N_i=29$，即F_1统计量服从F（3，52）分布，F_2统计量服从F（2，52）分布。工业与非工业和国企与非国企的F检验相关计算数据见表3—3。

从表3—3中数据可知，工业与非工业的F_1检验结果不能拒绝对应系数相等的虚拟假设；而国企与非国企的F_1检验结果在10%的水平上是显著的，F_2检验结果在5%的水平上是显著的，即基本可判定国企与非国企的b和c对应的两个系数值有显著性差异。

总的说来，不论是工业还是非工业，国企还是非国企都显示出较强的长期的动态规模效率。而且在工业内部，国企比非国企具有更强的动态规模收益。然而同时也显现出国企面对市场波动的短期调整能力比非国企相对较弱。这是由于国企具有相对较强的制度刚性，因而缺乏较强的市场导向。这一特性与近年来资本深化的增长路径是十分吻合的。

表 3—1　　　　经济增长的制度和结构特征（1978—2012）

	α	β	a	b	c	Adjusted-R^2	
						方程（3—1）	方程（3—2）
工业	-0.019	0.792	-0.028	0.428	0.839	0.363	0.560
		(4.114)***		(2.516)**	(5.109)***		
非工业	-1.439	0.959	0.080	0.185	0.926	0.772	0.846
		(9.799)***		(1.297)	(12.186)***		
国企	1.183	1.221	0.226	0.125	1.036	0.579	0.844
		(6.283)***		(1.320)	(12.155)***		
非国企	0.859	0.739	0.210	0.410	0.800	0.860	0.949
		(13.140)***		(2.416)**	(19.755)***		

注：***、**和*分别表示 1%、5% 和 10% 的统计显著程度；括号内数值为 t 统计量。

资料来源：中国统计局《中国统计年鉴》各年数据。

表 3—2　　　　单位根检验（1978—2012）

	变量	ADF（不带趋势）		变量	ADF（不带趋势）
工业	$\dot{x}_t$	-3.070**	国企	$\dot{x}_t$	-2.081
				$\dot{Q}_t$	-3.339**
	$\dot{Q}_t$	-3.059*		$\Delta\dot{x}_t$	-5.124***
				$\Delta\dot{Q}_t$	-5.327***
				EG	-1.612*
非工业	$\dot{x}_t$	-3.383**	非国企	$\dot{x}_t$	-4.917***
	$\dot{Q}_t$	-3.606**		$\dot{Q}_t$	-4.054***

注：***、**和*分别表示 1%、5% 和 10% 的统计显著程度；△代表一阶差分；EG 为方程（3—1）回归残差序列不含趋势项和截距项的单位根检验值。

资料来源：中国统计局《中国统计年鉴》各年数据。

表 3—3　工业与非工业和国企与非国企对应方程回归系数差异性的 F 检验

	RSS_1	RSS_2	RSS_T	RSS_A	F_1	F_2
工业与非工业	409.572	18.659	431.787	431.627	0.138	N
国企与非国企	277.397	156.057	501.958	501.906	2.634 *	3.948 * *

注：* * *、* * 和 * 分别表示 1%、5% 和 10% 的统计显著程度。

资料来源：中国统计局《中国统计年鉴》各年数据。

以上分析大致测试出 20 世纪 90 年代以来中国“资本深化”的工业化路径应该具有效率，也可以推断出效率来自于需求与体制的配合。这种配合是否具有可持续性，很大程度上取决于产品创新速度，而这又取决于中国的工业企业能否在激烈的国际竞争中提升技术力量。就发展潜力而言，前景还是乐观的。众所周知，中国工业部门的技术力量，包括研究开发所需的人力、物力、财力，几乎完全集中在大型企业和企业集团，而这些企业正是资本深化路径的最大受益者。

第二节　“资本深化”的工业化模式的可持续性讨论

由以上分析可知，从效率角度看，自 20 世纪 90 年代初期以来中国资本深化的工业化增长路径，其可持续性在面对内生因素制约方面有赖于获取动态规模效益，而这又进而取决于需求因素与长期导向的经济体制的配合。上文分析显示，迄今为止的发展，确实能建立起有关的配合。然而，也没有证据可以保证这种配合在未来一定能够维持下去。这里的关键在于，中国的本土工业企业必须在愈趋严峻的国际化竞争中提升技术创新能力，不断推出符合国内环境的产品创新，以此使得这种“资本深化”的增长模式能够克服需求约束。从工业化平衡发展看，工业化的可持续性，需求约束又反映为工业化的内部结构是否协调。本节着重从内部结构的角度探讨“资本深化”的工业化模式的可持续发展问题。

一　“资本深化”模式的内在约束与平衡发展

20 世纪 90 年代以来所确立的“资本深化”的增长模式有其特定的历

史背景。消费需求的增长放缓使得经济增长转而依赖投资需求，也就是必须依循“生产投资品以生产投资品”的增长模式。而基尼系数的进一步恶化，意味着消费需求放缓是长期趋势而非短期波动。图 3—1 给出了改革以来支撑中国经济增长的需求构成情况。从图 3—1（即第二章的图 2—7）中可以观察到支撑中国经济增长的两大主要需求来源即消费和投资的变动趋势，在 1980—2009 年间，消费需求占总需求的比重一直下滑，从 1980—1982 年间的 66.4% 一直下降到 2007—2009 年间的 48.9%，而对应年份的投资需求则从 33.1% 上升至 44.2%。

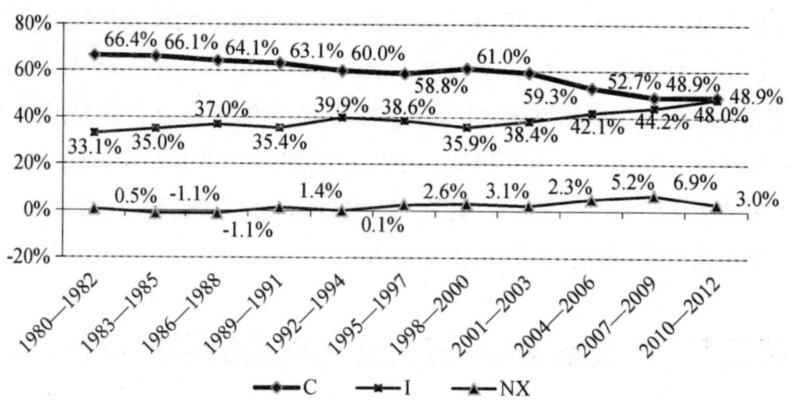

图 3—1　中国的总需求构成（1980—2012）

注：C = 总消费；I = 投资；NX = 商品与服务的净出口。

资料来源：《中国统计年鉴 2013》。

这种“资本深化”的增长模式，如前文分析，虽不影响经济效率和生产率的提升，但造成一定程度的经济结构的失衡，影响增长的可持续性。具体而言，结构的失衡，正如前文分析，首先要表现为需求结构的失衡。需求结构失衡主要表现在三大需求比例的不协调。“资本深化”的工业化的特征之一是，中国的工业增长主要靠投资拉动。根据统计年鉴，自 2002 年以来，资本形成超过最终消费，成为中国工业经济增长的主导拉动力量。2002—2012 年，资本形成对国民经济增长的贡献率为 52.08%，比最终消费高 7.87 个百分点。尽管有证据显示这种“资本深化”的工业化存在动态规模效益，从发展潜力上判断具有一定的可行性。

这种“资本深化”的工业化模式是否具有可持续性，从成本收益的对比角度看，归根到底，还是取决于以大型企业发展为载体的动态规模效益是否足以阻止资本边际报酬的下降。但从目前经济的现实运行看，前景并不乐观。根据2014年《经济蓝皮书》分析，工业投资的边际报酬下降的迹象已经呈现，2012年中国固定资产投资效果系数仅为12.23%，远低于1989年以来的平均值35.03%。收入分配的恶化是制约了消费需求的增长，使得支撑经济增长的因素由依赖消费需求转而依赖投资需求，促成了经济增长模式的转变。消费需求占比的过低，另一方面也反映了需求结构与产业结构的不匹配。这种不匹配造成大量的有效需求得不到满足。就外需而言，从总体看，中国的外需虽不构成支撑中国经济增长的主要需求来源，但部分产业发展现已高度依赖于外需。因此，一旦全球市场不景气，或遭遇国外贸易保护政策，这些产业就极可能受到冲击，从而引发经济波动。

需求结构的失衡较明显地反映在国际收支的失衡上。根据双缺口模型，如果储蓄等于投资、出口等于进口，“资本深化”的模式并不必然导致国际收支失衡。然而，由于中国自改革以来一直坚持出口导向的发展战略，对外资进入也采取一贯的鼓励性的优惠政策，导致在外贸顺差持续扩大的情况下，外资仍是源源不断地流入。图3—2给出了自1994年以来经常项目顺差和金融资本项目顺差的变动趋势。从图3—2中可以看到，在2002年这两项顺差分别仅为320亿美元和420亿美元，而至2007年经常项目达到3390亿美元，资本金融项目仍在继续上升，2010年达到峰值2500亿美元以后才开始有所下降。

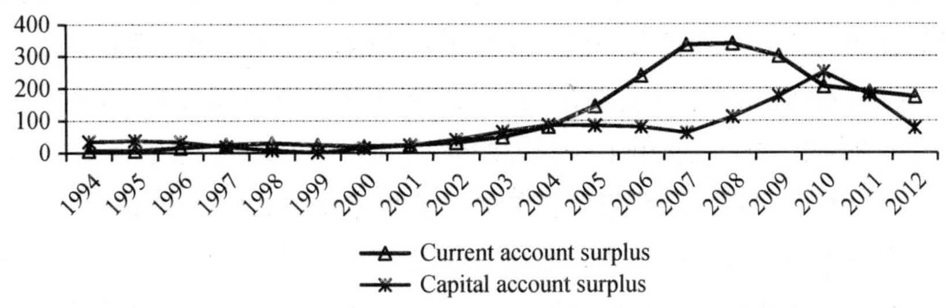

图3—2　中国经常账户和资本账户的双顺差（单位：10亿美元）

注：Current account surplus = 经常账户顺差；Capital account surplus = 资本账户顺差。

资料来源：《中国统计年鉴2013》。

贸易顺差急剧扩大和外资的大规模流入，导致中国的外汇储备规模迅速扩大，国际收支不平衡现象日趋明显。在1998—2004年间，中国的外汇储备呈加速积累趋势，在2004—2008年间，中国的外汇储备基本上也几乎每两年翻一番。到2008年底，中国的外汇储备量至2012年达20850亿美元（见图3—3）。

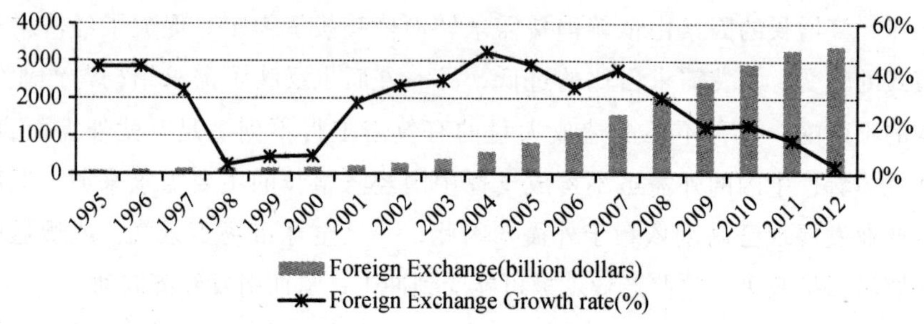

图3—3　中国的外汇储备存量及增长率（1995—2012）

资料来源：《中国统计年鉴2013》。

国际收支的失衡是中国资本深化增长模式的内在逻辑。从前文分析可知，资本深化的动力机制来自于工业部门的动态规模效益，即工业部门相对非工业部门的较快增长，透过价值转移带动非工业部门的增长，从而促进整体经济效率的提升。然而，这种增长模式的不足是，工业与非工业间的发展不平衡不断扩大，导致收入分配趋于恶化，资本深化所生产的大量工业品，其需求来源不能依靠大众消费，而只能依赖外贸出口。为抑制投资的过快增长，不断扩大净出口也是平抑需求不平衡的权宜选择。中国消费、投资和净出口等三大需求对GDP的贡献率分别从2001年的50%、50.1%和-0.1%变为2006年的38.9%、40.7%和20.4%，可见，投资和净出口是中国资本深化模式下拉动经济快速增长的两大主要因素。

中国大规模外资的流入，既是发达经济体将劳动密集型的制造业向新兴工业经济体转移的结果，也是由于中国金融市场不发达、储蓄转化为投资的能力较弱，因而为扩大投资的需要。外贸顺差的扩大与外资的流入是密切相关的。表3—4给出了FDI企业进出口与中国总体进出口的对比情况。从表3—4中可以看到，自2000年以来，FDI的进出口占中国总进出口的比重都在50%以上，而且其贸易顺差占总顺差的比一直上升，2010年该比值达到2/3。可见，中国的外贸顺差很大一部分原因是由FDI出口导向型的生产所引起。

表3—4　　中国FDI企业进出口与总进出口的对比（1998—2010）

（单位：10亿美元）

年份	外资企业的进出口			中国总进出口					
	出口①	进口②	净出口③	出口④	进口⑤	净出口⑥	①/④	②/⑤	③/⑥
1998	81	77	4	184	140	44	44%	55%	9%
1999	89	86	3	195	166	29	46%	52%	10%
2000	119	117	2	249	225	24	48%	52%	8%
2001	133	126	7	266	244	22	50%	52%	32%
2002	170	160	10	326	295	31	52%	54%	32%
2003	240	232	8	438	413	25	55%	56%	32%
2004	339	325	14	593	561	32	57%	58%	44%
2005	444	388	56	762	660	102	58%	59%	55%
2006	564	473	91	969	792	177	58%	60%	51%
2007	695	560	135	1221	956	265	57%	59%	51%
2008	791	619	172	1431	1133	298	55%	55%	58%
2009	672	545	127	1202	1006	196	56%	54%	65%
2010	862	738	124	1578	1395	183	55%	53%	68%

资料来源：FDI进出口数据来源于《中国商务年鉴》，中国对外进出口总额数据来源于《中国统计年鉴》各年。

自2008年以来，中国的净出口由于受世界性经济危机的影响而明显下降（见图3—2，表3—4），这跟人民币升值不无关系。中国政府为应对危机，采取了积极的财政政策，扩大了政府投资，并采取了一系列促增长、保就业的经济政策和福利措施，使得消费需求和投资需求都有所上升，从图 3—1 中可以看到，C/GDP 下滑的趋势得以遏制，在 2007—2009 年和 2010—2012 年间这两个时期该比值的均值都维持在 48.9% 水平。由于政府扩大了对基础设施等领域的投资，I/GDP 这一比值出现明显上升，从而抵消了 NX/GDP 的下降，而对应的“资本深化”的程度却在不断提高（见图 2—1），其对应的“资本深化”指标从 2007 年的 4.89 上升至 2012 年的 12.86。

世界性经济危机也导致全球化 FDI 明显减少，发展中国家对 FDI 的竞争更为激烈，流入中国的 FDI 出现明显下降。净 FDI 从 2007 年的 1391 亿美元，下降到 2008 年的 1148 亿美元，继而下降到 2009 年的 872 亿美元，两年时间减少了 1/3 以上。2009 年以后世界经济有所回暖，净 FDI 有所上升，至 2012 年底，净 FDI 达 1911 亿美元。由于贸易顺差和净 FDI 的双重下降，外汇储备自 2007 年起则表现为递减式的增长（见图 3—3）。

从社会总需求看，投资与消费的失衡制约着整体经济的发展。在投资需求的构成中，投资需求各构成的不平衡，必然影响产业结构的不平衡。目前，产能过剩和产能不足并存，是中国很多行业的普遍现象。在产能过剩方面，据 2014 年《经济蓝皮书》分析，2012 年底，我国钢铁、水泥、电解铝、平板玻璃、船舶的产能利用率分别仅为 72%、73.7%、71.9%、73.1% 和 75%，明显低于国际通常水平。产能过剩现象不仅存在于传统产业，还存在于光伏、风电、多晶硅等一些新兴战略性产业。产能过剩一方面造成了大量的资源浪费，另一方面也加剧了企业间的恶性竞争，降低了企业的技术创新能力，从而影响产业组织整体效率的提升。

产业结构的失衡还反映在部分关键产品的产能不足上。很多行业的高端技术环节仍大量依赖于进口。如，中国的芯片产业关系到国家的经济安全，但其产品的 90% 却依赖于进口；机械工业是决定一个国家工业竞争力的基础性行业，但在发动机、液压、传动和控制技术等关键零部件上核心技术不足，严重依赖于进口；中国已经成为光伏组件的第一生产大国，面临严重的产能过剩，而多晶硅却需要大量进口。由此可知，中国的产业结构失衡已严重影响到中国工业化的可持续发展，甚至可以说，产业结构的失衡已经成为中国经济运行中的突出问题和诸多矛盾的根源。

综上所述，中国自 20 世纪 90 年代以来所形成的“资本深化”的工业化增长模式，在效率方面尽管存在动态规模效益，但这种效率的可持续性取决于需求因素与长期导向的经济体制的配合。在需求方面，关键取决于由投资驱动的工业化所获得的动态规模效益足以阻止资本边际报酬的下降。然而，从上文分析可知，近年来工业投资报酬的下降迹象已经显现，说明需求结构的不平衡在一定程度上已影响到中国工业化的可持续发展。在构成总需求的投资需求方面，其结构上的不平衡，必然影响产业结构的不平衡。目前，中国产能过剩和产能不足同时并存。产能的过剩，造成资源严重浪费、投资报酬低下；关键行业的产能不足，成为了许多行业发展的瓶颈。产业结构的失衡也明显影响中国工业的可持续发展。鉴于以上分析，当前政府一方面应该制定相应的收入分配政策和社会保障政策，以刺激消费需求的增长；另一方面，应制定相应的产业政策，以调整和优化产业结构，实现各产业的协调发展，以保障国民经济的良性运转。

二　“资本深化”模式的资源约束与可持续性讨论

自20世纪90年代中期以来，资本深化增长模式在面对内生制约方面，其可持续性有赖于动态规模效益的获取，关键取决于需求增长与长期导向的经济体制相协调。以上分析表明，迄今为止的发展显示出经济体制环境与需求增长还是相配合的。但要促使这种配合关系长期维持下去，必须提升企业的技术创新能力，以提高产品的国际竞争力。唯有如此，才有可能克服市场的需求制约。除内生制约因素外，中国经济增长还必须面对一些外生因素如资源或社会条件之类的制约。这些制约在世纪之交这几年来已表露无疑，未来可能会愈趋严重。

中国的经济增长在近年来已呈现出震惊世界的资源消耗特性。从国内角度看，有关指标如万元国内生产总值所消耗的种种矿产品或经济增长的矿产品消耗弹性，都是呈现大幅度上升的势态。从国际对比的角度看，近年来中国所消耗的各种初级产品占世界总量的比重节节上升，以增量比重衡量更是惊人，同时净进口量占国内消费量的比重同样节节上升。尽管中国目前能源的自给率较高，但主要原因是中国部分初级能源如煤炭等的生产和出口量大部分年份都保持着上升势头，但工业发展对国际市场稀缺能源如石油天然气等的依赖程度却在不断攀升（见表3—5）。

表 3—5　　　　　　　　**中国的能耗与效率**

年份	国内生产总值增长率（%）	能源消费增长率（%）①	能源消费弹性系数	能源自给率（%）①	中国能源消费占世界消费总量的比率（%）②	中国石油消费总量占世界消费总量的比率（%）③	石油净出口量（万吨）	硬煤净出口量（百万吨）
1991	9.20	5.10	1.00	1.01	17.01（1990）	3.87	2355（1990）	18633
1995	10.90	6.90	0.75	1.00	19.44	4.961	-1219	26982
2000	8.40	3.50	1.13	0.92	18.58	6.28	-7576	52886
2005	10.40	10.6	1.19	0.91	13.72	8.45	-15275	54553
2008	9.00	3.9	0.58	0.89	15.10（2007）	9.60	-20030	5193

注：①为总量单位用标准煤计算的结果；②2000 年及以前数据为根据《国际能源机构统计年鉴 2004》推算结果，2005 年和 2007 年数据是根据《中国能源统计年鉴 2009》推算结果，能源计算单位为百万吨标准油；③数据是根据《BP 国际统计年鉴 2010》推算结果；其余数据为根据《中国统计年鉴 2010》推算结果。

目前中国已经上升到世界第二大石油消费国，仅次于美国。2004 年中国共耗用石油 3.14 亿吨，进口原油 1.17 亿吨，占世界贸易量的 6.3%。至 2009 年，中国耗用石油逾 4 亿吨，净进口原油约 2 亿吨，中国石油进口依存度达到 53.6%。[①] 这意味着中国在竞争的国际市场上远远说不上资源供应充裕。事实上，中国工业生产对国际市场稀缺能源的依赖态势正日趋严峻，这种势态已经导致了工业生产的进口成本日益高昂，甚至还引发了引人注目的国际摩擦。资源制约可以说已经成为中国经济甚至文化、政治、外交的一大难题。

中国学界有论者认为，高资源消耗是所谓粗放型经济增长的体现，是重工业化的逻辑必然，也就是资本深化增长路径的无可避免代价。诚然，高资源消耗确是当前资本深化增长模式的一个显著特征，但并不是资本深化的逻辑结果。图 3—4 反映了资本—产出增量比与能源消费—产出增量比 5 年移动平均的对比关系。从图 3—4 中可以看出，资本深化在大多数年份

① 隋春年：《2009 年中国石油消费量超过 4 亿吨，位居世界第二》，中国石油油品信息网，http：//www.cnpc.com.cn/ypxx/ypsc/scdt/yy/，2010 年 2 月 22 日。

与高能源消耗是呈正相关关系。中国经济进入20世纪90年代以后，资本—产出增量比一直上升，说明中国经济进入资本深化的工业化和经济增长模式。与之对应的是，2000年以前，单位产出能耗呈下降趋势，说明在资本深化初期，资本深化的技术特性还是能有利于资源利用效率的改进的。

然而在进入21世纪以来，尤其是在21世纪的前几年，能耗—产出增量比也随着资本—产出增量比一路攀升，说明进入21世纪以后，资源消耗与资本深化愈趋同步，而且有趋于严重的迹象。中国目前是仅次于美国的第二大能源消耗国，而从使用能源的结构看，中国的二氧化碳排放应比美国更为严重。据有关方面统计，2007年中国的二氧化碳排放量已超过了美国。[①] 不论是从面对的国际环境压力来看，还是从科学发展观的内涵看，转变经济发展方式，提高能源使用效率，是“十二五”期间和今后一个较长时期的重要任务。

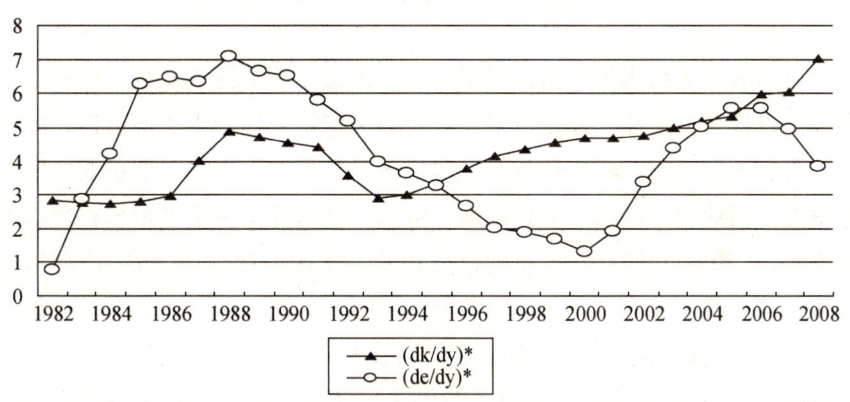

图3—4　资本—产出增量比与能源消费—产出增量比（5年移动平均）

注：dk = 当年固定资产投资总额，dy = 当年 GDP - 上年 GDP（dk 和 GDP 皆折算为1978年价格）；de = 当年能源消费总量 - 上年能源消费总量（能量单位以标准煤计算）。

资料来源：根据国家统计局《中国统计年鉴2009》和《中国能源统计年鉴2009》相关资料整理所得。

诚然，就现实情况而言，当前高能耗增长模式有其合理的一面，也有

① 陈诗一：《节能减排与中国的双赢发展：2009—2049》，《经济研究》2010年第3期。

其不合理的一面。就合理性而言，中国当前仍处于工业化的初级阶段，经济增长仍然是以重工业为主导，并主要依靠大规模的资源投入来推动。而随着中国城镇化进程的加速，自然也避免不了大规模的基础设施建设和城镇居民住房建设，其间都需要大量的水泥、钢铁等材料，这些都是高能耗产业，这是高能耗消费模式的合理方面。不合理方面，除了基础设施建设过程的种种失误或局部利益干扰了优化规划之外，在现有的政治和文化条件下形成的消费模式也是很有问题，最突出表现为特大型城市的人口和空间规模过度膨胀以及对美国式"私人汽车加高速公路"交通运输模式的热衷和依赖。要克服这些问题，将资源消耗降至合理的界限内，不仅要转变经济发展方式，也有赖于全社会对消费模式的调节和政治文化条件的转变。

第三节　"资本深化"工业化的"依附"与自主发展

中国的产业结构的失衡已严重影响中国工业化的持续发展，尤其是中国经济在许多关键性产业以及某些产业的关键零部件严重依赖进口，即技术上受制于发达国家，这种技术上的依赖严重削弱了中国工业企业的国际竞争力，制约着中国的工业化发展。由此，学术界不少学者根据拉美依附理论判言，中国经济存在严重的拉美式的"依附问题"，中国经济结构式的失衡实质是"依附性"失衡。因此，他们认为，尽管中国的工业化保持了较长时期的快速发展，但最终仍将步拉美后尘，即难逃"拉美式的发展陷阱"。还有学者认为，自改革以来，对中国经济增长起决定作用的是外商直接投资，即认为正是外资企业的技术外溢和技术转移，促进了中国经济增长效率的提升。但他们又认为，随着中国劳动力成本的上升，投资回报必然下降，国际资本必将陆续撤出中国而转向劳动力成本更低的其他发展中国家，中国的工业化因而必然受阻。本节试图从中国工业化效率角度对以上问题进行逐一解答。

一　中国工业化的"依附"与发展

正如前文分析，国际收支上的双重失衡，是21世纪以来中国工业化发展的一个重要特征。国际上对这种特征的评价大多是负面的，代表性有近来国际学术界所流行的“双重依赖论”，即认为中国经济在对外方面，过度依赖外贸和外资，在对内方面过度依赖不平等的收入分配格局和过度依赖以廉价劳动力和高劳动强度作为经济增长的基础。持这种论者还认为，这种双重依赖不仅有损中国本身经济和社会发展，而且透过国际竞争挤压了广大不发达国家的发展空间，强化后者在全球化年代一直持续的非工业化趋势。甚至还有论者认为，中国国际收支的失衡导致了全球经济尤其是美国经济的失衡。[①]

从中国经济平衡发展的角度来看，中国大力刺激内需以减少外贸的失衡，确实有其必要。但如果将全球经济的失衡归咎于中国，却是言过其实。有证据显示，中国顺差并不是美国或其他国家失衡的原因，更不是金融危机的原因。[②] 至于中国经济挤压其他发展中国家的说法，既有一定的合理性，也具有夸张失实的一面。对中国的外贸情况做深入分析不难发现，中国的贸易发展其实是由外商所主导，而且外商投资企业在产出中资本所得占了极不合理的份额，改变这种格局对中国经济发展而言也是十分必要的。然而现在问题是，中国经济是否对外贸格局或者说中美纽带关系产生结构性依赖？如果存在依赖，如何才能摆脱这种依赖？

批判性文献根据拉美依附理论对中国的外贸格局倾向做出结构性依赖的判断，认为这是明显的“工业—技术”依附。不可否认，拉美依附理论从拉美不平衡发展的现实出发，提出了许多有价值的见解，对分析当今世界的不平衡发展仍有重要的启发意义。依附论者对中国经济结构失衡的分析固然有其合理的一面，但也存在有失偏颇之处。

各地区发展不平衡是世界经济发展的主旋律，然而，在资本主义发展阶段，尤其是垄断资本占统治地位阶段，这种不平衡就显得尤为显著。西方主流理论对此的解释是，发展中国家由于其自身落后的社会制度和文化传统，阻碍了它们现代工业化进程的出现和发展，因而与发达国家发展的差距越拉越大。换言之，主流理论将发展中国家的不发达完全归咎于它们的内部因素，与发达国家毫不相干。它们认为，在资本主义全球化背景下，发展中国家虽相继开始了现代化进程，但由于其自身内在的局限性，

---

① 卢荻：《世界发展危机与“中国模式”》，《政治经济学评论》2010 年第 4 期。

② 同上。

其现代化往往半途而废。[①]

拉美依附理论的产生，既是一批拉美学者对发展中国家尤其是拉美国家对现实发展困境的思考，也是对西方主流发展理论的一种批判性回应。拉美依附理论坚决反对主流理论只从发展中国家的内部因素来看发展中国家的不发达问题，而主张还应该从发达国家对发展中国家的控制，及其所造成的后者对前者的依附状态，来解释发展中国家的不发达，这对分析当今世界经济的不平衡发展仍有较强的解释力。

就中国经济的现实发展而言，从拉美依附理论引申出的一个现实问题是，中国经济是否正在拉美化，即中国是否也存在拉美式的依附问题？费希尔（Fischer，2010）曾对中国经济做出存在拉美式结构性依赖的判断，理由有二：其一，中国外贸顺差的持续扩张，及与之相应的外汇储备的大幅增长，是中国经济增长对世界市场需求依赖的反映；其二，中国经济消费需求不足导致国内需求无法吸纳外汇储备增长相对应的剩余，而必须依赖美国消费需求的支持，中国劳动收入份额的下降是导致需求不足的主要原因。[②]

然而，对中国经济发展做深入考察不难看出，费希尔的判断与事实并不相符。卢荻（2010）曾考察了1978—2008年间的中国外贸情况，分析发现，1978—1992年间半数以上的年份中国经济都表现为贸易逆差，虽然自1993年后一直表现为顺差，但大部分年份其占总需求的比重不超过3%。[③] 从中国经济增长的需求来源看，有证据显示，自20世纪90年代以来，中国经济表现为投资驱动的增长模式，即投资需求是需求的主要来源，而非消费需求。[④] 因此，消费需求不足并不妨碍中国的经济增长，这种增长模式能否持续，国际收支的不平衡如何扭转，那是另一理论层面上的问题，与依附并无必然关联。由此可见，从贸易顺差的扩大和消费需求不足得出中国存在结构性依赖的判断有点言过其实。

---

① 芮成钢：《格拉斯·诺斯：会飞的经济学家》，《北京青年报》2002年5月13日。

② A. Fischer, "Is China Turning Latin? China's Balancing Act Between Power and Dependence in the Lead up to Global Crisis", *Journal of International Development*, Vol. 20, 2010.

③ 卢荻：《世界发展危机与"中国模式"》，《政治经济学评论》2010年第4期。

④ 黎贵才、卢荻：《中国经济增长模式演进的就业效应》，《经济理论与经济管理》2009年第12期。

不过，不符合费希尔的判断标准，并不意味着中国经济就不存在依附问题。从全球产业的国际分工格局来看，斯洛勒克（Srholec，2007）曾对全球电子产品的生产网络进行分析发现，发展中国家仅处于这些产品生产网络的制造环节，高端技术环节掌握在发达国家手中。[①] 就具体中国而言，施炳展（2010）曾研究得出，中国制造业处于国际分工的中低端，而且技术水平越高的产业，产品的国际分工地位越低。[②] 可见，在生产技术方面，从桑托斯的角度看，包括中国在内的大多发展中国家在技术方面仍依附于发达国家。尤其在经济全球化时代，金融资本的全球扩张已经将全球经济都纳入到资本主义积累体系中，金融依赖已经成为发展中国家的普遍问题。

在当代，不少发展中国家，尤其是拉美国家，曾接受过倡导主流思想的一些机构所开出的改革“良方”，即在政治体制上引进西方发达国家的民主制度，在经济体制上实行自由主义政策，即所谓的“华盛顿共识”，来试图发展资本主义经济，以摆脱对西方发达国家的依附。然而，这些国家在实施自由化政策以后，经济上虽获得一定的增长，但传统体制遭到严重破坏，而主流理论所倡导的理想体制模式却始终没有建立起来。换句话说，它们对西方发达国家的依附格局不仅没有被打破，反而比以前更加牢固。1994 年墨西哥的金融危机、1999 年巴西的货币危机、2001 年阿根廷的债务危机等，可以说是它们实施自由化政策所造成的后果。拉美国家的自由化道路值得我们深刻反思。

当然，谨防重蹈拉美自由化覆辙，并不意味着须如弗兰克、阿明等所言，发展中国家必须彻底与发达国家脱钩，斩断与它们的联系。因为，在当今资本全球化的大背景下，要在封闭状态下发展经济是不可能的，也是不现实的。实行对外开放，参与国际大分工是发展的前提。诚然，开放容易陷入依附，而封闭又不能实现发展，这确实是个两难选择。如何权衡利弊，找到平衡点，以摆脱依附实现自主发展，是每一个发展中国家都必须审慎对待的问题。

---

① Srholec, “High-Tech Exports from Developing Countries: A Symptom of Technology Spurts or Statistical Illusion?”, *Review of World Economics*, Vol. 143, No. 2, 2007.

② 施炳展：《中国出口产品的国际分工地位研究》，《世界经济研究》2010 年第 1 期。

二　国际资本流入是否提升了中国经济增长效率

自改革开放以来，中国经济呈现出持续快速增长，其决定性因素无疑是工业化的快速发展。在改革开放初期，即在20世纪90年代以前，农业剩余劳动力向工业部门大规模转移，是这一时期工业化的主要驱动力，即这一时期的中国经济增长表现为工业规模的扩张，即以“资本广化”为特征。自20世纪90年代以来，中国经济呈现出愈趋明显的“资本深化”特征，主要表现为资本—产出比的持续扩大和工业部门生产率的不断提升。[①] 与此对应的是，这一时期，随着中国对外开放步伐的加快，外商直接投资（FDI）开始大规模流入中国。进入21世纪，特别是2003年以来，国际非直接投资资本也开始大规模地涌入中国境内。

国际资本大规模的流入与中国持续快速的经济增长并行发展，这种相互呼应态势所引申的理论问题是，如何评价国际资本流入在中国经济发展中的作用？亦即，是国际资本流入促进了经济增长，还是中国经济增长拉动了国际资本的流入？抑或两者互为促进？进一步地，另一个值得思考的理论问题是，什么因素驱动了20世纪90年代以来的中国工业化发展？

要回答这些问题，需厘清国际资本特别是FDI与中国经济增长之间相互作用的机理，这首先要求必须对中国快速的经济增长与大规模国际资本流入的特征事实有一个深入理解。因此，本书依循这一思路，先从经验角度对中国经济增长和国际资本流入的特征事实做一个深入考察，然后从理论上阐释国际资本流入在中国经济发展中的意义，从而以期能对中国的经济发展提供有益启示。

（一）中国经济的快速增长与国际资本流入

中国经济增长自改革开放以来一直保持高速增长势头，其增长速度不仅远高于同期世界经济的平均水平，也远高于发展中国家平均水平。20世纪70年代，中国人均GDP年均增长达5.4%[②]，此后一直保持上升，80年代平均为7.6%。尤其进入90年代以后，经济增长更是平稳快速，

① 黎贵才、卢荻：《资本深化、资源约束与中国经济可持续增长》，《经济学家》2011年第5期。

② 文中数据除有特别说明外，均为根据《中国统计年鉴》各年数据推算所得。

年均增长率达8.6%，21世纪前10年上升至9.6%。这种增长态势在世界经济发展史上前所未有。20世纪六七十年代，东亚的韩国和我国台湾地区，拉丁美洲的巴西和墨西哥等新兴经济体国家或地区虽曾有过类似的增长绩效，但进入20世纪80年代后，就一直保持低迷态势。像中国这样保持了长达30余年的高速增长，并能在遭遇20世纪90年代末的东亚金融危机和2008年以来的全球经济危机冲击后仍保持平稳快速增长，实为世界经济发展史上的一个奇迹（见表3—6）。

表3—6　　中国经济增长的国际比较（1960—2012）　　（单位:%）

	1960—1969	1970—1979	1980—1999	1990—2000	2000—2010	2011	2012
中国	2.9	5.4	7.6	8.6	9.6	8.8	7.3
韩国	5.7	5.5	6.5	5.5	4.0	2.9	1.6
中国台湾地区	—	—	6.2	4.7	3.7	3.8	0.9
巴西	3.3	6.0	0.2	0.4	2.5	1.8	0.0
墨西哥	3.4	3.7	0.5	1.7	0.9	2.6	2.6
发展中国家	3.0	3.3	1.3	2.2	4.5	4.9	3.6
世界经济	3.2	1.8	1.2	1.3	1.5	1.0	1.0

注：表中数据为实际人均GDP的年均增长率。

资料来源：根据世界银行数据库和国际货币基金组织（IMF）《世界经济展望2013》数据库数据整理所得。

与20世纪90年代以来的中国经济平稳快速增长相对应的是，国际资本开始大规模流入中国，其中外商直接投资是国际资本流入的主要形式。20世纪90年代初期，中国加大了改革开放力度，提高了对外商的优惠政策，以港台为主的外资开始大规模地进入中国市场。1990年流入中国市场的外商直接投资达35亿美元。2002年，即正值中国加入世贸组织的第一年，流入中国境内的外商直接投资上升为493亿美元，一度超过美国成为世界上最大的外商直接投资接受国。此后中国接受的外商直接投资连年持续增长，2010年达2473亿美元，相当于当年全部新兴市场经济体和发展中国家接受的外商直接投资总量的60%。可见，中国快速的经济增长与大规模国际资本流入是正相呼应的。图3—5显示了人均GDP增长率和净 FDI 占 GDP 比重在 1985—2012 年间的变动趋势，从图 3—5 可以看出这两者的变动基本同步。

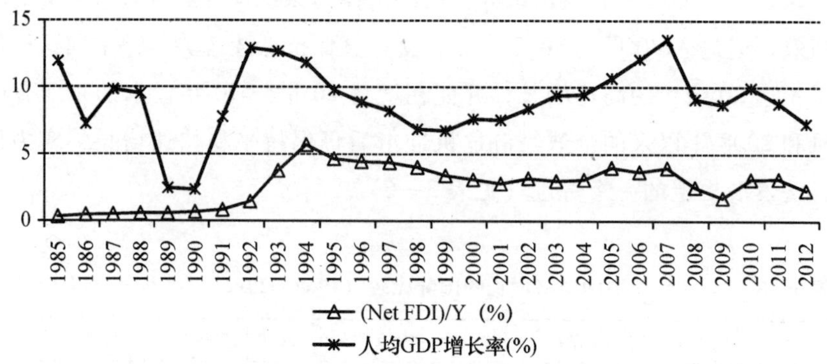

图 3—5　中国的外商直接投资与经济增长（1985—2012）

资料来源：《中国统计年鉴》各年。

随着中国政府对资本金融市场开放力度的加大，特别是 2002 年 QFII（Qualified Foreiqn Institutional Investor，合格的境外机构投资者）的实施，国外证券资本也开始大规模地流入中国市场。2003 年和 2004 年，中国的国外证券投资净流入分别为 114 亿美元和 197 亿美元，2005 年虽出现反转，净流出 47 亿美元，但 2006 年随着 QDII（Qualified Domestic Institutional Investor，合格境内机构投资者）的实施，净流出额直接飙升至 684 亿美元。在 2007—2012 年的 6 年间，国际证券投资也都表现为净流入。可以推断，国际证券资本大规模流入应该与这几年（尤其在全球经济危机期间）中国经济保持强劲增长有着密切关系。

进一步地，可将流入中国境内的国际资本分为短期资本①和长期资本②。观察短期流入资本可以发现，在 1996 年以前，短期资本的流动规

① 1996 年之前直接来自国际收支平衡表数值，之后为国际收支平衡表中"资本和金融项目"下的资本项目、"证券投资"下的货币市场工具、"其他投资"下的短期贸易信贷、短期贷款、货币和存款及短期其他资产/负债加总。

② 1996 年之前直接来自国际收支平衡表数值，之后为国际收支平衡表中"资本和金融项目"下的直接投资、"证券投资"下的股本证券、（中）长期债券、"其他投资"下的长期贸易信贷、长期贷款及长期其他资产/负债的加总。

模相对较小，而在 1997 年之后短期资本的净流入（或净流出）规模大部分年份都过百亿美元，基本与长期资本规模相当，或超过长期资本规模，而且表现出极大的不稳定性。根据统计年鉴计算可得，2008 年净流出总量达 1191 亿美元，2009 年和 2010 年净流入分别为 1277 亿美元和 1000 亿美元，2012 年又再次流出近 2000 亿美元。短期资本的这种大进大出，无疑给中国的宏观经济管理带来了极大挑战。然而，长期资本净流入则相对较为平稳，并表现出稳中有升，2000 年长期资本净流入总量为 249 亿美元，2006 年上升到 394 亿美元。近年来，相对全球经济的下滑，中国仍表现出强劲增长，更是给外商投资者提供了较好的市场预期，2009 年中国长期资本流入达 708 亿美元，2012 年上升至 1831 亿美元。（见表 3—7）

表 3—7　　中国国际收支平衡表（1990—2012）　（单位：10 亿美元）

	外汇储备总量	经常账户余额	资本金融账户余额	净 FDI	非 FDI 资本流入①	净证券资本流入	长期资本流入	短期资本流入
1990	5.5	12.0	3.3	2.7	-8.6	-0.2	6.5	-3.2
1995	22.0	1.6	38.7	33.8	-13.0	0.8	38.3	0.4
2000	10.9	20.5	2.0	37.5	-47.4	-4.0	24.9	-22.9
2003	106.0	43.1	54.9	49.4	13.7	11.4	13.7	41.2
2006	285.3	231.8	45.3	100.1	-51.2	-68.4	39.4	9.9
2009	382.1	243.3	194.5	87.2	66.0	27.1	70.8	127.7
2012	98.7	193.1	-21.1	191.1	-292.0	47.8	183.1	-199.9

资料来源：国家外汇管理局统计数据，见 http：//www.safe.gov.cn/。

从图 3—5 和表 3—7 所显示的宏观数据趋势可得出的直观判断是，虽短期资本的流动表现出相对的随机性，而长期资本尤其是 FDI 的流入与中国经济的强劲增长呈现出显著的相关性。但由此是否可以认为，国际资本流入促进了中国经济增长，或者说提升了中国增长效率？要回答这个问题，不能仅凭经验判断，而需从理论上做更深入探讨。

（二）国际资本流入是否提升了中国经济增长效率

国际资本的大规模流入与中国经济的高速增长并行发展，很容易引发

① 包括净误差与遗漏、净证券投资和净其他投资。

学术界做这样的思考，认为国际资本流入推动了中国经济增长，即促进了经济增长效率的提升。这很符合主流经济学观念，因为资本的自由流动自然有利于资源配置效率的改进。

主流学者对这种配置效率的改进给出了诸多解释。他们认为，首先在直接意义上，国际资本流入可以视为是接受国资本和技术的“净增加”，它直接参与接受国的国内资本形成，因而可通过扩大投资来促进接受国的经济增长。而构成其主体部分的则就是外商直接投资（FDI）。拉迪（Lardy，1995）[①]、凯塞尔（Kaiser，1996）[②] 等曾分别对中国“FDI 占 GDP 比重”和“FDI 占固定资本形成总额（GFCF）比重”这两项指标进行了考察，分析发现，这两项指标在 1990 年以后呈现为大幅上升趋势。由此，他们得出 FDI 对中国经济增长的作用是显著的。

然而，如对此做进一步考察可以发现，这个分析并不十分令人信服。从图 3—6 可以看出，净 FDI 占 GDP 比重和占 GFCF 比重在改革年代虽保持上升势态，但从绝对量而言，这两个比值都相对较小，不足以对固定资本的形成产生重要影响。就“净 FDI 占 GDP 比重”来看，该比值在整个考察期内从未超过 6%，最高年份的 1994 年也不过为 5.68%。而从“净 FDI 占 GFCF 比重”来看，该比值在 20 世纪 90 年代以前也相对较小，只有从 1993 年才开始大幅增加。在 1993—1999 年间该比值年均为 13%，是改革年代的高峰期。进入 21 世纪后该比值就开始下降，2000—2007 年间均值为 8.8%，2008 年全球性经济危机以来的近 5 年均值也不超过 6%。因此，从国内资本的形成角度来看，国际资本流入对中国经济增长的贡献是十分有限的。

当然，也有学者认为，国际资本的流入对经济增长的作用不反映在规模上，而是体现在效率的提升上。主流理论认为，以外商直接投资为主的国际资本可以透过经济效率的改进来提升整体经济的全要素生产率，这主要是因为国内企业能够向外资企业学习或与它们建立商业联系，从而产生

---

① Lardy, N. R, “The role of foreign trade and investment in China’s economic transformation”, *The China Quarterly*, Vol. 144, 1995.

② Kaiser, S. D. A., “Foreign direct investment in China: an examination of the literature”, *Asia Pacific Business Review*, Vol. 2, No. 3, 1996.

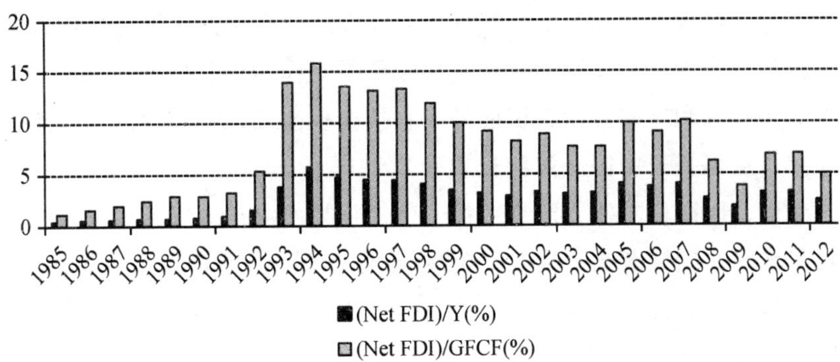

图 3—6　中国的外商直接投资与固定资本形成（1985—2012）

注：GFCF = 固定资本形成总额；Net FDI = 净外商直接投资总额。

资料来源：《中国统计年鉴》各年，世界银行数据库。

"溢出效应"。费德里（Findly，1978）① 就曾认为外资企业的资本对技术进步起决定作用，它是技术进步的推广者。王（Wang，1990）② 将 FDI 与国内人力资本的增长相联系，认为 FDI 的增加能诱导国内企业增加对人力资本的投资。瓦尔茨（Walz，1997）③ 也认为，外商投资企业能够给发展中国家的研发部门带来技术溢出，从而促进经济增长。格拉斯等（Glass et al.，2002）④ 对此的解释是，外商投资企业为发展中国家的模仿生产提供了便利，降低了它们的模仿成本。

让 - 克洛德·贝尔斯勒密等（Jean-Claude Berthelemy et al.，2000）⑤ 则从理论和经验两方面考察了外商直接投资对改进中国经济增长效率的作用，认为外资企业对中国企业的技术转移是促进中国经济增长的一个决定

① Findly，R，"Relative Backwardness，Direct Foreign Investment，and the Transfer of Technology：A Simple Dynamic Model"，*Quarterly Journal of Economics*，Vol. 92，No. 1，1978.

② Wang，J，"Growth，Technology Transfer，and the long-run Theory of International Capital Movements"，*Journal of International Economics*，Vol. 29，No. 3，1990.

③ Walz，U，"Innovation，Foreign Direct Investment and Growth"，*Economica*，Vol. 64，No. 25，1997.

④ Glass，A. and Saggi，K，"Multinational Firms and Technology Transfer"，*Scandinavian Journal of Economics*，Vol. 104，No. 4，2002.

⑤ Jean-Claude Berthelemy and Sylvie Demurger，"Foreign Direct Investment and Economic Growth：Theory and Application to China"，*Review of Development Economic*，Vol. 4，No. 2，2000.

性因素。国内学者姚树洁等（2006）[①] 曾认为，外商直接投资之所以能促进中国的经济增长，是因为外商直接投资具有作为外资接受国的中国所不具有的新技术和专有技术，因而外商直接投资能加快中国对通用技术的采用速度，从而提升中国经济增长效率。

然而，国际资本流入能够对接受国产生技术溢出效应的前提是，前者的技术水平必须显著高于后者。但从流入中国的国际资本来源构成来看，流入中国的国际生产资本绝大多数来自发展中国家。图 3—7 所描述的是 1997—2011 年间中国接受对应国家或地区的 FDI 占中国所接受全部 FDI 的比重。从图 3—7 可以看出，中国的 FDI 绝大部分来自于发展中国家，因为，在 1997—2011 年间，系列 1 与系列 2 的各年数据之和均在 70% 以上，其中占主要比重的还是来自亚洲的中国香港、台湾地区和新加坡、韩国。然而，这些发展中国家的生产技术并不明显比中国本土具有优越性。

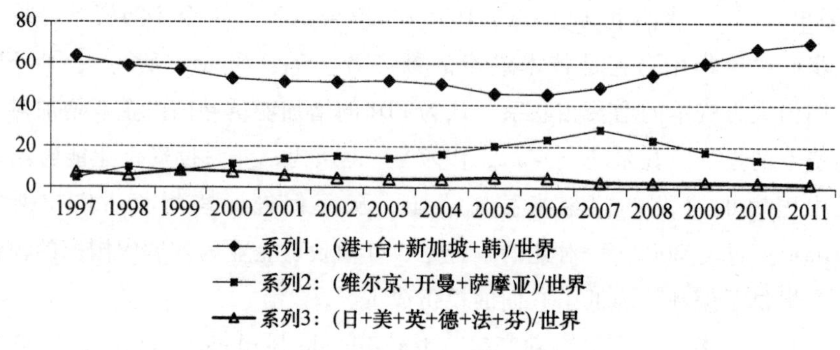

图 3—7 中国利用外资情况（1979—2011）（单位：%）

资料来源：《中国统计年鉴》各年。

进一步地，对外商投资企业相对于全部企业的相对劳动生产率和相对全要素生产率进行考察可以发现，在 1993—2007 年间，这两个比值处于相对较低水平，并表现出长期的下降趋势。这说明外资企业与其他企业的技术水平差距较小，并在逐渐消失，亦即外资企业即使存在技术溢出效应，也是相对微弱的（见图 3—8）。因此，从效率提升的角度看，也很难对国际资本在中国经济发展中的作用做出肯定评价。

① 姚树洁：《外商直接投资和中国经济增长的关系研究》，《经济研究》2006 年第 12 期。

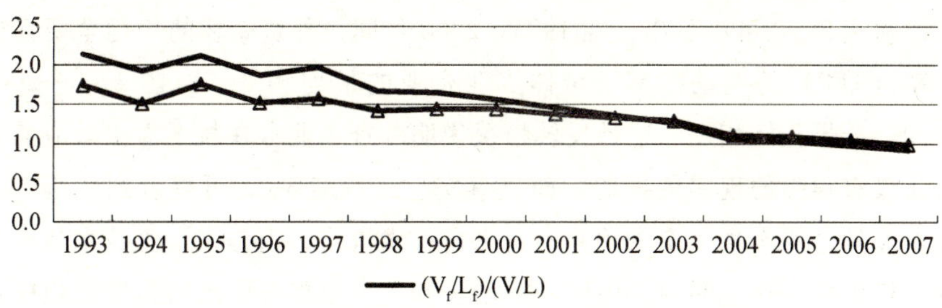

图 3—8　外资企业的相对劳动生产率和相对全要素生产率

注：V = 工业增加值（当年价格，亿元）；L = 劳动人口（年平均，万人）；全要素生产率 A 用 V/［（L0.6），（K0.4）］来估，其中 K 为折旧后固定资产净值（年平均，亿元）。带“f”下标的为外资企业的数据，不带下标则为全部工业企业数据。这里的工业企业，1998 年以前为镇以上独立核算企业，1998 年以后为规模以上工业企业。这些界定也适合表 3—5。

资料来源：《中国统计年鉴》、《中国工业统计年鉴》各年数据。

当然，为更确切考察所有工业企业与外资企业技术水平的对比情况，就必须对这两者的全要素生产率做更深入的分析。为了避免对样本数据和模型形式的过度依赖，下面将运用基于数据包络分析（DEA）的非参数 Malmquist 指数法，对所有工业企业和外资企业的全要素生产率变化做进一步分解，即将其分解为技术效率和技术进步，来考察这两者的全要素生产率的构成特征。其分析结果见表 3—8。

表 3—8　全体工业企业与外资企业的全要素生产率构成（1993—2007）①

年份	所有工业企业					外资企业				
	技术效率	技术进步	纯技术效率	规模效率	TFP 变化率	技术效率	技术进步	纯技术效率	规模效率	TFP 变化率
1993—2000	1.03	0.98	1.00	1.02	0.97	1.00	1.05	1.00	1.00	1.05
2000—2007	1.04	1.11	1.00	1.04	1.15	1.00	1.09	1.00	1.00	1.09
1993—2007	1.03	1.04	1.00	1.03	1.06	1.00	1.07	1.00	1.00	1.07

① 由于 2008 年全球经济危机以来，国际流入的生产性资本表现异常，为更好地考察生产率变动的一般规律，将考察年限规定在 1993—2007 年。

从表3—8可以看出，在1993—2000年间，外资企业的年均全要素生产率（TFP）的变动率高于全体工业企业的平均水平，而在2000—2007年间，结果正好相反。这种反转情况说明外资企业存在技术溢出效应的分析是没有很强的现实依据的。而且事实上，从表3—5可以看到，所有工业企业的全要素生产率变动并不是来自技术进步，而是来自于技术效率中的规模效率。这说明促进中国经济增长和生产率提升的动力是动态规模效益，而非外商投资的技术溢出。这与后凯恩斯主义文献的分析是相吻合的。

概言之，国际资本的流入在中国的工业化发展中发挥了重要的作用，或者说，至少没有阻碍中国的经济发展，这是毋庸置疑的。但如由此认为，国际资本流入或外商直接投资（FDI）是中国经济增长的主要推动力，却是言过其实。然而，国际资本大规模的流入与中国持续快速的经济增长毕竟是并行不悖的，那么，根据以上分析可以初步判定，这种正相关性应是，中国经济增长拉动了国际资本的流入，而非相反。当然，这个判断是否合乎事实，则还须从计量上做进一步检验。

（三）中国经济增长拉动国际资本流入的经验证据：基于VAR模型的分析

鉴于不同时长的国际资本在中国经济发展中起着的作用不同，为更好地讨论这种不同的作用特征，仍按前文标准将国际资本分为“长期资本”和“短期资本”来进行考察分析。

由于“技术溢出”相对体现在长期资本上，而且具有一定的时滞性，因此，这里适合构建VAR模型来分析“国际资本”与“生产率水平”之间的关系。根据相关文献，我们可以选择“长期资本净流入占GDP的比重”（*lci*）与“短期资本净流入占GDP的比重”（*sci*）来作为考察影响经济增长的“长期流入资本”和“短期流入资本”两指标的代理，并选择“人均产出y”作为“生产率水平”的指标代理。

为考察“长期流入资本”和“短期流入资本”与“生产率”之间的因果关系，首先对*lci*与y和*sci*与y之间进行Granger因果检验。检验结果见表3—9。

表 3—9　　长期资本流入（lci）和短期资本流入（sci）与劳动生产率（y）的 Granger 因果关系检验

零假设	F-*Statistic*	Probability
lci 不是引起 y 的 Granger 原因	0.256	0.618
y 不是引起 lci 的 Granger 原因	6.309 * *	0.020
sci 不是引起 y 的 Granger 原因	2.887 *	0.072
y 不是引起 sci 的 Granger 原因	0.397	0.840

注：* * *、* *、* 分别表示在 1%、5% 和 10% 水平上显著。

从表 3—9 可以看出，在 95% 的置信水平上 y 是引起 lci 的 Granger 原因，而在 90% 水平上 sci 是引起 y 的 Granger 原因，反之则不成立。这说明，实证分析结果更支持中国经济发展带动了长期资本的流入，而不是长期资本的流入促进了中国经济增长。而短期资本能对经济增长产生影响，说明短期资本的冲击是引发中国经济波动的重要因素。

为进一步考察对应变量间相互影响机理，需构建 VAR 模型来进行分析。由于所考察的变量 lci、sci 和 y 都满足 I（0），因而 VAR 模型可构建如下：

$$\begin{bmatrix} y_t \\ lci_t \end{bmatrix} = A_1 \begin{bmatrix} y_{t-1} \\ lci_{t-1} \end{bmatrix} + \cdots + A_p \begin{bmatrix} y_{t-p} \\ lci_{t-p} \end{bmatrix} + \varepsilon_t \qquad (1)$$

$$\begin{bmatrix} y_t \\ sci_t \end{bmatrix} = B_1 \begin{bmatrix} y_{t-1} \\ sci_{t-1} \end{bmatrix} + \cdots + B_p \begin{bmatrix} y_{t-p} \\ sci_{t-p} \end{bmatrix} + \varepsilon_t \qquad (2)$$

根据 AIC 和 SC 最小值标准，可确定模型最大滞后期为 1，模型分析结果见表 3—10。

表 3—10　　长期资本流入 lci 和短期资本流入 sci 对产出 y 影响的 VAR 分析

模型（1）			模型（2）		
	y_t	lci_t		y_t	sci_t
c	4.421	−0.337	c	4.590	0.402
y_{t-1}	0.548 (2.968) * *	0.281 (2.512) * *	y_{t-1}	0.497 (2.832) * *	−0.081 (−0.706)

续表

模型（1）			模型（2）		
	y_t	lci_t		y_t	sci_t
lci_{t-1}	-0.153 (-0.506)	0.234 (1.279)	sci_{t-1}	0.295 (0.908)	0.256 (1.205)
F-statistic	4.493	5.464	F-statistic	4.889	0.871
AIC	8.393		AIC	8.478	
SC	8.685		SC	8.770	

注：＊＊表示在5%水平上显著。

资料来源：中国外汇管理局、《中国统计年鉴》各年数据。

从VAR模型分析结果可以看出，人均产出的增长对长期资本流入有显著的正影响，反之则不显著。而短期资本流入对人均产出增长的相关关系并不十分明显。进一步观察 *lci* 与 *y* 相互关系的脉冲响应函数可知，人均产出的增长有效地带动了长期资本的流入，而短期资本的流入引起了产出的波动。

从图3—9可以进一步看到，一个标准差的y新息变动对 *lci* 的冲击在第1期能达到10%，第2期能达到70%，第3期达53%，其后才开始出现显著下降（见图3—9a）。而一个标准差的 *lci* 新息的变动对 *y* 冲击在第1期不发生影响，在第2期为-20%，其后开始减弱（见图3-9b）。就 *sci* 对 *y* 的冲击而言，一个标准差 *sci* 新息的变动第1期对 *y* 的冲击为0，第2期则达到50%，随后逐渐减弱（见图3—9c）。这些分析结果与Granger检验是相符的。

（四）结论性评价

自20世纪90年代以来，中国经济在保持持续快速增长的同时，国际资本也大规模地流入中国。国内外有关观察者大都相信，在可见的未来，中国仍将继续接受大规模的生产性国际资本的流入。因此，对国际资本流入在中国经济发展中的作用进行恰当评价具有重要意义。诚然，中国经验有其各种各样的独特性，但它还是可以作为重要的经验案例，检测各种关于外资对后进发展作用的理论阐释。众所周知，有关自20世纪70年代末以来全球化对世界经济发展意义的争论，在很大程度上都可集中到对中国经验的解释。

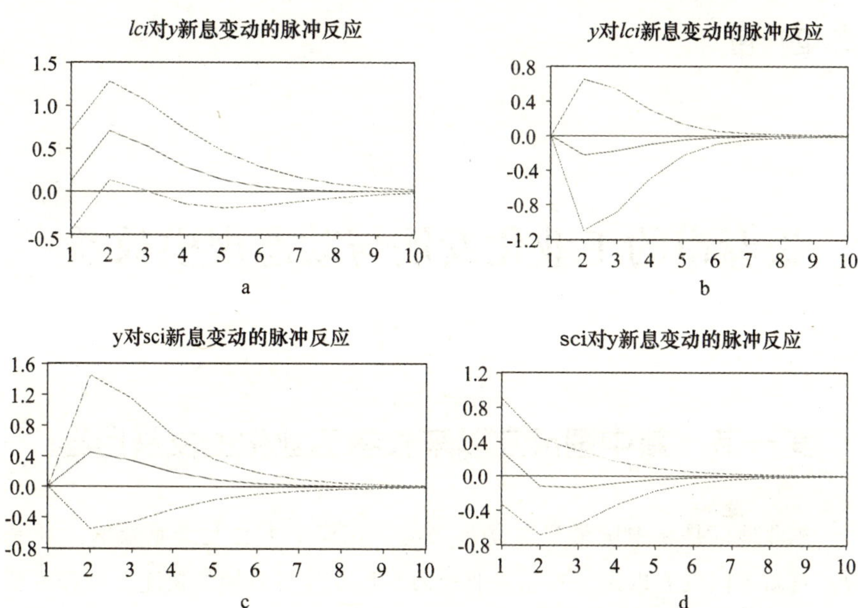

图 3—9　人均产出增长率波动对长期资本流入和短期资本流入冲击的脉冲反应

现有文献倾向认为国际资本流入促进了中国的经济增长，这主要是基于两方面考虑：一是认为国际资本的流入可以视为是接受国的资本和技术的“净增加”，它直接参与接受国的国内资本形成，因而可通过投资促进接受国的经济增长；二是认为以外商直接投资为主的国际资本可以通过技术“溢出效应”，即透过经济效率的改进来提升整体经济的全要素生产率，从而促进经济增长。

我们认为，现有文献的这些研究固然具有相当的洞察力，但对特定的中国经验而言，其解释力是十分有限的。本书研究发现，从固定资本的形成角度看，国际资本流入对中国经济增长的贡献是十分微小的；而技术溢出效应的作用也没有得到中国现实数据的很好支持。对全要素生产率构成做进一步分析可以得出，全体工业企业的全要素生产率变动并不来自于技术进步，而是来自于规模效率。换言之，动态规模效益是促进中国经济增长和生产率提升的动力源泉，而非外商投资的技术溢出。

根据以上分析可以判言，国际资本大规模的流入与中国经济持续快速增长并行不悖的现实情况说明的是，中国经济持续稳定的快速增长拉动了国际资本的流入，而非相反，这个判断得到了本书的实证支持。

第四章

长春市的工业化发展与动态规模效益

第一节 新中国成立以来长春工业化的发展历程

东北地区是新中国最早建立起来的、规模最大也是最重要的工业基地。自新中国成立以来，东北工业经历了计划经济时期的快速发展和改革开放以来的不断改造振兴，工业门类更趋齐全，工业结构也更趋合理。东北工业发展对全国的工业化做出了重要的历史性贡献。

长春市是吉林省的政治、经济、文化中心，是机械制造业尤其是机械运输制造业的重要基地，对吉林省乃至整个东北地区和全国的工业发展起到重要的推动作用。然而随着计划经济向市场经济转轨步伐的加快，长春市工业结构性矛盾日趋突出，高污染高能耗问题日益恶化，严重影响长春市和吉林省工业的可持续发展。2003 年，政府从区域协调发展和全面建设小康社会全局出发，做出了振兴东北老工业基地战略决策。长春市在国家政策的推动下，对国有企业进行了市场化导向的改革，并着力推进对工业结构的调整。时至今日，长春市的工业结构调整取得了较大成效，高能耗高污染现象也在一定程度上得到遏制。可以说，长春市已基本走出了发展的困难时期，进入了转变发展方式、加快发展步伐的关键阶段。在当前经济全球化大背景下，长春市如何更好地参与国际分工，抓住发展新机遇，加快产业转型升级，走出一条符合长春特色的新型工业化振兴之路，对吉林省乃至东北地区老工业基地的振兴将具有十分重要的战略意义。

本节首先对计划经济条件下的工业化建设做一个简要回顾，分析这一时期工业化效率和为全国工业化发展所做的贡献，其次在此基础上分析东北老工业基地振兴战略实施以来长春工业化发展的成效和所存在的问题，以期为长春市工业的振兴提供历史启示。

一　计划经济条件下长春市的工业化建设

新中国成立初，长春市满目疮痍、百废待兴，工业经济基础极为薄弱，仅有食品厂、卷烟厂、印刷厂、造纸厂、建筑材料厂和被服厂等一些简陋工厂，重工业建设还完全没有起步，可以说，长春市是一个典型的消费型城市。政府为建设长春，从外地特迁来一批工厂，并同时着手筹建一批新厂。经过短短几年发展，长春工业很快就有了起色。到 1952 年全市工业总产值比新中国成立初期的 1949 年增长了 4 倍多。①

1953 年，中国开始实施以大规模工业建设为中心的第一个五年计划。东北作为国家“一五”计划重点建设地区，国家将 156 个重点建设项目中的 56 个安排在该地区，其投资总额占全部投资总额的 37.3%。在长春市建设的第一个中国汽车制造厂（即长春一汽）就是这 56 个重点项目之一。为了加快长春市的工业化建设，在此期间，长春市还兴建了其他一些工厂。“一五”期间，总体而言，长春工业得到较快发展，工业总产值有了大幅提高，工业结构也发生了根本变化。1957 年，长春的机械制造业已占全部工业比重的 40% 以上，重工业比重有了极大上升，长春市已成为一个以汽车制造工业为主的重化工业城市。

“二五”计划以后，为了配合汽车生产，以便就近供应汽车零件，减少过远距离的运输，长春市还兴建了汽车附件厂、汽车配件厂、随车工具厂、仪表厂、电线总成厂等，一定程度上强化了汽车工业的配套建设。可见，在计划经济时期长春市已形成了一定的汽车产业集群规模。在此期间，长春市还组建了拖拉机厂、客车厂、机车厂和光学、电子、仪器仪表厂等加工工业，与此同时，还发展了一批原材料、燃料生产企业以及棉纺、针织、自行车、缝纫机、木钟、日用陶瓷等轻工业，从而形成了轻、重工业并存，工业门类比较齐全的以运输机械为主的工业格局。②

从工业结构的角度看，新中国成立初期长春市原是一个以轻工业为主

① 穆英华：《长春市工业结构与布局》，《东北师范大学学报》（自然科学版）1981 年第 3 期。

② 同上。

的城市，1949 年全市轻工业比重占 76.2%，重工业在 30% 以下。自“一五”计划实施以来，以汽车制造业为主的重工业比重大幅上升，1957 年重工业比重达 60.4%，1966 年进一步上升至 71%，达历史峰值，随后虽有所下降，但在整个计划经济时期仍保持在 60% 以上（见表 4—1）。这说明长春市经过计划经济时期近 30 年的建设，已发展成为一个以汽车制造业为主的重工业城市。

表 4—1　　计划经济时期长春市工业结构　　（单位:%）

类别／年份	轻工业	重工业
1949	76.2	23.8
1952	72.5	27.5
1957	39.6	60.4
1962	47.1	52.9
1966	29	71
1970	33.7	66.3
1979	36.6	63.4

资料来源：转引穆英华《长春市工业结构与布局》，《东北师范大学学报》（自然科学版）1981 年第 3 期。

从工业的空间布局看，计划经济时期长春市基本建成了四个工业区，各区功能比较明确。

（1）西南工业区。该区以汽车制造业为主。作为中国汽车工业摇篮的长春一汽集团是长春市最大的工业企业，计划经济时期，其工业产值占地区工业总产值的比重一直在 70% 以上，是长春市工业最重要的组成部分。

（2）北部工业区。该区主要以生产客车和机车为主。长春客车厂兴建于 1954 年，是中国轨道交通行业的摇篮和发源地，也是世界上轨道交通装备制造业的最大制造工厂之一，对长春市机械装备制造业的发展做出重要贡献，也是长春市工业的重要组成部分。

（3）东部工业区。该区主要以生产柴油机和拖拉机为主。1979 年该工业区产值仅次于西南区。该区工业发展较早，日伪时期就已建设了一些工业并曾被规划为长春市工业区，新中国成立后长春市政府又在该区筹建了一批新企业，该区的工业实力得到进一步加强。长春的柴油机厂成立于20世纪50年代，曾是全国大型的国有军工厂，研发出各种高速柴油发动机，填补了中国国防装备的多项空白。柴油机厂的发展有力地推动了东侧拖拉机制造厂的发展。

（4）南部工业区。该区主要以光学、电子工业为主。这些工业大多兴建于20世纪60年代。长春是中国光学科技的发源地，从第一个五年计划开始，国家就把长春作为光电子研发和生产基地。计划经济时期，该研究基地研发了许多具有国际领先水平的科技成果。可以说，该区光电产业为中国国家安全和高新技术的发展发挥了重要作用，也为长春市新时期的新型工业化道路的发展打下了较好的技术基础。

综上可知，自新中国成立以来，经过30余年的发展，长春市已建设成计划经济较为完善的、以重化工业为主、国有经济为主导的工业基地。其轻、重工业都有一定的基础，这些工业化的建设为改革后的新型工业化打下了较为坚实的物质基础。不过，计划经济时期长春市的工业化建设还是存在不少问题。首先，轻重工业比重失衡；其次，就重工业而言，以汽车工业为中心的协作配套工业体系尚未形成；最后，长春市工业区内部组织也不尽合理。除西南工业区的汽车厂内部组织是按规划建设外，其他工业区都相对缺乏统一规划。这些问题给今后的发展埋下了较大隐患。

二　改革以来长春市工业的发展困境

如前文所述，东北老工业基地是新中国工业的摇篮，其装备制造业、原材料工业、军工业等行业在国民经济中占有举足轻重的地位，曾为中国的工业化发展做出了历史性的贡献。然而，自经济体制市场化改革实施以来，东北地区原有的具有长期导向的固定性积累体制受到一定程度的削弱，而与灵活市场需求相匹配的积累体系没有及时建立起来，工业积累体系的内在矛盾日趋突出，东北老工业基地工业化开始逐步走向衰落，增长速度与南方开放地区的差距越拉越大，大批国有企业陷入困境，大量职工陆续下岗。长春市作为东北老工业基地的主要城市，衰落迹象尤为明显。

从图4—1可以看到，改革期间，长春市经济增长极不稳定。1992—

1995 年间长春市 GDP 增长率出现连续三年下滑，在 1996—1999 年间经过短暂的几年复苏后，在 1999—2005 年间，长春经济又开始进入萧条阶段，其 GDP 增长率从峰值的 22% 一直跌到谷底的 2% 。可见，改革的前十余年间，是长春市经济发展最为艰难的阶段。由于长春市在吉林省总体经济中占有较高比重，因而在对应时期内，吉林省的总体经济也是处于萧条状态。

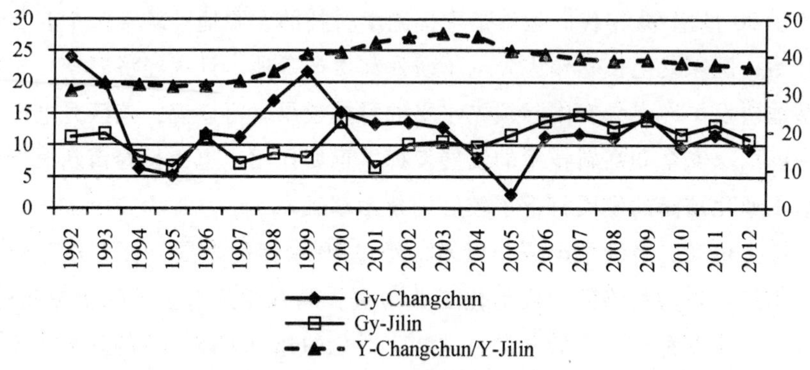

图 4—1　长春市与吉林省的经济发展（1992—2012）（单位：%）

注：Gy-Changchun 代表长春市实际 GDP 的增长率，Gy-Jilin 代表吉林省实际 GDP 的增长率（对应左轴）；Y-Changchun/Y-Jilin 代表长春市 GDP 占吉林省 GDP 的比重（对应右轴）。

数据来源：《长春统计年鉴》和《吉林统计年鉴》各年。

由于在发展中国家，工业化始终是经济增长的原动力，因而工业部门增加值的变动，能更好地反映吉林省和长春市的经济发展状况。图 4—2 反映的是在 1992—2012 年间长春市与吉林省的规模以上工业企业增加值增长率的变动情况。从图 4—2 可以看到，长春市和吉林省的规模以上工业企业增加值的变动趋势与整体经济的波动趋势基本是一致的，即工业增加值的增长率在 20 世纪 90 年代中期以前一直持续下滑（个别年份甚至出现负增长）。经过自 20 世纪 90 年代末至 21 世纪初几年的短暂回暖后，长春市的规模以上工业企业的增长率三年移动平均值分别从 2000 年的 28.4% 一直下滑到 2007 年的 5.05% ，其后才开始缓慢回升。

改革时期长春市乃至吉林省和整个东北地区工业的衰落，一个可能的

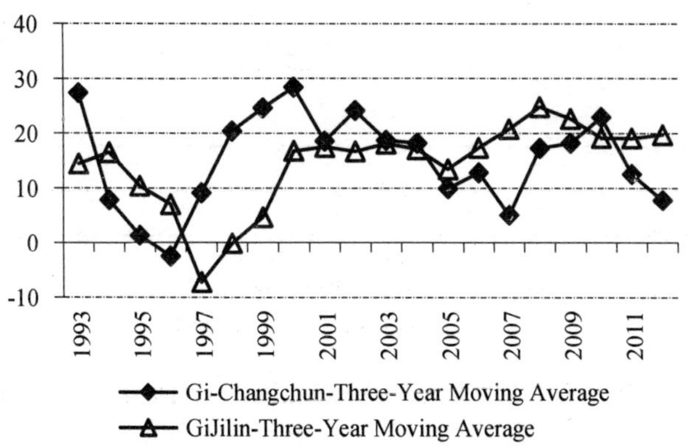

图 4—2　长春市与吉林省规模以上（或独立核算）工业企业工业增加值增长率的三年移动平均（单位：%）

注：1997 年及以前为独立核算工业企业，其后为规模以上工业企业。

数据来源：《长春统计年鉴》各年和《吉林统计年鉴》各年。

解释是，经济体制的市场化改革，打破了东北地区原有的长期相对固定的经济体制内利益相关者的问责机制，同时也打破了原有的全国范围相对平均化的分配格局，从而恶化了社会总需求环境，导致了原有的积累体系的瓦解。收入分配的恶化，同时损害了国家税基，导致国家财政收入的下降。为维持国民经济正常运转，国家和地方政府只有增加对各类企业的税收征收，企业运行必然出现困难。

图 4—3 显示了吉林省和长春市改革期间的税收负担情况。从图 4—3 可以看到，吉林省的产品销售税金在 1987—1991 年间保持直线上升，即使在 1995—1998 年的最为困难时期即负利润期间，其上缴税金仍在年均 25 亿元以上，独立核算（或规模以上）工业企业对应的负担率自然也一直保持上升趋势。长春市独立核算（或规模以上）的工业企业的财务情况也大致如此。

企业的经营状况是分析经济形势的重要指标。表 4—2 给出了 1992—2012 年间吉林省各行业规模以上工业企业的总体效益即利润表现情况。从表 4—2 可以看到，从整体看，不论轻工业还是重工业都经历了相同的经济波动，即先经历 1992—1997 年间的经济下滑，其后开始上升。专用设备制造业等个别行业甚至下滑到 2001 年后才开始回升。从表 4—2 还可

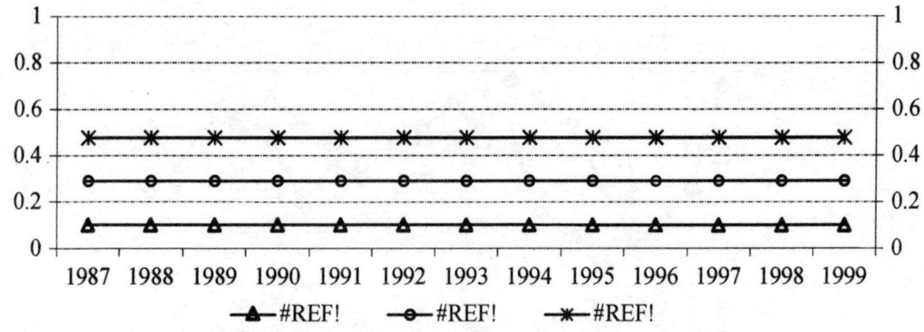

图 4—3　长春市与吉林省独立核算（或规模以上）工业企业负担率（1987—1999）

注：①企业负担率 = 产品销售税金（及附加）/（盈亏相抵后的）利润总额，其比率对应坐标轴左轴；吉林省产品销售税金及附加值对应坐标轴右轴；②1997 年及以前为独立核算工业企业，其后为规模以上工业企业。

数据来源：《长春统计年鉴》各年和《吉林统计年鉴》各年。

以看到，以长春市为主要生产基地的交通运输制造业、食品加工业、医药制造业等行业在 1997 年的前后几年也是发展最为困难时期，食品制造业在 1997 年甚至出现毛利润为负利润的情况。

表 4—2　吉林省各行业规模以上工业企业税前利润率变动情况（1992—2012）

（单位:%）

工业＼年份	1992	1997	2001	2007	2012
轻工业	**7.75**	**2.16**	**4.09**	**10.10**	**21.93**
以农产品为原料的轻工业	**6.05**	**2.81**	**6.32**	**11.81**	**27.74**
其中：食品制造	3.23	-0.82	5.35	9.62	24.65
其中：饮料制造业	10.36	7.28	10.55	5.89	25.55
其中：烟草制品业	59.73	31.24	26.96	114.65	82.32
其中：造纸与印刷工业	—	1.14	2.24	7.86	29.11
其中：纺织、缝纫、皮革和毛皮制作	0.00	-4.64	0.70	4.56	12.93
其中：木材和竹材采运业	1.80	5.27	4.64	—	-0.40
以非农产品为原料的轻工业	**9.48**	**1.76**	**3.09**	**9.18**	**17.61**
其中：文教体育等用品制造业	—	-3.23	3.39	9.87	39.86

续表

工业 \ 年份	1992	1997	2001	2007	2012
其中：医药制造业	—	9.79	11.74	22.25	21.29
其中：化学纤维制造业	6.51	4.86	3.37	3.81	-2.36
其中：化学原料和化学制品制造业	13.29	0.51	0.65	6.95	10.59
其中：橡胶和塑料制品业	7.18	1.17	2.98	6.25	21.28
其中：金属制品业	4.98	0.01	3.85	13.54	19.53
其中：手工工具制造	—	-0.43	2.58	7.94	24.65
重工业	**5.53**	**3.82**	**11.76**	**17.24**	**22.35**
采掘工业	**-7.36**	**3.10**	**10.69**	**16.35**	**19.51**
原材料工业	**8.57**	**3.88**	**5.98**	**9.64**	**10.84**
加工业	**7.95**	**4.06**	**13.99**	**21.82**	**29.20**
其中：普通机械制造业	3.34	0.56	0.71	8.97	22.55
其中：专用设备制造业	—	0.04	-0.28	9.72	23.58
其中：交通运输制造业	12.48	5.32	17.15	23.93	30.70
其中：电气机械和器材制造业	5.76	0.18	2.38	9.76	19.00
其中：计算机、通信和其他电子设备制造业	-0.06	1.77	3.92	5.72	13.54

注：1997 年及以前为独立核算工业企业，其后为规模以上工业企业。

资料来源：根据《吉林省统计年鉴》各年数据推算所得。

图 4—4 给出了长春市与吉林省整体规模以上工业企业的利润率的波动对比情况。从图 4—4 可以看到，在 1992—2012 年间，长春市与整个吉林省的规模以上工业企业的毛利润率（即税前利润率）都经历了先下滑后上升的变动趋势。这种变动趋势与全国的经济形势、市场经济改革进程和国际经济环境的变动是吻合的。从两者对比情况可进一步发现，不论是经济景气时期还是经济萧条时期，长春市经济效益始终高于吉林省整体的经济效益，这在一定程度上可以说明，长春市经济发展带动了吉林省整体经济的发展。

社会各行业的就业状况是考察经济形势的另一重要指标。从表 4—3 的吉林省各行业规模以上工业企业就业人员的变动情况可以看到，在 1992—2001 年间经济困难时期，规模以上工业企业吸纳就业人数日渐衰

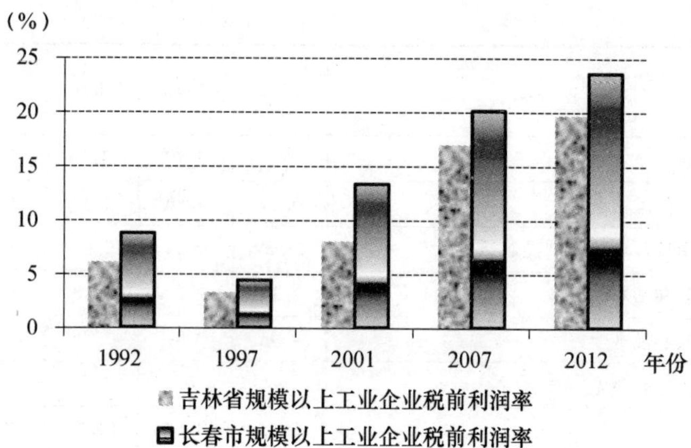

图 4—4　长春市与吉林省规模以上（或独立核算）工业企业利润率的变动

注：1997 年及以前为独立核算工业企业，其后为规模以上工业企业。

资料来源：根据《吉林省统计年鉴》各年数据推算所得。

微，不论是轻工业部门还是重工业，在 1997—2001 年间的就业人数都出现大规模下降。比较 1997 年与 2001 年的就业情况可以发现，以长春市为主要生产基地的交通运输制造业、食品加工业、医药制造业等行业，减少人数分别达 7 万、4.4 万和 1.9 万之多。在其他各行业普遍出现上升的 2001—2007 年间交通运输制造业甚至仍在下降。这种就业态势反映：一是经济形势的不景气；二是经济增长模式日趋呈现“资本深化”倾向，这种以“资本替代劳动”的“资本深化”增长模式吸纳就业的能力自然不足。

表 4—3　吉林省各行业规模以上工业企业从业人员数的变动（1992—2012）　（单位：万人）

	1992 a	1997 b	2001 c	2007 d	2012 e	b - a	c - b	d - c	e - d
轻工业	**94.5**	**129.9**	**56.5**	**51.4**	**78.2**	**35.4**	**-73.4**	**-5.1**	**26.8**
以农产品为原料的轻工业	**37.1**	**67.6**	**32.9**	**18.1**	**32.7**	**30.5**	**-34.7**	**-14.8**	**14.6**
其中：食品加工	11.5	9.8	5.4	9.8	15.4	-1.7	-4.4	4.4	5.6
其中：饮料制造业	6.7	5.6	2.9	2.7	3.8	-1.1	-2.7	-0.2	1.1

续表

	1992 a	1997 b	2001 c	2007 d	2012 e	b－a	c－b	d－c	e－d
其中：造纸与印刷工业	12.4	9.9	3.3	1.8	2.1	－2.5	－6.6	－1.5	0.3
其中：纺织、缝纫、皮革和毛皮制作	7.5	20.8	5.9	3.4	4.4	13.3	－14.9	－2.5	8.9
其中：木材和竹材采运业	4.8	20.8	14.9	—	2.5	16	－5.9	—	—
以非农产品为原料的轻工业	**57.4**	**62.3**	**23.6**	**33.3**	**45.5**	**4.9**	**－38.7**	**9.7**	**12.2**
其中：医药制造业	6.4	6.3	4.4	4.9	13.4	－0.1	－1.9	0.5	8.5
其中：化学原料和化学制品制造业	15.8	17.4	9.3	8.1	9.3	1.6	－8.1	－1.2	1.2
其中：橡胶和塑料制品业	7.0	5.5	2.7	1.5	1.9	－1.5	－2.8	－1.2	0.4
其中：金属制品业	8.7	6.4	1.4	1.1	2.4	－2.3	－5	－0.3	1.3
其中：手工工具制造	17.1	12.2	4.3	8.0	8.6	－4.9	－7.9	3.7	0.6
重工业	**101.0**	**106.6**	**58.6**	**56.2**	**74.7**	**5.6**	**－48**	**－2.4**	**18.5**
采掘工业	**31.1**	**24.7**	**14.8**	**17.3**	**21.2**	**－6.4**	**－9.9**	**2.5**	**3.9**
原材料工业	**34.8**	**29.9**	**13.6**	**11.4**	**15.5**	**－4.9**	**－16.3**	**－2.2**	**4.1**
加工业	**35.0**	**52.0**	**30.2**	**27.5**	**38.0**	**17.0**	**－21.8**	**－2.7**	**10.5**
其中：普通机械制造业	0.8	9.7	3.6	2.9	3.3	8.9	－6.1	－0.7	0.4
其中：专用设备制造业	4.6	7.8	2.9	2.5	3.4	3.2	－4.9	－0.4	0.9
其中：交通运输制造业	21.0	27.6	20.6	19.5	28.2	6.6	－7	－1.1	8.7
其中：电气机械和器材制造业	6.1	4.7	1.4	1.7	2.1	－1.4	－3.3	0.3	0.4
其中：计算机、通信和其他电子设备制造业	2.5	2.2	1.6	1.0	1.0	－0.3	－0.6	－0.6	0

注：1997 年及以前为独立核算工业企业，其后为规模以上工业企业。

资料来源：根据《吉林省统计年鉴》各年数据推算所得。

三　振兴东北老工业基地战略实施以来的长春市工业化发展

2003年中国政府适时做出振兴东北老工业基地的战略部署，出台了一系列支持政策，安排了上百项高新技术项目，同时也加大了对国有企业政策性关闭破产的支持力度和对优势产业的支持力度。经过几年的调整，东北老工业基地初步走出低谷，重新焕发出了生机活力。自2006年开始，吉林省社会固定资产投资大幅增加，根据吉林省统计年鉴，以1992年不变价格计算，吉林省2006年的全社会固定资产投资为1461亿元，是2003年的2.67倍，2009年上升至3413亿元，是2006年的2.34倍。长春市的社会固定资产投资占吉林省社会固定资产投资的1/3，自2003年东北老工业基地振兴战略实施以来，投资规模不断扩大，从2003年的220亿元上升至2009年的1082亿元，2012年达1374亿元。社会固定资产投资的扩张，有效地促进了经济增长速度的提高和人民生活水平的改善。

图4—5给出了长春市与整个吉林省在1992—2012年间实际GDP增长率的3年移动平均情况。从图4—5可以看到，吉林省整体经济的实际GDP增长在2003年以前增长缓慢甚至停滞，自2003年东北老工业基地振兴战略实施以来，吉林省的实际GDP有了明显增长，从2003年增长率的10%上升至2008年的14%。长春市的实际GDP在1998—2003年间一直呈下滑趋势，从振兴东北老工业基地战略实施以后仍在下滑，直至下滑到2005年谷底的2%，表现出一定的政策时滞性。2005年后长春的GDP实际增长率显著上升，2007年达12%，2009年达到峰值15%。其后由于受世界经济金融危机影响，吉林省和长春市的经济增长有所放缓。

自振兴东北老工业基地战略实施以来，规模以上工业企业的经济效益明显改善。从表4—2可以看到：轻工业的税前利润率从2001年的4.09%，上升至2007年的10.10%和2012年的21.93%；对应期间的重工业税前利润率也在稳步上升，从2001年的11.76%上升至2007年的17.24%和2012年的22.35%。

同时工业结构也发生深刻变化。表4—4给出了吉林省各行业规模以上工业企业总产值所占比重的变动情况。从表4—4可以看到，就轻工业而言，规模以上工业企业的总产值所占比重总体上保持上升，其中在以农产品为原料的轻工业中工业总产值所占比重较高的食品制造业一直呈现规

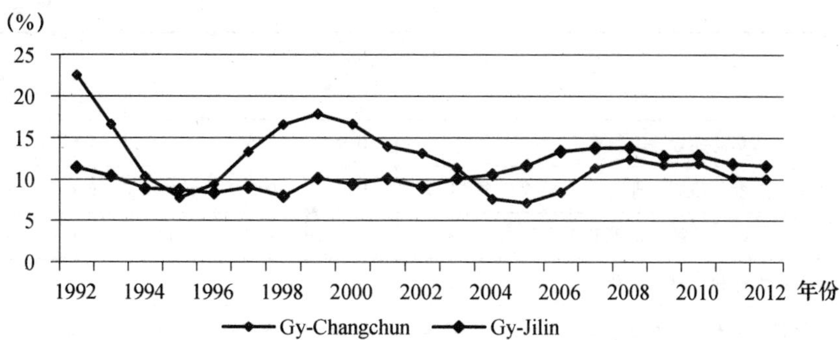

图 4—5　长春市与吉林省的实际 GDP 增长率的 3 年移动平均（1992—2012）

资料来源：根据《吉林省统计年鉴》各年数据推算所得。

模扩大趋势，其他行业不仅规模较小，而且呈现收缩趋势。以非农产品为原料的轻工业总体规模保持上升，但所占比重较大的化学原料和化学制品制造业出现较大幅度的下降，比重仅次于该行业的医药制造业产值规模相对较为稳定，略呈下降趋势。

从总体上看，工业总产值占绝对比重的仍然是重工业，但其规模呈现出明显的收缩趋势，其比重从 2001 年的 62.4% 下降到了 2012 年的 53.4%，下降了 9 个百分点。在重工业的内部，采掘工业和原材料工业其比重虽有一定程度的上升，但所占规模较小。在重工业中占绝对比重的是加工业，其比重从 2001 年的 52.7% 下降到 2012 年的 34.1%。交通运输制造业是吉林省加工业的主要部分，它在规模上的下降自然是吉林省加工业收缩的主要原因。

表 4—4　吉林省各行业规模以上工业企业工业总产值所占比重的变动（2001—2012）（单位：%）

	2001 a	2007 b	2012 c	b - a	c - b	c - a
轻工业	**37.6**	**40.0**	**46.6**	**2.4**	**6.6**	**9.0**
以农产品为原料的轻工业	**15.0**	**15.9**	**22.3**	**0.9**	**6.4**	**7.3**
其中：食品制造	6.9	10.6	15.6	3.7	5	8.7
其中：饮料制造业	2.0	2.4	2.2	0.4	-0.2	0.2

续表

	2001 a	2007 b	2012 c	b-a	c-b	c-a
其中：烟草制品业	1.1	0.9	0.6	-0.2	-0.3	-0.5
其中：造纸与印刷工业	1.2	0.9	0.9	-0.3	0.0	-0.3
其中：纺织、缝纫、皮革和毛皮制作	2.3	1.1	1.1	-1.1	0.0	-1.2
其中：木材和竹材采运业	1.6	0.0	0.3	-1.6	0.3	-1.3
以非农产品为原料的轻工业	**22.6**	**24.0**	**24.3**	**1.4**	**0.3**	**1.7**
其中：文教体育等用品制造业	0.0	0.0	0.1	0.0	0.1	0.1
其中：医药制造业	6.1	4.2	5.2	-1.9	1.0	-0.9
其中：化学纤维制造业	1.8	1.2	0.3	-0.6	-0.9	-1.5
其中：化学原料和化学制品制造业	10.9	11.1	7.6	0.2	-3.5	-3.3
其中：橡胶和塑料制品业	1.1	0.8	1.1	-0.3	0.3	0.0
其中：金属制品业	0.7	0.8	1.4	0.1	0.6	0.7
其中：手工工具制造	2.0	2.9	4.3	0.9	1.4	2.3
重工业	**62.4**	**60.0**	**53.4**	**-2.4**	**-6.6**	**-9.0**
采掘工业	**1.9**	**8.4**	**6.9**	**6.5**	**-1.5**	**5.0**
原材料工业	**7.7**	**11.5**	**12.3**	**3.8**	**0.8**	**4.6**
加工业	**52.7**	**40.1**	**34.1**	**-12.6**	**-6**	**-18.6**
其中：普通机械制造业	1.2	1.2	1.8	0.0	0.6	0.6
其中：专用设备制造业	0.9	1.5	2.5	0.6	1.0	1.6
其中：交通运输制造业	45.1	35.8	28.1	-9.3	-7.7	-17.0
其中：电气机械和器材制造业	1.1	1.0	1.5	-0.1	0.5	0.4
其中：计算机、通信和其他电子设备制造业	4.4	0.5	0.3	-3.9	-0.2	-4.1

注：1997年及以前为独立核算工业企业，其后为规模以上工业企业。

资料来源：根据《吉林省统计年鉴》各年数据推算所得。

在工业结构中，与总产值结构变动形成对照的是就业结构的变动。在2001—2012年间，就业结构的总体变动趋向与总产值结构变动趋向基本相同，但变动幅度相对较小，这主要是因为中国工业化模式自20世纪90年代中期以来日益呈现出“资本深化”的特征，其吸纳就业的能力在趋于减弱，因而就业结构变动的幅度相对小于产出结构变动幅度（见表4—5）。

表 4—5　　吉林省各行业规模以上工业企业就业所占比重的变动（2001—2012）　　（单位:%）

	2001 a	2007 b	2012 c	b-a	c-b	c-a
轻工业	**49.1**	**47.8**	**51.1**	**-1.3**	**3.3**	**2**
以农产品为原料的轻工业	28.6	16.8	21.4	-11.8	4.6	-7.2
以非农产品为原料的轻工业	20.5	31.0	29.8	10.5	-1.2	9.3
重工业	**50.9**	**52.2**	**48.9**	**1.3**	**-3.3**	**-2**
采掘工业	12.9	16.1	13.9	3.2	-2.2	1
原材料工业	11.9	10.6	10.1	-1.3	-0.5	-1.8
加工业	26.2	25.6	24.9	-0.6	-0.7	-1.3

注：1997 年及以前为独立核算工业企业，其后为规模以上工业企业。

资料来源：根据《吉林省统计年鉴》各年数据推算所得。

就具体长春市工业发展而言，汽车工业是长春市的龙头产业，它的工业总产值一直占全市总产值的绝对比重，除此之外，构成长春市工业重点产业还有农副产品加工业、医药制造业、光电信息产业和建材以及能源工业等。在东北老工业基地振兴战略实施以来，农副产品加工业得到较快发展，从 2002 年工业总产值所占比重的 8.2% 上升至 2012 年的 27%，光电信息产业在经济危机之前即在 2002—2007 年间发展迅速，所占比重从 2.2% 上升至 3.5%。建材工业和能源工业近期在规模上也得到较快增长，在 2007—2012 年间所占比重分别上升了 3.6% 和 4.0%（见表 4—6）。作为龙头产业的汽车工业在 2002—2012 年间规模上相对其他行业增长较缓（如表 4—6 所示，在绝对比重上出现较大幅度的下降），但经济效益有了显著改善（见表 4—2）。

表 4—6　长春市重点行业规模以上工业企业工业总产值比重的变动（2002—2012）　（单位：%）

	2002 a	2007 b	2012 c	b-a	c-b	c-a
轻工业						
其中：农副产品加工业	8.2	13.2	27.0	5	13.8	18.8
其中：医药制造业	1.3	3.2	1.3	1.9	-1.9	0.0
重工业						
其中：汽车工业	76	71.7	59.2	-4.3	-12.5	-16.8
其中：光电信息产业	2.2	3.5	1.2	1.3	-2.3	-1.0
其中：建材工业	—	3.2	6.8	—	3.6	—
其中：能源工业	—	2.9	6.9	—	4.0	—

注：1997 年及以前为独立核算工业企业，其后为规模以上工业企业。

资料来源：根据《长春市统计公报》各年数据推算所得。

总之，自东北老工业基地振兴战略实施以来，吉林省经济形势有了很大改观，经济增长速度明显加快，经济结构得到优化，人民生活水平明显提高。长春市作为吉林省的经济文化中心，在振兴老工业基地战略实施的10余年间，GDP的增长速度除个别年份外均高出全国的平均水平，经济结构调整加快，农副产品加工业发展迅猛，现已成为长春市的重要支柱产业。目前长春市已形成了以汽车制造、农副产品加工业为两大支柱产业、以光电信息、医药制造、能源、建材工业四个重点产业为支撑的工业体系，长春市的经济已经进入良性运行状态。

第二节　长春市经济增长的动态效益与可持续性评价

一　长春市“资本深化”的工业化在吉林省经济发展中的作用

自20世纪90年代以来，中国经济日趋呈现出“资本深化”的特征，正如上文所述，在1992—2012年间资本—产出增量比一直保持上升趋势，而对应的就业增长则呈现出相反趋势。吉林省是机械制造业的重要基地，也是国有企业所占比重较高的省份之一。在20世纪90年代初期，中国所推行的国有企业改革，打破了以长春市交通运输制造业为主体的吉林省原有的工业化积累模式，给经济增长带来了一定程度的冲击。从图 4—6 可以看到，在 1992—2002 年间，吉林省的经济增长波动明显。自振兴东北老工业基地战略实施以来，吉林省有了较快发展，在 2002—2012 年间，吉林省各年的经济增长速度都高于全国的平均水平。

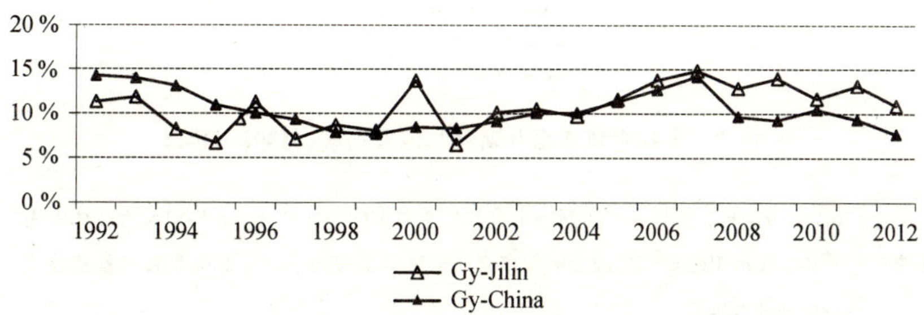

图 4—6　吉林省与中国整体经济的实际增长率（1992—2012）

资料来源：《中国统计年鉴》各年、《吉林省统计年鉴》各年。

国企制度改革和东北老工业基地振兴战略的实施，并没有影响吉林省的工业化模式。从图 4—7 可以看到，吉林省的固定资产投资与实际产出之比，自 2002 年以来一直保持上升趋势，2011 年虽有所停顿，其后又继续上升。就业的增长率虽没有出现与全国就业增长率类似的下降趋势，但一直维持在低于 1.5% 的较低水平。这说明吉林省工业化的“资本深化”特征日趋突出。作为东北地区机械制造业中心的长春市的“资本深化”特征就更为明显，其固定资产投资与实际产出之比在 1992—2012 年间一直保持上升，而且其比值一直高于吉林省的平均水平。

以长春市交通运输制造业为主体的工业化毫无疑问是吉林省经济增长的原动力。图 4—8 刻画的是吉林省工业部门相对非工业部门的劳动生产率在 1992—2012 年间的变动趋势。[①] 从图 4—8 可以看到，考察期内，不论是以不变价格计算还是以当期价格计算，工业部门相对非工业部门的劳

① 由于相关统计机构没有公布整个工业部门的数据，图中分析的工业部门，指的是规模以上的工业部门，而非工业部门则是国民经济中除规模以上工业部门以外的其他部门。

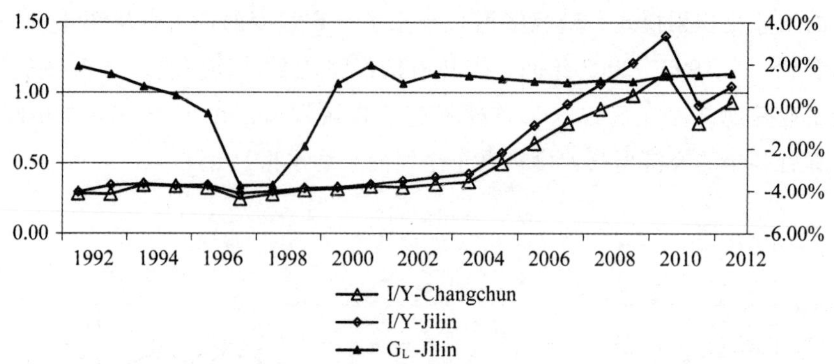

图 4—7　吉林省资本深化路径与就业增长：1992—2012

注：I/Y-Changchun 为长春市实际固定资产投资与实际产出之比，I/Y-Jilin 为吉林省固定资产投资与实际产出之比，这两个时间序列对应坐标轴左轴；“G_L-Jilin 为吉林省就业增长率，对应坐标轴右轴。

资料来源：《吉林省统计年鉴》各年。

动生产率都大于 1，说明工业部门的劳动生产率远高于非工业部门的劳动生产率，而且在 1992—2005 年间，这两个比率一直保持上升，显示出该期间吉林省的工业部门比非工业部门有更高的劳动生产率提升速度。这说明长春市的工业发展带动吉林省其他地区非工业部门效率的提升，从而促进吉林省总体经济的发展。

进一步观察图 4—8 可以发现，以不变价格计算的相对劳动生产率曲线始终高于以当年价格产值计算的曲线，反映了工业部门的生产率提升，透过相对价格的变动向非工业部门转移，从而推动了吉林省整体经济增长。在 1994—2005 年间，这两条曲线之间的差距表现出持续扩大趋势，这意味着在此期间，以长春交通运输制造业为主体的吉林省机械工业的快速增长，对吉林省整体经济增长的推动作用在愈趋强化。这一特征与全国工业化的总体特征是一致的。

正如上文分析，从全局看，中国经济自 20 世纪 90 年代初期以来，由于中国经济市场化改革，打破了原有的平均化分配格局，消费需求的增长趋缓，支撑经济增长的需求因素由原来的消费需求让位于投资需求，增长模式由原来的“劳动密集型”转向了“资本深化型”。工业部门的“动态规模效益”，是推动 20 世纪 90 年代以来经济增长的主要支撑力量。这一

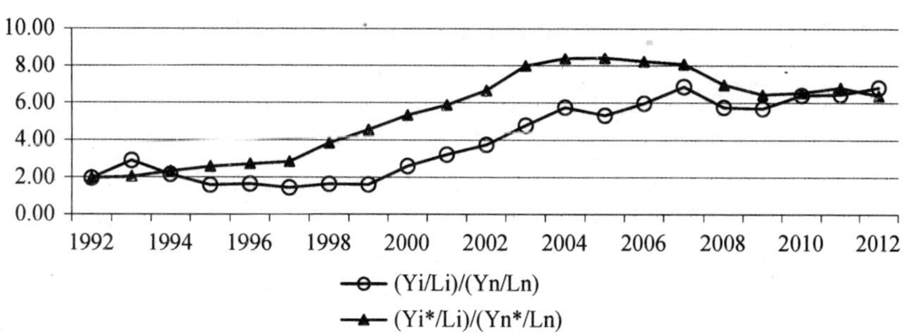

图 4—8　吉林省工业部门与非工业部门的相对劳动生产率（1992—2012）

注：Y 为总产出，L 为就业人数，下标 i 为规模以上工业企业，n 代表国民经济中除规模以上工业企业以外的其他部门。带“＊”的变量代表的是以 1992 年为不变价格的该变量的实际值。

资料来源：《吉林省统计年鉴》各年。

特征同样也适用于这一时期吉林省的工业化发展，表现为吉林省工业部门相对非工业部门的相对劳动生产率在 1994—2005 年间的持续上升。

进一步观察图 4—8 可以看出，自 2005 年开始，吉林省的相对劳动生产率比值虽仍处于高位，但已出现下降趋势。这主要是因为，吉林省自东北老工业基地振兴战略实施以来，以农产品为原料的农副产品加工业等“劳动密集型”产业得到较快发展，推动了农村劳动力向长春等城市及其以农副产品加工业为主体的工业部门的转移。工业部门劳动力的扩张，必然拉低了工业部门劳动生产率水平，从而给相对劳动生产率曲线施加了下行压力。可以说，这一时期吉林省经济增长的动力来自于资源配置效率和动态规模效益的双重提升。

资源配置效率的提高可以通过劳动力流动的结构效应来反映。从表 4—7可以看到，在 2002—2012 年间吉林省的劳动力流动的结构效应，要远高于改革期间的前两个时期，即 1979—1989 年间和 1991—2001 年间的平均水平。吉林省的这种劳动力流动结构效应特征与全国的总体状况是一致的，但从量上看，吉林省各个时期的劳动力流动结构效应都低于全国平均水平。吉林省与全国总体水平相比最大的不同是，吉林省前两个时期劳动力流动的结构效应几乎均为负值，而全国总体水平各个时期几乎都为正值。

表 4—7　　吉林省劳动力流动的结构效应（1979—2012）

年份	结构效应		年份	结构效应		年份	结构效应	
	全国	吉林省		全国	吉林省		全国	吉林省
1979	1.36	1.31	1991	0.38	-0.26	2002	-0.51	0.57
1980	2.48	1.06	1992	1.55	-0.78	2003	1.18	-0.85
1981	0.77	-0.76	1993	2.89	0.73	2004	3.18	4.06
1982	-0.04	-2.90	1994	2.78	-0.07	2005	3.27	0.46
1983	1.55	-2.13	1995	2.60	0.18	2006	3.24	0.61
1984	4.69	-0.18	1996	2.16	-0.15	2007	2.76	0.46
1985	2.38	-1.27	1997	0.73	-0.36	2008	1.45	1.10
1986	2.33	0.27	1998	0.06	-3.48	2009	1.84	0.89
1987	1.47	-0.73	1999	-0.68	-0.67	2010	1.86	-0.04
1988	1.13	-1.38	2000	-0.22	-8.80	2011	2.16	0.46
1989	-1.10	-3.38	2001	-0.16	-0.51	2012	1.4	2.34
均值	1.55	-0.92	均值	1.10	-1.29	均值	1.98	0.91

资料来源：《中国统计年鉴》各年、《吉林省统计年鉴》各年。

注：1990 年就业统计口径发生变化，故不考虑本年。

这种差异的出现主要是因为，吉林省与京、粤、沪、苏、浙、鲁等地区不同，吉林省工业化发展主要依赖于长春市的汽车制造业，该行业资本密集程度高，就业吸纳能力相对较弱，基本上不能带动本地区就业的扩张，因而在前两个时期的劳动力流动结构效应为负值。而京、粤、沪、苏、浙、鲁地区的工业总体属于劳动密集型，而就业吸纳能力较强的电子信息制造业则主要分布在这些地区。据统计，2007 年这些地区的电子信息制造业的营业收入占本行业营业收入的 86% 以上。

沪、苏、浙、鲁地区同时也是中国机械制造业的核心地区。据杨学桐（2007）分析，这四省机械制造企业众多，品种齐全，在区域内渗透广泛，是机械制造业名副其实的大本营。这些机械制造业资本密集程度低于汽车制造业，它们的扩张在一定程度上也能带动这些地区就业的增长。因而，尽管吉林省的前两个时期的劳动流动的结构效应为负，但从全国总体水平看，京、粤、沪、苏、浙、鲁等地区较高的劳动流动的结构正效应，足以弥补吉林省的负效应，即净效应为正。概而言之，在1979—2001年间，支撑吉林省经济增长的动力源泉主要是以长春市机械制造业为主体的动态规模效益，而在2002—2012年间，吉林省经济增长的动力源泉主要是来自于资源配置效率和动态规模效益的双重提升。而要验证以长春市汽车制造业为主体的动态规模效应在吉林省经济增长中的作用，则必须做进一步的实证检验。

二　长春市工业的动态规模效益及其技术扩散效应的实证检验

（一）长春市工业化发展的动态规模效益

为考察长春市工业的动态规模效率及其在吉林省经济中的意义，就必须分析长春市工业的效率特征，并从实证角度考察长春市工业发展促进吉林省经济增长的机制。对经济发展效率特性的讨论，一般考察劳动生产率和全要素生产率（TFP）的变动情况。就劳动生产率而言，从上文分析可知，长春市工业部门规模以上工业企业的劳动生产率显著高于长春市总体经济的劳动生产率，并透过相对价格带动长春市整体经济增长（见图4—8）。当然，如需考察各要素对劳动生产率的贡献和经济发展的效率特征，还必须对全要素生产率特征和构成做进一步的分析。

对全要素生产率，传统新古典方法一般通过索洛剩余来求解。该方法隐含了一个假设前提，即假定生产者实现了生产前沿面上的生产，与此对应的是TFP增长代表了技术进步。但索洛剩余法不能考察效率提升对产出增长的贡献。经验研究也表明完全效率假设也是不符合经济现实的。法雷尔（Farrel，1957）所开创的生产前沿面方法则能弥补传统索洛分析方法上的不足。前沿面方法有两种发展方向：一是参数方法；二是非参数方法。前者的代表性方法是随机前沿面分析法（SFA）；后者的代表是数据包络分析法（DEA）。

随机前沿面分析方法需要对生产函数形式和误差项分布进行事先设定，而这种设定本身可能会造成偏误。数据包络分析（DEA）则不需要事先设定特定的生产函数形式和误差项分布特征，也不需要进行参数估计。该方法考虑到了不完全效率的可能性，并可将TFP变动分解为技术进步、纯技术效率和规模效率。这种方法要求使用面板数据，因而包含了更多的信息。本节将运用DEA的Malmquist指数方法，对2007—2010年间吉林省9个市（州）的全要素生产率的构成即技术进步、纯技术效率和规模效率进行深入考察，并进而探讨三种效率在长春市经济增长中作用。

DEA方法最早由查理斯等（Charnes et al.，1978）① 创立，它是运用数学规划模型来评价具有多个输入和输出的“部门”或“决策单元”（DMU）间的相对有效性的一种非参数统计分析方法。根据对各个DMU的数据观察来判断DMU是否为DEA有效，并在决策单元之间进行比较。按照研究角度的不同，DEA方法可以分为两类，即基于产出导向的方法和基于投入导向的方法。产出导向的模型是在给定产出水平下使投入最小，投入导向的模型是在给定投入要素下使产出最大。传统的DEA模型有CCR和BCC模型。CCR模型假定规模报酬不变，求解如下线性规划②：

$$\max_{\theta}$$

$$s.t.\begin{cases}-\theta y_i+y\lambda\geqslant 0\\ x_i-x\lambda\geqslant 0\\ \lambda\geqslant 0\end{cases}$$

其中x_i、y_i分别为第i个决策单元的投入和产出向量，x、y分别为所有决策单元的总投入和总产出。解出的θ为第i个决策单元的效率值。如果$\theta=1$，表明其位于前沿面上，有效率。BBC模型假设规模报酬可变，它可以将纯粹技术效率和规模效率区分开。

Malmquist指数是凯威斯等（Caves et al.，1982）③ 在Malmquist数量指数与距离函数概念的基础上发展起来的，用于度量全要素生产率变化的一种方法。④ 它可以分解出生产率变化中哪些由效率变化引起，又有哪些是由技术变化引起。在规模报酬不变的情况下，它甚至可以分解出哪些由

① Charnes，A.，W. W. Cooper and E. Rhodes，“Measuring the Efficiency of Decision-making Units”，*European Journal of Operational Research*，No. 2，1978，pp. 429 – 444.

② 魏权龄：《数据包络分析》，科学出版社2004年版。

③ Caves et al.，“The Economic Theory of Index Numbers and the Measurement of Input，Output，and Productivity”，*Econometrica*，Vol. 50，No. 6，1982.

④ 章祥荪、贵斌威：《中国全要素生产率分析：Malmquist指数法评述与应用》，《数量经济技术经济研究》2008年第6期。

规模变化引起。

设$M_0(q_s,x_s;q_t,x_t)$为从基期S到T时期全要素生产率TFP（假设我们考虑的是output-TFP）变化的Malmquist指数，则：

$$M_0(q_s,x_s;q_t,x_t)=\sqrt{\frac{d_0^s(q_t,x_t)}{d_0^s(q_s,x_s)}}\sqrt{\frac{d_0^t(q_t,x_t)}{d_0^t(q_s,x_s)}} \tag{4—1}$$

$$M_0(q_s,x_s;q_t,x_t)=\frac{d_0^t(q_t,x_t)}{d_0^s(q_s,x_s)}\sqrt{\frac{d_0^s(q_t,x_t)\,d_0^s(q_s,x_s)}{d_0^t(q_t,x_t)\,d_0^t(q_s,x_s)}} \tag{4—2}$$

其中，$d_0^s(q_t,x_t)$表示以T时期技术为参照的S时期产出距离函数（output distance function）。如果$M_0(q_s,x_s;q_t,x_t)>1$，说明从S期到T期，*TFP*呈现为正增长；如果$M_0(q_s,x_s;q_t,x_t)<1$，说明对应期*TFP*为负增长；如果$M_0(q_s,x_s;q_t,x_t)=1$，说明对应期*TFP*零增长。

（4—2）式中，前半部分$\frac{d_0^t(q_t,x_t)}{d_0^s(q_s,x_s)}$为两时期的效率变化部分（*EC*），后半部分$\sqrt{\frac{d_0^s(q_t,x_t)\,d_0^s(q_s,x_s)}{d_0^t(q_t,x_t)\,d_0^t(q_s,x_s)}}$为两个时期的技术变化部分（*TC*）。从而有：

$$M_0(q_s,x_s;q_t,x_t)=EC\times TC \tag{4—3}$$

如果将规模报酬不变调整为可变，那么我们可以进一步将效率变化分解为规模效率变化（SEC）和纯技术效率变化（*PTEC*）。即有：

$$\begin{aligned}EC&=\frac{d_0^t(q_t,x_t\mid c,s)}{d_0^s(q_s,x_s\mid c,s)}=\frac{SE_0^t(q_t,x_t)}{SE_0^t(q_s,x_s)}\times\frac{d_0^t(q_t,x_t\mid v,s)}{d_0^s(q_s,x_s\mid v,s)}\\&=SEC\times PTEC\end{aligned} \tag{4—4}$$

从而有：

$$M_0(q_s,x_s;q_t,x_t)=EC\times TC=SEC\times PTEC\times TC \tag{4—5}$$

本文使用DEAP2.1软件，采用产出导向方法（*output*方法），对2007—2010年吉林省各市区（州）全要素生产率变化进行估计，其分析结果见表4—8。

表 4—8 吉林省平均 Malmquist 指数及其分解（2007—2010）

指数分解	TFP 变化率	技术效率	技术进步率	纯技术效率	规模效率
长春市	1.914	1.752	1.092	1.000	1.752
吉林市	0.824	1.216	0.677	1.000	1.216
四平市	0.597	0.855	0.697	1.000	0.855
辽源市	0.722	0.902	0.800	1.000	0.902
通化市	1.409	1.889	0.746	1.000	1.889
白山市	1.099	1.614	0.681	1.000	1.614
松原市	0.883	1.054	0.838	1.000	1.054
白城市	1.172	1.690	0.694	1.000	1.690
延边州	0.843	1.006	0.838	1.000	1.006
吉林省平均	1.051	1.331	0.785	1.000	1.331

从表 4—8 可以看到，在 2007—2010 年间，吉林省总体全要素生产率保持上升趋势，长春市的全要素生产率显著高于吉林省的平均水平，从全要素生产率的构成来看，长春市的技术进步率和技术效率中的规模效率都显著大于 1，而且都显著高于吉林省的平均水平。这说明，以交通运输制造业为主体行业的长春市的工业化发展有较高的生产效率，并带动了吉林省整体经济的发展。进一步观察表 4—7 可以发现，各地区的规模效率都明显高于技术进步率，这充分说明，规模效率是吉林省经济增长的主要动力来源。

上文曾分析，长春市较高的全要素生产率透过相对价格机制，促进了其他地区和其他行业的生产效率的提升，从而促进吉林省整体经济的增长，这种带动效应也即是新古典经济学的技术扩散效应。这种效应可以通过以下的实证分析来进行检验。

（二）长春市工业化发展的技术扩散效应

现有有关技术扩散的文献，主要考察的是各国间的技术扩散或省域间的技术扩散，柯雷尔（Keller，2001）① 基于 1970—1995 年七个工业化国家面板数据考察国际技术扩散效应，实证结果显示，技术扩散效应主要取

① Keller，W.，“The Geography and Channels of Diffusion at the World's Technology Frontier”，*NBER Working Paper*，No. 8150，2011.

决于两国间的空间距离，并显示在考察期内，随着时间的推移，七个国家间技术扩散效应不断增强，并分析得出，国际间的技术扩散主要通过国际贸易和外商直接投资方式来实现。柯雷尔（Keller，2004）[①] 进一步构建模型考察了国际技术扩散现状以及技术扩散渠道，分析结果表明，生产率差异取决于技术水平，且技术扩散会影响其技术进步。并分析得出，本国技术投资对技术进步有显著影响，而且随着本国经济发展水平和技术水平的不断提高，能够从他国引进的技术就会不断下降，所支出的成本也会不断提高，换言之，仅仅依赖技术扩散来提升本国技术水平将是不可持续的。就中国经济而言，张强和卢荻（2011）[②] 基于省域面板数据采用扩展空间模型考察了技术进步对经济增长的影响，指出技术扩散与经济聚集等因素对于经济增长具有重要影响，验证了我国地区间技术扩散现象的存在性。

本节根据以上对文献的分析，来实证分析长春市经济发展中的技术进步对吉林省经济发展的作用，即验证长春市工业化发展的技术扩散效应。根据相关文献，技术进步一般包括两种途径：一种是自主创新；另一种是技术扩散。自主创新主要依赖于自身的研发投入而获得，而技术扩散主要是通过贸易、人力资源流动和外商投资等方式来实现。为分析各地级市技术进步来源方式，也为了检验地区间是否存在技术扩散效应，借鉴舒元、才国伟（2007）[③] 省际技术进步扩散模型，设计地区面板数据模型：

$$TFP_{it} = \alpha_{0,it} + \alpha_{1,jt} \cdot TFP_{jt} \cdot e^{-dis} + \alpha_{2,it} \cdot R\&D_{it} + \alpha_{3,it} \cdot FDI_{it} + \varepsilon_{it}$$

其中 TFP_{it}、$R\&D_{it}$和 FDI_{it}分别表示 i 地区 t 时期的技术进步率、研发投入、外商直接投资，TFP_{jt}表示 j 地区 t 时期的生产率，dis 表示具有技术扩散效应的地区与技术接收地区的距离。

本节对技术扩散的基本观点是，技术扩散效应一般是从较强技术水平区域，通过人力资源流动、技术引进和贸易等方式而流入较弱技术水平区域，并与空间距离呈正相关关系，一般而言距离越近的地区间技术扩散效

① Keller，W.，"International Technology Diffusion"，*Journal of Economic Literature*，No. 42，2004.

② 张强、卢荻：《技术扩散和经济增长：一个空间计量模型研究》，《上海经济研究》2011年第8期。

③ 舒元、才国伟：《我国省际技术进步及其空间扩散分析》，《经济研究》2007年第6期。

应越强。同时，技术扩散效应的发挥也受技术扩散区技术进步水平的影响，技术扩散区技术进步水平越高，越易于向其他地区辐射。

因而我们选择生产率与空间距离的乘积项 $TFP \cdot e^{-dis}$ 来分析技术扩散效应。由上文分析可知，长春市在 9 个地级城市中技术进步率明显高于其他地区，因而我们选择该地区作为技术扩散区，而其他地区作为技术接收区，如果系数 $\alpha_{1,jt}>0$，表明长春市对其他地区具有技术扩散效应。

这里选择 2004—2010 年吉林省 9 个地级市的面板数据来进行分析，数据来源于《吉林省统计年鉴》相关年份数据。文中分析所用到的全要素生产率 TFP 为采用 DEA-Malmquist 生产率指数方法来获得；研发投入 $R\&D_{it}$ 采用地区 *R&D* 经费支出数据，用来检验地区自主创新对全要素生产率的影响；FDI_{it} 为地区外商直接投资总额，反映国外技术通过外商投资途径对吉林省各个地区的技术扩散效应。这两组数据都采用 2004 年不变价格来计算。为分析地区间技术扩散效应是否具有记忆性，在模型中还引入了 $TFP \cdot e^{-dis}$ 的滞后项。计量分析结果如表 4—9 所示。

表 4—9 中方程（1）采用基于面板数据混合效应模型的普通最小二乘法进行估计，方程（2）中引入了技术扩散项 $TFP \cdot e^{-dis}$ 滞后值，以考察技术扩散效应的时滞性（或记忆性）。两方程的估计结果都显示：$TFP \cdot e^{-dis}$ 的系数为正，且在 1% 水平下显著，这表明长春市技术进步会对其他地区形成扩散作用，且随着长春市技术进步水平的提升其技术扩散作用越大；*R&D* 和 *FDI* 的回归系数虽也为正，但二者均不显著，且决定系数 R^2 也较小，这表明研发投入和外资对吉林省生产率的提升作用是不明显的。方程（2）分析结果还显示技术扩散项 $TFP \cdot e^{-dis}$ 的滞后一期对地区技术进步起到正向作用，且在 1% 的水平下显著，因而可以说，地区技术扩散作用不仅在当期发挥作用，而且会持续到下一期，即技术扩散效用具有记忆性。

从表 4—9 中还可以观察到，方程（1）和方程（2）估计所得的决定系数 R^2 也都较小，可能源于模型估计方法或设定偏差，导致模型存在异方差和自相关，方程（3）和方程（4）则采用广义最小二乘模型来修正，及选择 period SUR 权重修正时期异方差和同期相关，结果如表 4—9 所示。方程（3）和方程（4）中的 $TFP \cdot e^{-dis}$ 及其滞后项的回归系数依然显著为正，说明长春市经济增长中的技术扩散现象依然是显著的。所不同的是，这两个方程的决定系数 R^2 有了显著提高，说明修正后的模型解释力得到加强。还有一个较明显的变化是，*R&D* 和 *FDI* 的回归系数都在1%水平上显著为正，但回归系数相对较小，说明研发投入和外资对吉林省除长春外地区的生产率的提升有一定的影响，但影响也是相对较弱。

表4—9　　长春市经济发展对吉林省其他地区的技术扩散效应

变量	方程（1）	方程（2）	方程（3）	方程（4）
C	0.844 (1.31)	0.924 (1.15)	0.808 (7.94)***	0.979 (3.14)***
$TFP \cdot e^{-dis}$	0.437 (2.94)***		0.332 (4.42)***	
$TFP_{-1} \cdot e^{-dis}$		0.617 (2.65)***		0.365 (1.86)*
R&D	0.045 (0.61)	0.042 (0.56)	0.044 (6.30)***	0.041 (5.17)***
FDI	0.086 (0.63)	0.102 (0.74)	0.068 (3.89)***	0.097 (4.54)***
R^2	0.3777	0.3887	0.7916	0.7536
obs	63	54	63	54

注：***、*分别表示在1%、10%的显著性水平上显著，圆括号内的数据为t统计量的值。

综上分析可以得出，以交通运输业为主的长春市的工业化发展，存在较强的动态规模效益，这种动态规模效益是长春市生产率提升的主要来源，它能够透过相对价格带动非工业部门生产率的提升，从而促进吉林省整体经济的增长。动态规模效益的这种总体生产率提升效应，也得到上文实证检验的支持。

三　长春市经济增长的可持续性评价

自20世纪90年代以来，中国的工业化呈现出显著的“资本深化”特征。长春市作为重化工业城市，自20世纪90年代以来，“资本深化”的工业化特征更趋明显。上文已通过实证检验得出，长春市这种“资本深化”的工业化模式具有较强的动态规模效益，这种效率足以弥补在“资源配置效率”上的不足，这是长春市经济得以发展的前提。

（一）从需求角度看长春市经济的可持续发展

长春市的动态规模效率之所以能够实现，主要得益于需求条件与体制的有利配合。这种配合是否具有可持续性，在经济全球化大背景下，取决于如何争取和营造更有利的需求条件，同时也取决于是否存在与不断变动的需求条件相匹配的体制环境。

在需求方面。从投资的可持续性看，关键取决于，以交通运输制造业为主的长春市的工业化的动态规模效益，是否足以阻止资本边际报酬的下降。从当前的现实情况看，根据表4—2可知，在1992—2012年的20余年间，作为长春市龙头产业的交通运输制造业的税前利润率从1997年的5.32%上升至2007年的23.93%，之后仍保持上升，2012年达30.7%。作为长春市的另一重要产业的食品制造业，其税前利润率1997年为-0.82%，之后扭亏为盈，2007年为9.62%，2012年达24.65%。这说明，即使2008年全球性经济危机也没有对长春市的工业投资收益造成实际性的冲击。因此，从现实的投资收益看，长春的工业化存在很大的发展空间。

然而，从产品的市场需求来看，其前景并不十分乐观。就长春的交通运输制造业即汽车制造业而言，它不仅需要面对国内同行业的激烈竞争，而且更需要面对国际同行业的激烈竞争。从国内同行业竞争看，长春一汽集团的资产总额在2003年以前一直保持国内第一位，而到了2006年则降为第三位。而长春一汽集团的资产税前利润率不仅低于上海汽车工业总公司，也低于广州汽车、北京汽车和长安汽车等近期发展起来的汽车集团。国内汽车市场之所以竞争激烈，主要是因为国内汽车企业同质化严重，各企业产能都相对过剩，企业间的竞争主要表现为价格竞争而非技术竞争，从而压缩了汽车产业盈利空间（见表4—10）。

表 4—10 中国主要汽车公司主要工业经济指标

项目/年份/公司	利税总额（亿元）			资产总额（亿元）			税前资产利润率（%）		
	2003	2006	2009	2003	2006	2009	2003	2006	2009
上海汽车工业总公司	304	256	622	957	1384	2562	31.8	18.5	24.3
东方汽车公司	62	182	433	871	1484	2425	7.1	12.3	17.9
中国第一汽车集团总公司	142	166	347	1019	1132	1315	13.9	14.7	26.4
广州汽车集团有限总公司	56	95	186	107	185	639	51.9	51.5	29.2
北京汽车工业控股有限责任公司（原北京现代）	32	33	126	56	125	594	56.1	26.1	21.2
中国长安汽车集团股份有限公司	26	67	105	169	388	697	15.6	17.2	15.1

资料来源：《中国汽车工业统计年鉴》各年。

而就国际市场即就净出口状况而言，从表 4—11 所显示的中国 2009 年汽车产品进出口的状况可以看到，尽管出口的总金额略高于进口，但从进出口的构成看，技术含量稍高的乘用车和发动机进口显著高于出口，而技术含量较低、劳动相对密集的挂车、商用汽车和摩托车则是出口多于进口，这即意味着中国汽车出口主要面向的是世界低端市场。由此可见，中国虽是汽车生产大国，但远称不上是汽车生产强国。这同时也说明中国汽车企业在某种程度上存在对发达国家的技术依附。从乘用车的进出口数量比值与金额比值的对比看，后者是前者的近 5 倍，这说明这种技术依附已导致国内汽车企业所生产的大部分利润通过不等价交换被转往国外。

表 4—11 中国 2009 年汽车产品进出口构成汇总统计

产品类型	进口		出口	
	数量（万辆或万件）	金额（亿美元）	数量（万辆或万件）	金额（亿美元）
汽车产品总计	—	341.98	—	383.52
汽车整车	42.07	154.71	37.00	51.90
乘用车	40.92	143.54	15.30	11.02
商用车	1.15	11.17	21.70	40.88

续表

产品类型	进口		出口	
	数量（万辆或万件）	金额（亿美元）	数量（万辆或万件）	金额（亿美元）
挂车及半挂车	0.02	0.11	28.43	3.37
发动机	63.89	17.49	278.30	7.22
摩托车整车	0.19	0.07	622.21	28.27

资料来源：《中国汽车工业统计年鉴 2009》。

从目前的国际环境看，汽车市场由于受世界经济危机的影响一直处于低迷状态，国际保护主义有所抬头。欧美等一些发达国家出于对保护本国汽车市场的考虑，在不断地提高汽车排放限值，不断地提高汽车安全性标准要求和提高汽车整车和零部件的技术要求，来阻止发展中国家低端汽车产品的进入。一些新兴市场国家则是通过提高关税、进口许可等措施来限制国外同质产品的进入，从而保护本国汽车发展。这也说明，从长期看仅依靠价格优势来扩大汽车出口，从而拉动长春经济发展并不具有可行性。

因此，就长春汽车制造业的可持续发展而言，提高长春汽车制造业的自主开发能力和技术力量是长春汽车制造业能够在激烈的市场竞争中胜出的必要前提，也是长春工业化得以可持续发展的首要条件。换言之，长春汽车的技术创新速度是决定长春汽车工业能否得以持续发展的前提保证。

技术创新也是克服汽车制造业发展环境制约的主要手段。中国汽车工业在工业化和城市化的拉动下得到较快发展。然而随着汽车工业的扩张，汽车工业发展与城市的承载能力、能源的供给以及环境治理之间的矛盾日趋严峻。根据《中国汽车工业统计年鉴》，自 2009 年以来，中国一直为全球最大的汽车产销国，2013 年底，全国汽车保有量突破 2.5 亿辆。汽车保有量的持续攀升，导致中国石油消耗量持续扩大，石油依存度不断升高。统计数据显示，2009 年中国原油对外依存度已突破 50% 的警戒线，2012 年该数据上升至 56.4%，2013 年更是高达 58.1%。汽车能源消耗的持续攀升，不仅造成能源供应紧张，也给自然生态环境带来较大危害。因此，可以说，提高节能技术、开发新能源是中国汽车产业发展的当务之急。

从长春市的第二大重要产业即农副产品加工业的发展现状看，投资收益虽自1997年后已扭亏为盈，且此后税后利润率也一直保持上升趋势，但也应看到，长春市作为吉林省农副产品加工业主要生产基地虽已形成了一定产业集群规模，但除少数的几家大型企业（如长春大成公司）外，大多企业规模小，产品关联度较低，产业带动能力较弱，只能进行附加值低的初加工生产。可见，要提高长春市农副产品加工业的市场竞争力，促进技术创新是关键。

（二）吉林省技术创新能力的分析与评价

从以上分析可知，长春市“资本深化”的工业化路径应该具有效率，也可以推断出效率来自于需求与体制的配合。这种配合是否具有可持续性，从内在因素角度看，很大程度上取决于产品创新速度，即取决于长春的工业企业能否在激烈的国际竞争中提升技术力量。因而要分析长春工业化发展的可持续性，就有必要对吉林省整体的创新能力做一个简要评价。

1. 技术创新能力评价指标体系的构建

根据指标体系设计的一般原则，综合考虑区域技术创新能力的内涵和性质、指标的可比性、可操作性以及各类指标的平衡，借鉴丁美霞①、周立等②的研究方法，本节将创新投入能力、创新产出能力和创新配置能力作为三大一级指标，并从这三个方面筛选出15个二级指标，构建了一个科学、合理、系统、量化的区域创新能力评价体系，来综合衡量区域的创新能力，设这15个指标分别为：X_1，X_2，…，X_{15}。

（1）创新投入能力

创新投入能力综合反映的是各地区在创新方面的资金投入、人力资本投入和其他方面的资源投入，这一指标的量化数值可以用来解释某一区域对于创新的投入力度和重视程度，这里选择科技活动人员（X_1）、科学家工程师（X_2）、R&D人员（全时当量）（X_3）、科技经费支出额（X_4）、R&D经费（X_5）、地方财政科技拨款（X_6）、万人口科技活动人员（X_7）、R&D经费占GDP的比重（X_8）、科技经费支出占GDP的比重（X_9）、财政科技占地方财政拨款支出的比重（X_{10}）等二级指标共计10个，来综合

① 丁美霞等：《中国各省区创新能力的动态趋势与影响因素分析》，《经济学家》2008年第1期。

② 周立、吴玉鸣：《中国区域创新能力：因素分析与聚类研究》，《中国软科学》2006年第8期。

反映吉林省的创新投入能力因素，其中“R&D 人员全时当量”是将工作人数与其工作时间相乘后再求和当作评价指标。

(2) 创新产出能力

创新产出能力是某一地区创新和技术进步的成果展示，可直接体现在专利或论文的增加方面，同时间接体现在地区生产效率的提高，区域的产品创新，甚至区域人均收入的提高等方面。这里选择专利申请受理量（X_{11}）、专利申请授权量（X_{12}）、发明专利受理量（X_{13}）和国内期刊论文数（X_{14}）四个二级指标对创新产出能力指标进行综合概括，其中专利申请受理量是指专利机构受理技术发明申请专利的数量，是发明专利申请量、实用新型专利申请量和外观设计专利申请量之和，这是专利申请受理中最重要的组成部分；专利授权量是指由专利机构对专利申请无异议或经审查异议不成立的，做出授予专利权决定，发给专利证书，并将有关事项予以登记和公告的专利数。

(3) 创新配置能力

创新配置能力是企业、政府与研发机构及研发机构与企业之间，不同创新主体或者客体之间的要素交换能力，是技术成果的应用能力、转化能力和扩散能力。根据国内大多数学者的思路和可操作性原则，这里选择技术市场成交合同金额（X_{15}）作为二级指标来体现，这相对应于技术市场成交合同数更能反映成交的质量和数量。

2. 吉林省技术创新能力分析

这里选择以除西藏和台湾以外的 30 个省及直辖市为研究对象，以《中国主要科技指标数据库》为主要数据来源，通过上文构建的指标体系，结合筛选出的 15 个二级评价指标，对研究对象进行数据分析，主要采用多元统计分析中的因子分析方法进行定量分析，这种方法相对于国内许多学者根据经验对各指标主观赋权相加的方法要更严谨和科学。

(1) 因子提取

对 15 个二级指标可求出其相关系数，通过计算可得，二级指标的相关系数平均值在 0.8 左右，这说明这些指标的相关性很强，且为高度正相关，即这些指标对于技术创新能力具有正向的作用。因此，这些指标适合进行因子分析。详细数据参见表 4—12、表 4—13。同时，本文根据特征值大于等于 1 的特征值个数来确定公共因子的个数，最终提取了 2 个公因子。

表 4—12　　　　　　　　因子分析初始解

变量名称	变量共同度	变量名称	变量共同度	变量名称	变量共同度
科技活动人员	0.972	地方财政科技拨款	0.903	万人口科技活动人员	0.968
科学家工程师	0.970	专利申请受理量	0.958	科技经费支出占 GDP 的比重	0.928
R&D 人员（全时当量）	0.972	专利申请授权量	0.940	R&D 经费占 GDP 的比重	0.965
科技经费支出额	0.962	国内期刊论文数	0.883	财政科技占地方财政拨款支出的比重	0.848
R&D 经费	0.977	技术市场成交合同金额	0.916	发明专利受理量	0.959

根据因子分析的初始解，可以得到不同变量之间的共同程度。由表 4—12的因子分析初始解可知，变量的共同度都在 0.9 左右，这说明，对原有 15 个变量通过特征值个数提取出的两个因子对每一个变量的解释程度都非常高。

表 4—13　　　　　　　　因子的方差贡献率　　　　　　　　（单位:%）

初始因子								
公因子	方差贡献率	累计方差贡献率	公因子	方差贡献率	累计方差贡献率	公因子	方差贡献率	累计方差贡献率
1	79.230	79.230	6	0.420	99.189	11	0.066	99.968
2	14.905	94.136	7	0.286	99.475	12	0.018	99.986
3	2.661	96.797	8	0.236	99.711	13	0.010	99.995
4	1.388	98.185	9	0.102	99.813	14	0.004	99.999
5	0.584	98.769	10	0.088	99.902	15	0.001	100.000
提取因子	方差贡献率	79.230	14.905		旋转后因子	方差贡献率	54.596	39.539
	累计方差贡献率	79.230	94.136			累计方差贡献率	54.600	94.140

由表4—13因子的方差贡献情况可知，提取两个因子方差的累计贡献率已经达到94.136%，这进一步证明两个因子的代表性很高。因子旋转后，因子1的方差贡献率为54.596%，因子2的方差贡献率为39.539%，而两因子总的累计方差贡献率没有发生较大变化。

(2) 因子的旋转与命名

这里继续采用方差最大法对原因子载荷矩阵实施了正交旋转，结果见表4—14。

表4—14　　旋转后的因子载荷矩阵

变量名称	因子1	因子2	变量名称	因子1	因子2
专利申请受理量	0.967	0.149	发明专利受理量	0.808	0.553
专利申请授权量	0.965	0.092	万人口科技活动人员	0.282	0.942
科技活动人员	0.932	0.321	科技经费支出占GDP的比重	0.299	0.936
R&D人员（全时当量）	0.917	0.362	R&D经费占GDP的比重	0.243	0.932
科学家工程师	0.901	0.397	技术市场成交合同金额	0.217	0.932
科技经费支出额	0.873	0.448	财政科技占地方财政拨款支出的比重	0.531	0.752
R&D经费	0.863	0.482	国内期刊论文数	0.65	0.679
地方财政科技拨款	0.813	0.492			

由旋转后的因子载荷矩阵可以知道：专利申请受理量、专利申请授权量、科技活动人员、研究开发人员、科学家工程师、科技经费支出额、研究开发经费、地方财政科技拨款和发明专利受理量这九个指标在第一个公共因子的载荷比较大；国内期刊论文数在两个公因子载荷相当，也可以认为主要由因子1来解释；万人口科技活动人员、研究开发比重、科技经费支出比重、技术市场成交合同额、地方财政科技拨款比重在第二个公因子的载荷比较大。公因子1载荷较大的都是绝对量方面的指标，因此公因子1可以看作技术创新水平的规模因子；因子2载荷较大的都是相对量方面的指标，因此因子2可看作技术创新水平的强度因子。

(3) 各因子得分和综合得分

由表4—15因子得分系数矩阵结果，可以写出因子得分函数如下：

$$F_j = \sum_i a_i X_i$$

其中，X_i为创新能力指标，a_{ij}为其对应的因子，i = 1，2，3，…，15；j = 1，2。

表 4—15 因子得分系数矩阵

变量名称	因子 1	因子 2	变量名称	因子 1	因子 2
科技活动人员	0.151	-0.066	国内期刊论文数	0.025	0.094
科学家工程师	0.131	-0.037	技术市场成交合同额	-0.116	0.249
R&D 人员（全时当量）	0.141	-0.050	万人口科技活动人员	-0.103	0.241
科技经费支出额	0.116	-0.016	科技经费支出占 GDP 的比重	-0.11	0.244
R&D 经费	0.107	-0.004	R&D 经费占 GDP 的比重	-0.098	0.236
地方财政科技拨款	0.095	0.008	地方财政科技拨款比重	-0.014	0.138
专利申请受理量	0.19	-0.125	发明专利受理量	0.083	0.028
专利申请授权量	0.199	-0.142			

通过上面的因子得分，可以计算除西藏外中国各省、直辖市[①]在每个因子上的得分，从而进行排名，得到各省在每个因子上的评价，进而获得吉林省科技创新能力相关信息指数。

对各省和各直辖市技术创新能力进行综合评价，在两个因子得分的基础上再加权相加得到综合得分。我们采用方差贡献率作为权数。由表 4—13可知，两个因子的方差贡献率54.596%和39.539%为权数，因此综合因子得分函数为：$F = 0.546\ F_1 + 0.3954\ F_2$。

此时，若因子得分平均水平为零，得分为正值，则说明技术创新能力高出全国平均水平，综合得分为负值，说明技术创新能力低于全国平均水平（计算结果见表 4—16）。

从因子 1（规模因子）排名的角度来看可以知道，排名前三位的分别是广东、江苏和浙江三个省份；排名后三位的分别是海南、青海和宁夏三个省份。而吉林省排名仅为第 19 位，即在创新规模方面吉林省在全国仍处在中等偏下水平。

① 由于西藏数值不可得，故将其排除在外。

表 4—16　　2012 年全国各省、直辖市技术创新因子得分及排名

省份	a_1	b_1	a_2	b_2	c	d	省份	a_1	b_1	a_2	b_2	c	d
北京	0.13	8	4.63	1	1.90	1	黑龙江	-0.34	15	-0.22	13	-0.27	16
广东	3.05	1	-0.56	29	1.45	2	河北	-0.14	12	-0.50	25	-0.27	17
江苏	2.69	2	-0.23	15	1.38	3	重庆	-0.57	22	0.06	6	-0.29	18
浙江	1.87	3	-0.23	14	0.93	4	山西	-0.46	17	-0.10	9	-0.29	19
上海	0.50	5	1.56	2	0.89	5	吉林	-0.50	19	-0.26	16	-0.38	20
山东	1.53	4	-0.41	20	0.68	6	江西	-0.55	21	-0.37	19	-0.44	21
天津	-0.67	26	1.25	3	0.13	7	甘肃	-0.72	27	-0.20	12	-0.47	22
辽宁	0.12	9	0.15	5	0.12	8	广西	-0.49	18	-0.53	26	-0.48	23
四川	0.21	6	-0.27	17	0.01	9	云南	-0.54	20	-0.47	23	-0.48	23
湖北	0.01	10	-0.01	7	0.00	10	内蒙古	-0.58	23	-0.54	28	-0.53	25
陕西	-0.41	16	0.47	4	-0.04	11	贵州	-0.65	24	-0.46	22	-0.54	26
河南	0.20	7	-0.53	27	-0.10	12	新疆	-0.65	25	-0.48	24	-0.54	26
湖南	-0.13	11	-0.19	11	-0.15	13	宁夏	-0.85	30	-0.30	18	-0.58	28
福建	-0.20	13	-0.18	10	-0.18	14	青海	-0.83	29	-0.41	21	-0.62	29
安徽	-0.29	14	-0.09	8	-0.19	15	海南	-0.75	28	-0.57	30	-0.63	30

注：a_1 = 因子 1 得分；b_1 = 因子 1 排名；a_2 = 因子 2 得分；b_2 = 因子 2 排名；c = 综合得分；d = 综合排名。

从因子 2（强度因子）排名的角度来看可以知道，排名前三位的分别是北京、上海和天津三个地区；排名后三位的分别是内蒙古、广东和海南三个地区。而吉林省排名仅为第 16 位，相对于因子 1 来说，名次略有提升。

技术创新能力综合排名前三位的分别是北京、广东和江苏；排名后三位的分别是宁夏、青海和海南。同样是东北三省的黑龙江排名为第 16 位、辽宁排名第 8 位。而吉林省技术创新能力综合排名仅为第 20 位，在东北地区排名最后，在全国尚处在中下水平。

吉林省技术创新能力因子 1 的得分为 -0.50，因子 2 的得分为 -0.26，综合得分 -0.38，均明显低于全国平均水平，也就是说，吉林省在技术创新能力方面远落后于全国大多数省份，而从长远来看，技术创新能力的落后，必然会直接影响吉林省经济的发展速度和竞争能力的提升以及经济的可持续发展。

综合以上分析可知，长春市“资本深化”的工业化是否具有可持续性，关键取决于需求因素与体制的配合。在既有的体制条件下，长春的工业化是否具有可持续性则取决于投资、消费、净出口等需求及其对应的需求环境的作用效果，最后都归结于长春经济是否具有较强的技术创新能力。从现状看，根据以上分析，而这恰恰是长春市乃至吉林省的发展短板。因此，相关地方政府应加大科技投资力度，健全相关法律法规，营造更好的技术创新环境，帮助和扶持相关企业建立创新机构，以推动地方的技术创新。

第三节　诠释“一汽模式”：动态规模效益的企业视角

一　大型企业在中国经济发展中的定位

大型企业，作为中国市场经济的参与者，其使命首先在于自身的业绩表现和长远发展，也就是必须以不断提高自身的效率和竞争力为目标。在此之上，类似“一汽集团”的大型国有企业，负有特殊使命，有责任也有条件领先推进技术进步、促进行业的发展。这两种使命究竟是相互配合还是相互矛盾，取决于特定的经济发展和制度环境，就中国的实际情况而言，应该是可以形成相互配合的。

从相关的世界经验和理论看，大型企业拥有规模和范围优势，有条件开展以长远发展为目标的技术创新投资。在整体经济的后进发展进程中，因为核心技术的欠缺，这种投资往往集中于吸收、消化和改良从先进国家引进的技术，这更意味着唯有大型企业，尤其是横跨相关行业因而具有范围优势的而且在其集团内部有可能以短期盈利部门支持长远投资部门的大型企业，才能在后进发展进程中发挥关键作用。当然，能力条件只是构成企业发展的关键因素之一，另一个同样重要的因素是适当的诱因。违背市场调节的企业内部组织安排，往往有可能导致诱因缺失，也就是盈利部门的盈利诱因受损，使得长远投资部门提高投资效益的诱因不足。因此，相关理论同时强调，在技术条件许可的前提下，企业内部运作以至组织安排应该尽量贯彻市场原则，以此确定各部门的职责和效率表现，在此基础上再透过再分配机制支持以长远发展为目标的技术创新投资。

这一理论同样适用于大型企业与外部环境的关系，尤其是国有企业与政府的关系。后进发展意味着关键资源的欠缺，主要是核心技术能力以及投资技术能力所需资金的欠缺，这种投资往往是规模巨大且兼具沉淀性质。在这种环境中，大型企业相对于小型企业具有筹集资金方面的优势，较为能够得到银行等金融机构的支持，就中国大型国有企业的实际情况而言，这种支持还包括了获得优先资格在股票市场筹集资金。这种地位或能力条件上的优势同样有可能导致诱因上的劣势。因此，相关理论强调，有必要在政府与大型企业（尤其是大型国有企业）之间形成这样一种互换关系，即后者以可以观察到的优秀的业绩或发展表现，换取前者的扶持政策措施以及对后者的强势市场地位的容许。

在中国，自20世纪90年代中期以来大型工业企业的领先发展，既有赖于政府的推动，也是与同期愈趋“资本深化”的经济增长路径相一致的，而这两者都是涉及国际化市场竞争愈趋强化的背景。可以说，大型工业企业几乎是无可选择地被推到了应对国际化竞争的前线，而在自身努力之外，它们所获得的政府支持，以及它们在国内市场上所积累起来的优势，是应对竞争的主要凭借。因此，上文概括的理论框架，应该是适用于检视中国大型企业的组织体制、决策行为以及实际经济表现的，这显然包括了本章所专注的“一汽模式”。

二　大型企业与国民财富：国际发展经验和理论

在关于世界范围的发展经验的研究文献中，阿姆斯丹（Amsden，1989）提出了一个著名的论断——“学习范式”，即后进发展的关键在于成功地吸收、消化和改良从先进国家引进的技术，而在这个进程中大型企业具有独特作用。[①] 这种作用表现为大型企业的规模和范围优势，即有可

① Amsden, A. H., *Asia's Next Giant: South Korea and Late Industrialization*, New York: OUP, 1989.

能将沉重的技术投资负担，分摊到企业的大规模产量或盈利能力各不相同的多个部门之上，这即意味着盈利部门可以支持并不盈利的长远技术投资，而这种投资又反过来使得盈利部门能够长期维持盈利能力。

上述提法在东亚和南美新兴工业化经济体的发展经验中可以得到佐证，钱德勒（Chandler，1990）主编的《企业规模经济与范围经济》的第1—2章对此有系统的论述。[①] 显著的例子如日本、韩国、阿根廷等，它们大多是在“二战”后才开始发展资本密集型产业，从而走上现代经济增长的道路。在它们的发展过程中，家族企业、公司集团、网络、联盟等组织形式消长兴衰。其中，日本的企业集团、韩国的财阀集团、阿根廷的家族网络等是大型企业的典型。“二战”后，日本许多战前的财阀以系列化企业集团形式重新出现，各公司成员通过集团内相互持股来共同决定集团整体的发展，而集团的战略决策还受到集团的联盟企业的经理阶层的制约。换言之，日本式产业组织的重要特征，是为数不多的集团在相同的产业尤其是资本密集型产业中运行，形成寡头竞争或大型企业垄断竞争的格局，这种格局促动了日本工业化的快速发展。

日本之外的东亚地区经验不尽相同，但仍是颇有以大型企业集团为主体推进工业化的成功经验。韩国工业化的主体是财阀（大型家族多元化集团）和具有创业精神的政府。银行体系不允许企业集团建立内部银行业机构，所以财团依靠政府进行长期投资，政府相应制定种种发展导向政策措施，涉及税收、信贷配额及各种辅助项目，财团在政府创造的经济环境中，不断追求产品的多样性，并向海外扩张。

由大型企业所推动的技术创新在东亚经济体的发展中发挥了重要作用。韩国则着重利用国外贷款购买成套设备技术，并在此基础上进行模仿、改造、创新。在经济发展早期，东亚各经济体主要依靠劳动投入作为工业化的推动力。自20世纪70年代之后，技术进步在新加坡和香港的经济增长过程中发挥愈益重要的作用。新加坡倚重面向出口工业政策、外国直接投资带来的技术创新和金融深化。香港则主要得益于金融业先行发展与深化以及自由贸易政策。技术创新对我国台湾与韩国的经济快速增长也

① Chandler，A. D. Jr.，*Scale and Scope*：*The Dynamics of Industrial Capitalism*，Harvard University Press，1990.

起了关键性作用。

在拉丁美洲，阿根廷的曲折工业发展道路相当典型。阿根廷的大型企业主要为三种类型：一是 19 世纪后期出现商业集团，多是欧洲商人及其在当地的亲戚所有；二是在“二战”后来自美国、英国和欧洲的跨国公司在阿根廷设立的生产基地；三是政府自己建立的企业，主要领域是与军事、国家安全相关的产业，如钢材和石油等行业。它们的经营方向主要是国内市场，政府一直鼓励进口替代，实行关税保护政策，以此帮助各种企业，使得各类企业都集中于国内竞争。

上述阿姆斯丹（Amsden，1989）的提法，是继承了钱德勒开创的企业史研究的结论。钱德勒（Chandler，1990）、拉佐尼克（Lazonick，1992）、[①] 梯斯（Teece，1993）[②] 等认为，从世界范围经验看，经济发展的关键是企业的技术创新活动，这种活动往往并不为短期利润业绩导向的金融市场所认同，这就意味着整体经济体制必须有利于企业摆脱市场的制约，开展以长远发展为目标的技术创新投资。这在早期的工业化经验即北美和西欧经济的发展中可以看出。在美国，大企业是资本和知识密集型产业中经济增长的推动者，一般而言，美国的创业者和公司比其他国家的创业者和公司要多，从 19 世纪末起，这些企业就一直推动着技术的进步，在 20 世纪二三十年代，美国企业发展新型汽车工业强力推动经济增长，以化学、电力、电子为基础的产业在不断地开发新产品、新工艺。“二战”后，新技术得到商品化，包括化学聚合物、抗生素、电子、航空航天，在几乎所有的行业中，创办已久的企业完成了新技术商品化的进程。特别是知识密集型技术的商品化使得美国在世界经济发展中独占领先地位。将新技术商品化的大型企业通过扮演双重角色，也极大地影响着世界经济的其他方面。一方面，他们通过这种扩散机制，充当技术转移代理的角色；另一方面，这些来自于全球工业中心的大型企业又塑造了工业企业间的相互作用的方式，也改变了工业国家对待世界上其他国家的方式。

美国之外的先进国家也呈现出类似的经验。英国企业家在 20 世纪，

---

① Lazonick, W., “Controlling the Market for Corporate Control: the Historical Significance of Managerial Capitalism”, *Industrial and Corporate Change*, Vol. 1, No. 3, 1992.

② Teece, D., “The Dynamics of Industrial Capitalism: Perspectives on Alfred Chandler's Scale and Scope”, *Journal of Economic Literature*, Vol. 31, 1993.

其经济实力主要还是保留在商业及服务产业，尤其在零售业、银行业、金融业、公共事业上实力雄厚。在20世纪20年代，英国的公司在高技术产品进行投资以培养其技术知识基础，成为相关附属企业的核心，成为全球市场强有力的竞争者。德国在第二次产业革命中，在新技术商品化的进程中走在前沿，通过投资、建立新公司的形式对推进新技术商品化进程发挥了重大作用。

上述阿姆斯丹的提法，也是后进发展研究文献中的一个重要传统。拉尔（Lall，1992）认为，后进发展所需的技术创新，无论就能力建设、诱因结构以及体制安排而言，市场调节均具有内在的缺陷，因此，一定的背离市场原则的政府干预和体制安排，往往是后进发展的必不可少的因素。① 而莫迪（Mody，1990）则根据交易成本经济学的传统，指出后进发展的特征之一是资本市场的不发达，因而往往不利于技术发展所需的大规模沉淀投资，从而得出相近的结论。②

较为理论化而言，上述提法可以从熊彼特及其后继者的创业精神和创新活动的理论得到支持。他们认为创新是经济发展的关键，而创新的主体是“创业者”或“企业家”。自20世纪80年代以来，创新研究的一个重大进展就是从系统论角度考察创新过程，开辟了“国家创新体系”这一专门的研究领域。按照弗里曼（Freeman，1987）③ 的论述，日本在战后技术落后的情况下，之所以能只用几十年时间就成长为位居全球前列的工业大国，一个最重要的原因就在于以技术创新为主导，以组织创新和制度创新为动力，充分发挥了国家在推动企业技术创新中的重要作用。弗里曼认为，在人类历史上，技术领先国家从英国到德国、美国，再到日本，这种追赶、跨越不仅是技术创新的结果，而且也是许多制度和组织创新的结果。国家创新体系中制度的设定和功能是决定创新体系效率的关键。

---

① Lall, S. “Technological capabilities and industrialization”, *World Development*, Vol. 20, No. 2., 1992.

② Mody, A. “Institutions and dynamic comparative advantage: the electronics industry in South Korea and Taiwan”, Cambridge Journal of Economics, Vol. 14, 1990.

③ Freeman, C. *Technology Policy and Economic Performance: Lessons from Japan*, London: London Pinter Press, 1987.

就近期的世界范围后进发展看，诺兰（Nolan，1996，2002）认为，在全球化年代出现一个令人触目的国际发展趋势，这即是自20世纪80年代初期以来的大规模企业并购活动，同一趋势也见之于中国，尤其是表现为国有大型工业企业的发展。中国企业希望通过国内规模生产带来的低成本优势向全球市场扩张，而并购活动可以在短时间内帮助企业整合最需要的资源。为了满足中国日益扩张的经济高速发展而带来的对于战略资源的渴求，这类战略资源的收购已演化到通过较为成熟的兼并收购手段，积极利用国外已经发展成熟并拥有良好监管操作环境的资本市场，在全球范围内寻求战略资源或控制拥有这些战略资源的现有收购目标公司。关于战略资源的收购往往由国有大型企业集团来主导完成，并带有浓厚的政治色彩，在收购目标公司所在国家可能会涉及种种有关国家安全、政府利益以及公共意见等多方面的影响和顾虑。可以看到更多以追求先进技术及国外市场为目的的跨国兼并收购。对于先进技术的追求往往是和占领国内或海外市场为最终目的相辅相成的。中国的制造业综合优势如何能和具有更高附加值的技术和服务相结合，将是新时期中国企业界考虑的重要策略问题。对于产能巨大的中国制造厂商而言，如何将物美价廉但知名度低的“中国制造”改造成为受全球尊重的品牌，是目前面临的最艰巨挑战。

总体而言，从国际经验看来，大型企业在推动世界经济的发展以及经济转型的方面，一直扮演着中心角色。大型工业企业在资本构成、生产率增长以及技术进步、知识更新等方面走在前沿，在重大技术创新中起决定性作用。大型企业通常在生产设施上投入巨资，以期获得规模经济效益，将自己变为国内市场继而是国际市场的占优势的垄断者。它们不仅在生产设施上投资，而且也投资在广泛的市场营销、配送网络和建立胜任的管理层方面，它们真正地成为了“大型企业”。自20世纪初以来，大型企业在各自的国家中都系统地建立起自己的研究开发机构，培育自己的技术力量，通过运用类似的材料、设备和人力资源运作和操作信息，这些技术力量成为新产品和新工艺商品化的基础。大型企业通过在生产设施上投入巨资获得了规模经济效益，从而大大降低了生产成本。对那些想在资本密集型产业领域获取垄断地位的企业来说，这一点是必不可少的条件；对于企业产品特定的无形组织资源来说，公司成为了它们从最初的发展到不断提高学习的场所。这些资源对于确保自己国家产业的竞争力是必不可少的；

大型企业在有形资源流和信息流的流通方面占有绝对的优势，成为了由供应商、设备制造商、零售商、广告商、技术金融服务提供商等所组成的网络的核心；大型工业企业通过在研发开发活动上的巨额投资成了技术进步的主要推动者。

三　从国际发展视角看“一汽模式”

中国自20世纪90年代中期以来所推行的产业政策，其中的重要目标之一，是创建能够应对国际化竞争尤其是来自发达国家的跨国公司的竞争压力的大型企业，这个目标并没有因为所谓“日韩产业组织模式”在东亚金融危机期间备受批评而改变。为实现这个目标，中国产业政策所面临的挑战就是，如何在较短时间内赶上世界上那些曾经历深刻体制变革的成功大企业水平。事实上，这种挑战不仅对中国，而且对所有后进发展经济体都构成了重大的压力。根据诺兰（2001）的研究，在20世纪90年代，在全球范围，大型企业发生了深刻变化，主要表现为在那些基地设在高收入国家的大型企业产生了经营权力的集中。这种发展趋势与强调小企业领先发展和市场竞争的主流新古典经济学信条是严格不相符的。

自20世纪90年代初期以来，全球化的跨国大企业在多种因素的推动下发生了深刻的变革，主要表现为企业结构重组、兼并范围日益扩大和经营范围的不断缩小，反映出大型企业经营权力的日益集中。催成大企业结构变革的因素主要有贸易和资本流动的自由化、企业的私有化以及信息技术的发展。战后世界经济的繁荣，在相当长的时期是靠出口带动的，即贸易的增长大大快于生产的增长。而在20世纪90年代的相当一段时期，国际直接投资的增长速度超过了贸易增长速度，从1988—1998年，国际直接投资年均以15%的速度增长，而同期的世界商品出口的年增长率仅为8%。

全球大企业变革的核心是国际长期资本的加速流动。从20世纪80年代初到20世纪90年代末，国际直接投资增长迅速，在1981—1985年期间的年平均流动量仅为480亿美元，而到1998年已增长到6440亿美元。流入发展中国家的国际直接投资从1984—1989年的年平均220亿美元，也增长到1998年的1660亿美元。国际直接投资流入发展中国家的份额也急剧增长，从1984—1989年的不足20%增长到1994年的40%，但在

1998 年又回落到 26%。此外，国际直接投资集中在少数几个发展中国家，流入国际直接投资最多的国家是巴西、墨西哥和中国。在 1978—1992 年期间，流入这三个国家的国际直接投资占流入发展中国家总数的 30%，1998 年则达 51%。另外，自 20 世纪 80 年代初期以来国际短期资本的流动逐步自由化，不管是在发达国家还是在发展中国家，短期资本的跨国或跨境流动越来越容易，从而为企业的兼并重组提供了便利。

从 20 世纪 80 年代末开始，世界市场在货物、服务、资本和人才方面表现为全方位开放，信息技术的巨大发展以及国际经济秩序的改变，推进了全球市场一体化。进入 20 世纪 90 年代后，全球掀起了企业并购潮，并购总额从 1992 年的 1560 亿美元猛增到 1999 年的 33000 亿美元。这一进程意义深远，意味着全球经济特别是发达国家的产业结构发生了根本变化。

此外，私有化浪潮也是全球化大企业变革的催生剂。私有化有利于企业的市场化运作，从而有利于企业的并购重组。在 20 世纪 90 年代以前，发达资本主义国家的大量经济活动仍直接为国家所有，或受国家控制。而现在私有化范围已十分广泛。经济的很多领域已向私人资本开放，这包括西欧的大部分国家、苏联和东欧以及一些发展中国家。私有化已涉及电信、民航、邮政、发电、电力输送和销售、宇航、军工、汽车、煤、钢、公共交通、石油和石化等行业。信息技术的剧烈变化对大企业的变革也起到重要作用，它加快了世界资本市场的变革，便利了全球供应链的管理，也促进了全球性品牌的发展。

从全球范围的行业结构重组的角度看，汽车行业是重组兼并最为激烈的一个行业。从国际汽车产业的发展历程看，大型汽车企业的发展都伴随着大量汽车企业的兼并和重组。例如，1908—1910 年间，通用汽车公司曾收购了 20 多家汽车公司；1910—1922 年间，福特汽车公司收购了大量的汽车制造业上游行业企业和林肯汽车公司；等等。至 2012 年，全球汽车跨国公司通过收购、兼并、控股和参股等联合和重组等手段，已形成包括通用、福特、戴姆勒 - 克莱斯勒、丰田、大众等在内的 10 大汽车集团，其产量已占世界产量的 80% 以上。

中国汽车工业发展较晚，技术相对落后。改革开放后，为跟上和追赶世界汽车的发展步伐，政府对发展汽车给予了大力支持。1987 年国务院明确提出建设"一汽"、"二汽"、"上海"等3个轿车生产点，将轿车列为国家重点支持项目。1994年中国政府出台了汽车工业产业政策，鼓励汽车企业合作合资，随后中国汽车合资企业进入了快速发展阶段。据统计，1994—2001年间，全国汽车工业累计引进外资80亿美元，2002年加入WTO以后，世界大型汽车公司相继进入中国汽车市场，与中国汽车企业进行了深入合作合资。与此同时，中国汽车行业也进行了多种形式的战略重组。汽车行业经过改革后30余年的发展，产业集中度有了显著提高，生产规模不断扩大，资产显著上升。至2012年，包括"一汽"在内的中国三大汽车集团公司的汽车产量已占全国产量的80%以上，而且这三大汽车集团现均已进入世界500强。

当然，不可否认，尽管"一汽集团"的发展存在着许多有利因素，但在与世界强手的竞争中也面临着诸多困难。首先，"一汽集团"缺少自己的核心技术。"一汽集团"乘用车整体的技术性能虽已经接近国际水平，但高技术含量、高附加值的关键零部件仍基本处于外资控制状态。所配套的车型也主要集中在中低档商用车和品牌价值比较低的经济型乘用车领域。其次，"一汽集团"产业链零部件供应商规模普遍偏小，依赖性太强，不能独立自主地发展；"一汽集团"零部件供应商过度依附于"一汽集团"，过度依附于主车型，生产规模普遍偏小。大部分零部件供应商需要从整车厂获取技术，地位类似于整车"生产车间"。这些零部件供应企业主要精力都用于满足整车厂的要求，没有能力做到与整车厂同步开发，更不用说超前开发。这些问题的存在一定程度上制约了"一汽集团"的发展；但另一方面也说明"一汽集团"还存在很大的发展空间。从"一汽集团"在国民经济中的地位来看，"一汽集团"一直是长春市的龙头企业，也带动长春市相关产业和同行业的发展，促进了长春市经济和整个国民经济的良性运行。

表4—17反映了长春市以汽车为主的交通运输制造业在吉林省经济发展中的作用。从表4—17可以看到，以长春汽车制造业为主体的、体现资本密集的交通运输制造业的税前利润率不仅高于同期加工业规模以上工业企业总体的税前利润率，也高于吉林省的规模以上工业企业的总体税前利润率。这说明，以长春大型企业"一汽集团"为主体的交通运输制造业在经济绩效方面，在吉林省经济中起到了名副其实的"龙头企业"的作用。

表 4—17　长春市汽车制造业在吉林省经济发展中的地位（1992—2012）

（单位:%）

	1992	1997	2001	2007	2012
轻工业	7.75	2.16	4.09	10.10	21.93
以农产品为原料的轻工业	6.05	2.81	6.32	11.81	27.74
以非农产品为原料的轻工业	9.48	1.76	3.09	9.18	17.61
重工业	5.53	3.82	11.76	17.24	22.35
采掘工业	-7.36	3.10	10.69	16.35	19.51
原材料工业	8.57	3.88	5.98	9.64	10.84
加工业	7.95	4.06	13.99	21.82	29.20
其中：交通运输制造业	12.48	5.32	17.15	23.93	30.70

注：1997 年及以前为独立核算工业企业，其后为规模以上工业企业；表中数值为各行业规模以上工业企业的平均税前利润率。

资料来源：根据《长春市统计公报》各年数据推算所得。

然而，值得注意的是，长春“一汽集团”与同行业其他大型公司相比，其绩效表现并不十分乐观。观察表 4—18 可以发现，长春“一汽集团”的税前利润率不仅显著低于像“上海汽车”这样的老汽车的税前利润率，而且也显著低于“广州”、“北京”和“长安”等后起的汽车企业集团。

表 4—18　　中国主要汽车公司的税前利润率（2003—2009）　　（单位:%）

	2003	2004	2006	2007	2009
上海汽车工业总公司	31.79	26.35	18.51	19.58	24.28
东方汽车公司	7.09	10.91	12.27	13.00	17.88
中国第一汽车集团总公司	13.93	12.23	14.67	22.13	26.36
广州汽车集团有限总公司	51.91	62.85	51.51	44.45	29.16
北京汽车工业控股有限责任公司	56.08	35.13	26.13	13.30	21.18
中国长安汽车集团股份有限公司	15.65	15.39	17.21	14.75	15.09

资料来源：《中国汽车工业统计年鉴》各年。

综上所述，基础行业国有大型企业在经济发展进程中的地位和作用，这是当前中国经济决策中的一个重大课题，而“一汽集团”的发展经验，正为这个课题提供了一个颇具意义的回应。本文试图透过国际发展视角检视类似“一汽集团”的大型汽车企业的特性。从世界范围后进发展经验和相关理论文献得出论题，认为大型企业特别是大型国有企业的意义，在于摆脱短期市场调节的制约，领先进行长期导向的技术进步投资，以此支撑整体行业的持续快速发展；而有证据显示，“一汽集团”在其发展历程中，已经承担起这种关键性作用。

“一汽集团”的发展历程和未来方向，也是深受国内同行业的大变动趋势所主导的，这种变动归根究底表现为行业集中度的提高、企业规模的扩大以及企业追求加速技术进步，其中最后一项更是当前世界范围经济决策的焦点，强调汽车行业和企业必须集中生产高技术含量的产品，以提高其国际竞争力。从这个角度来检视“一汽集团”的发展历程，有证据显示，“一汽集团”确实是，追寻着世界范围的变动趋势领先于国内同行。

第五章

长春市的经济结构调整与新型工业化：创新驱动的宏观视角

自东北老工业基地振兴战略实施以来，长春经济有了较快发展，结构性矛盾有所缓解，宏观经济基本进入良性运行状态。长春作为重工业基地，振兴东北老工业基地战略实施以后，“资本深化”的工业化特征更趋明显。上文曾指出，这种“资本深化”的工业化模式是否具有可持续性，关键在于工业化的动态规模效益是否足以阻止投资边际报酬递减的趋向，而这最终又取决于长春工业部门是否具有足够的技术创新速度，从而能够维持长春工业部门较高的动态规模效益。汽车制造业和农副产品加工业是长春工业的两大支柱产业，因此其技术创新能力强弱不仅直接影响长春工业部门效率的高低，也直接关乎长春经济的可持续发展。

本章首先对自东北老工业基地振兴战略实施以来长春经济所取得的成效和所存在的问题做一个概述，然后分别就长春汽车制造业和农副产品工业的技术创新能力做一个简要评价，最后在此基础上，就如何促进长春这两大支柱产业技术创新能力的提升提出一些建设性建议，以有利于长春经济的协调和可持续发展。

第一节　振兴长春工业的战略意义

自东北老工业基地振兴战略实施10余年来，长春市的经济发展方式有了重大变化，结构性矛盾在一定程度上得到了缓解，经济质量和效益也有了显著提高。当然，我们还应看到，长春市经济发展水平与全国其他地区相比，还显得相对落后，结构性问题还较严重，要实现长春经济振兴依然任重道远。

从经济总量看。根据相关统计年鉴，吉林省 GDP 总量占全国经济的比重，自 2003 年即振兴东北老工业基地战略实施以来一直维持在 2% 左右；在 2003—2008 年间，规模以上工业企业的增加值也一直低于 2%。不过近几年有所上升，2012 年 GDP 比重为 2.3%，规模以上工业企业增加值的比重为 2.53%。但这两个指标与发达地区如广东、江苏相比还有很大差距，广东和江苏这两项指标都在 10% 左右。

从产业结构看。自东北老工业基地振兴战略实施以来，吉林省的产业结构有了明显变化，轻工业相对重工业的比重明显上升（见表 4—3）。但从吉林省总体产业体系看，2012 年吉林省的一、二、三次产业结构比为 12:53:35，这个比值相较全国三次产业结构比（11:44:45）而言，吉林省的第三产业发展略显滞后。在此期间，吉林省的新兴产业得到较快发展，但仍未形成具有较大增长潜力和较强竞争优势的新兴产业集群。

从居民的收入水平看。自东北老工业基地振兴战略实施以来，吉林省居民收入水平有了较大幅度的提高，但与全国平均水平相比仍有一定的差距。从相对量上看，根据统计年鉴，2003 年吉林省城镇居民人均可支配收入为 7005 元，为全国平均水平的 82.7%；2012 年吉林省城镇居民人均可支配收入达 15543 元，与 2003 年相比增加了 2 倍多，但也仅为全国平均水平的 82.3%。从绝对量上看，以 2003 年不变价格计算，2003 年吉林省的城镇居民人均可支配收入低于全国平均水平 1467 元，2012 年该差距则扩大到 3351 元（见表 5—1）。

长春市的城镇居民收入虽高于吉林省的总体水平，但是显著地低于全国平均水平，而且这种差距呈扩大趋势。就吉林省内部而言，地区间差距也在不断扩大，这反映出吉林省内区域发展也是不平衡的（见表 5—1）。

表 5—1　吉林省与长春市城镇居民收入水平状况（2003—2012）（单位：元）

年份	全国 a	吉林省 b	长春市 c	b－a	c－b	c－a
2003	8472	7005	7905	－1467	900	－567
2007	12384	10138	11508	－2246	1370	－876

续表

年份	全国 a	吉林省 b	长春市 c	b－a	c－b	c－a
2010	15894	12818	14907	－3076	2089	－987
2012	18894	15543	17667	－3351	2124	－1227

注：a＝全国城镇居民可支配收入；b＝吉林省城镇居民可支配收入；c＝长春市城镇居民可支配收入。以上指标均以2003年不变价格核算。

资料来源：《中国统计年鉴》和《吉林省统计年鉴》各年数据。

从工业总量看。工业是长春经济的主导力量，在1991—2012年间，长春市工业增加值占长春市GDP比重，年均为41%，个别年份高达48%（见图5—1），几近长春市生产总值的一半。这说明工业化仍是长春经济增长的引擎。长春市汽车工业、农副产品加工业以及光电信息、生物医学、能源、建筑和材料制造业的增加值占长春市工业增加值的90%以上，可见，这些行业是长春工业化发展的主要支撑力量。在2002—2012年间，这些行业中，汽车工业的总产值占长春市规模以上工业总产值的比重年均在70%以上，是长春市名副其实的龙头产业。汽车工业的发展也带动了长春市相关行业的发展，为长春市的工业化做出了突出贡献。

但值得注意的是，虽自2009年起，中国汽车的产销量一直稳居世界第一，是世界第一汽车大国，但中国还远称不上是世界汽车强国。纵观目前中国百余家汽车整车生产企业，可以发现，中国这些汽车企业目前都仍处于汽车制造业产业链的低端，长春一汽集团也不例外。中国许多地区（包括长春在内）都将汽车产业作为支柱产业，然而，这些地区的汽车企业的自主开发能力仍然很弱，一些核心技术和关键零部件的生产仍然被其他先进汽车制造国家所控制，可以说，中国的汽车企业在某种程度上仅是外资汽车公司的加工厂。正因为中国汽车企业在技术上对汽车先进制造国家的依附，其生产利润的大部分也被转往国外。此外，随着中国汽车工业的过度扩张，汽车生产与有限的城市承载力、紧张的能源供给、环境治理等之间的矛盾也日趋严重。因此，加快汽车制造业的升级转型，提高节能技术和自主开发能力，不仅是发展长春经济所必要的，也是提高中国汽车制造业的国际竞争力所必需的。

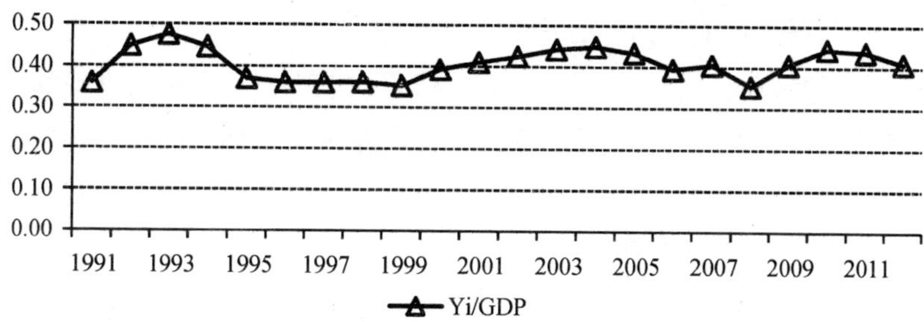

图 5—1　长春市工业企业增加值占长春市 GDP 的比重（1991—2012）

资料来源：根据《长春市统计年鉴》各年数据推算所得。

从工业结构看。长春市的工业结构失衡是很明显的。长春市是东北机械制造业的中心，也是吉林省机械制造业唯一的集中城市。据统计，2014 年长春市拥有中国机械制造业 500 强的企业 5 个，其中 4 个与汽车制造业有关，呈现出明显的二元经济结构特征。从行业分布来看，东北地区机械制造业占全国机械制造业营业收入的 16%，仅次于上海，而电子信息产业的营业收入仅占全国的 2.4%，属于全国的末位。长春市作为东北机械制造业中心，表现出显著的“机”强“电”弱特征，而光电信息产业自 2002 年来还表现出一定程度的下降趋势，与广东的情形正好相反。长春的这种重化工业特征，其制造业的地区渗透能力必然要低于广东地区，从而决定了长春经济显著的二元结构特征。这种二元结构特征严重制约了长春经济的可持续发展。

自东北老工业振兴战略实施以来，长春市的农副产品加工业有了较快发展。在长春市规模以上工业企业的总产值中，农副产品加工业的占比从 2002 年的 8.2% 上升至 2012 年的 27.0%（见表 4—6），现已成为长春市重要的支柱产业之一。然而，根据刘兵（2009）① 分析，从全国范围的市场占有率看，2008 年市场份额最大的是山东，接下来是河南、江苏、广东、辽宁，吉林省排在第 10 位。从聚类分析结果看，各地区综合竞争力排名，山东排在第 1 位，吉林省仅排在 15 位。可见，从全国范围看，吉

① 刘兵：《我国各省市农副产品加工业综合竞争力比较分析》，《市场分析》2009 年第 1 期。

林省的农副产品加工业的发展并不十分理想，主要表现为，产业集群程度不高，创新能力相对较弱。不过，吉林省是农业大省，是中国重要的粮食生产基地，吉林省的农副产品加工业还存在很大的发展空间。

总之，长春市是吉林省的政治经济文化中心，在2000—2012年间，长春市GDP占吉林省GDP的比重年均为41%，在吉林省经济中占有举足轻重的地位，可以说长春市的发展状况代表了吉林省的经济发展水平和发展方向。因此，振兴长春市经济，不仅关乎长春市居民生活水平的提高，同时也关乎吉林省乃至东北地区核心竞争力的提升，因此，必须将振兴长春经济提升到振兴国民经济的战略高度来对待。

第二节　提高自主创新能力以提升长春工业经济效率

——基于长春“一汽”集团的市场竞争力分析

相对西方发达国家而言，中国汽车工业起步相对较晚，技术相对落后，但经过改革开放后近30余年尤其是近10年的发展，中国汽车行业呈爆炸性增长，规模不断扩大，实力也在不断增强。2001年中国汽车的产销量分别为236万辆和273万辆，到2009年产销量均翻了两番以上，分别飙升至1379万辆和1364万辆，并超过美国成为世界第一汽车产销大国。汽车产业已是中国国民经济的重要支柱。2012年中国汽车产业对GDP的贡献率已超过6%；直接吸纳的就业人数超过4000万人，占城镇就业人数的12%以上；为国家上缴的税收超过9000亿元，占全国税收的13%以上。

然而，中国汽车产业的蓬勃发展并没有改变中国汽车产业自主创新能力薄弱的局面。当前中国汽车产业的技术水平与发达国家相比仍存在较大的差距，品牌建设和技术创新能力都相对较弱，生产企业基本处于价值链的低端，产品附加值较低，在生产技术方面对发达国家存在较强的依赖。事实上，不仅是在汽车行业，从整体上看，中国技术创新对经济增长的贡献远低于西方发达国家。惠树鹏（2008）等研究表明，改革以来，中国技术创新对经济增长的贡献率为30%—50%，[①] 而西方发达国家这一数值

① 惠树鹏：《技术创新与我国区域经济增长的差异性研究》，《甘肃社会科学》2009年第3期。

一般为60%—70%，而且表现出日趋上升的趋势。可见，技术创新的不足已经成为中国经济可持续发展的重要障碍。就长春汽车制造业而言，其创新能力的薄弱也严重制约其核心竞争力的提升。

下面首先根据中国科学院创新发展研究中心2009年发布的《中国创新发展报告2009》有关制造业创新能力的监测框架，来对中国汽车行业做一个简单分析，并就其创新能力指标与发达国家对应指标做一比较，从而发现中国汽车产业创新能力不足的主要原因及其发展潜力。然后，在此基础上对包括长春“一汽”在内的中国主要汽车工业企业的自主创新能力做一比较，最后就如何提升长春“一汽”的自主创新能力提出自己的见解。

一　中国汽车制造业创新能力的国际竞争力评价

汽车行业的创新能力是一个复杂的创新系统，不仅涉及创新环境，还包括创新投入、创新条件、创新产出以及创新影响等一系列与创新有关的因素。基于汽车行业创新能力的特性，本节试图从创新潜力和创新效率两个方面来构建中国汽车行业测度指标体系。前者主要反映汽车行业创新活动规模，包括创新投入规模、创新产出规模和创新绩效规模三类子指标；后者主要反映汽车行业创新活动的效益，主要包括创新投入效率、创新产出效率和创新绩效效率三类子指标。考虑到汽车行业数据的可获取性和指标之间的关联性，对创新潜力和创新效率两方面各选取7个和11个指标来进行考察，具体指标体系对应见表5—2。

（一）中国汽车行业创新潜力的国际比较

表5—3给出了2005—2012年间中国汽车行业创新潜力的变动情况。从创新投入情况来看，汽车行业的研发人员（R&D人员）从2005年的9万人增加到2012年的20万人，年均增长12%；同一时期，工程技术人员从19万人增加到37万人，年均增长也近10%；对应期内，投入研发经费从168亿元增加至591亿元，年均增长达20%。从创新产出情况来看，发明专利的申请量和授权量都有显著增长，这两者分别从2007年的327项和33项增加到836项和202项。从创新绩效看，工业增加值和出口交货值在对应期内增加了2倍多。这些指标充分说明，中国汽车行业的创新潜力有了显著提高。

表5—2　　中国汽车行业创新能力测度指标体系

<table>
<tr><th>一级指标</th><th>二级指标</th><th>三级指标</th></tr>
<tr><td rowspan="7">创新潜力</td><td rowspan="3">创新投入规模</td><td>R&D 人员</td></tr>
<tr><td>工程技术人员</td></tr>
<tr><td>R&D 经费支出</td></tr>
<tr><td rowspan="2">创新产出规模</td><td>发明专利申请量</td></tr>
<tr><td>发明专利授权量</td></tr>
<tr><td rowspan="2">创新绩效规模</td><td>工业增加值</td></tr>
<tr><td>出口交货值</td></tr>
</table>

<table>
<tr><th>一级指标</th><th>二级指标</th><th>三级指标</th></tr>
<tr><td rowspan="11">创新效率</td><td rowspan="4">创新投入效率</td><td>R&D 人员比重</td></tr>
<tr><td>工程技术人员比重</td></tr>
<tr><td>R&D 经费支出占主营业务收入比重</td></tr>
<tr><td>R&D 经费支出占工业增加值比重</td></tr>
<tr><td rowspan="3">创新产出效率</td><td>每万名 R&D 人员发明专利授权量</td></tr>
<tr><td>每亿元 R&D 经费发明专利授权量</td></tr>
<tr><td>自主品牌轿车市场占有率</td></tr>
<tr><td rowspan="4">创新绩效效率</td><td>全员劳动生产率</td></tr>
<tr><td>万元工业增加值能耗</td></tr>
<tr><td>汽车工业增加值比重</td></tr>
<tr><td>出口交货率</td></tr>
</table>

然而，中国企业行业的创新潜力与世界主要汽车制造强国的差距仍十分明显。根据《中国汽车工业年鉴》，2006 年日本、美国和德国的汽车行业研发支出分别为 1523 亿元、1326 亿元和 1242 亿元，而中国汽车行业的研发投入不到这些国家汽车研发支出的一半。考察 2009 年全球汽车整车企业发明的专利授权情况可以发现，该年中国汽车企业所获得的汽车专利授权项仅是国外汽车制造业在中国专利授权项的 10%。而且，中国专利申请主要集中在实用新型和外观设计等技术含量较低的领域，而国外企业主要集中在发动机等技术含量较高的关键性领域。根据中国汽车工程学会 2009 年对汽车行业的调研结果，在零部件研发和生产方面，中国主要针对中低档车型的配套市场，而对代表未来技术发展趋势的零部件产品，特别是汽车节能、环保、安全等电子类零部件方面，中国还没有形成相应较强的研发和生产能力。在整车、发动机、电子电器、轻量化等技术领域，关键技术水平与欧美等世界汽车制造强国相比差距仍十分明显。[①]

---

① 中国工程院中国制造业可持续发展战略研究咨询研究项目组：《中国制造业可持续发展战略研究》，机械工业出版社 2010 年版。

表 5—3　　中国汽车行业创新潜力指标值

创新潜力	指标名称	2005 年	2007 年	2009 年	2010 年	2011 年	2012 年
创新投入规模	R&D 人员（万人）	9	11	16	17	19	20
	工程技术人员（万人）	19	25	27	31	36	37
	R&D 经费支出（亿元）	168	309	461	499	548	591
创新产出规模	发明专利申请量（项）		327	836			
	发明专利授权量（项）		33	202			
创新绩效规模	工业增加值（亿元）	2210	4141	5379	6760	7542	7940
	出口交货值（亿元）	524	1696	1281	1531	1678	1711

资料来源:《中国汽车工业年鉴》各年。

（二）中国汽车行业创新效率的国际比较

表 5—4 给出了 2005—2012 年间中国汽车行业创新效率的变动情况。从创新投入的效率看，2005—2012 年间，研发人员和工程技术人员占从业人员的比重都有所上升，前者从 5.4% 上升至 8.0%，后者从 11.6% 上升至 14.9%，都上升了约 3 个百分点。研发经费支出占工业增加值的比重有升有降，该比重从 2005 年的 7.60% 一直上升至 2009 年的 8.57%，2010 又下降至 7.38%，其后基本维持在 7% 水平上。从创新产出效率看，每万名研发人员发明专利授权量和每亿元研发经费发明专利授权量有显著上升。这两者在 2007—2009 年间分别从 3.1% 和 0.1% 上升至 12.4% 和 0.4%。从创新绩效的效率看，在 2005—2012 年间，全员劳动生产率有了显著提高，从 2005 年的 13.4% 上升至 2012 年 33.7%。每万元工业增加值能耗在 2005—2012 年间一直保持下降趋势，由 2005 年的 0.33 吨标准煤/万元下降至 2011 年的 0.18 吨标准煤/万元，2012 年维持在 2011 年水平上。

表5—4　　中国汽车行业创新效率指标值

创新效率	指标名称	2005年	2007年	2009年	2010年	2011年	2012年
创新投入效率	R&D人员比重（%）	5.4	5.4	7.5	7.7	7.7	8.0
	工程技术人员比重（%）	11.6	12	12.3	14.1	14.7	14.9
	R&D经费支出占主营业务收入比重（%）	1.66	1.80	1.93	1.62	1.63	1.63
	R&D经费支出占工业增加值的比重（%）	7.60	7.46	8.57	7.38	7.27	7.45
创新产出效率	每万名R&D人员发明专利授权量（项/万人）		3.1	12.4			
	每亿元R&D经费发明专利授权量（项/亿元）		0.1	0.4			
	自主品牌轿车市场占有率（%）	25.0	30.0	29.7	30.9	27.5	22.5
创新绩效效率	全员劳动生产率（万元/人）	13.4	21	25.6	31.7	32.7	33.7
	万元工业增加值能耗（吨标准煤/万元）	0.33	0.29	0.23	0.20	0.18	0.18
	汽车工业增加值占总体工业增加值比重（%）	2.86	3.75	3.98	4.21	4.00	3.98
	出口交货值占销售产值比例（%）	5.11	9.94	5.45	5.11	5.72	5.45

资料来源：《中国汽车工业年鉴》各年。

在2005—2012年间，中国汽车行业的创新效益及其市场影响力表现出相对的不稳定性。汽车工业增加值总体工业增加值的比重呈现出先上升后下降的趋势。2005年该比值为2.86%，2010年达到峰值4.21%，其后开始下降，2012年回到2009年的3.98%水平。出口交货值占销售产值比重呈现出上下波动趋势，2005年为5.11%，2007年上升至峰值9.94%，其后继续上下波动，2010年回到2005年5.11%水平，2011年略有回升，达5.72%，2012年又下滑至5.45%。自主品牌轿车市场占有率在2005—2010年间一直保持上升趋势，从2005年的25%上升至2010年的30.9%，但其后开始下降，2012年跌至历史的最低点22.5%。这说明世界性经济危机对中国汽车行业冲击较大。

从国际视角来看，中国汽车行业创新效率远低于同期的世界主要汽车制造强国水平。根据《中国汽车工业年鉴》，2005—2012年间，就汽车工业研发支出占工业增加值比重而言，作为该期间中国这一比重峰值的

2009 年的 8.6%，仅相当于 2006 年德、美、日等国的一半左右，这三个国家的对应数值分别为 17.3%、16.9%、16.1%。就汽车工业劳动生产率而言，2005—2012 年间，中国汽车工业劳动生产率尽管一直保持上升趋势，2012 年达 33.7 万元/人，但这水平仅相当于 2007 年德国和日本的 1/3，美国的 1/2，这三个国家的 2007 年对应指标数值分别为 95.5 万元/人、91.3 万元/人和 74.7 万元/人。

就能耗情况而言，根据国家发展改革委员会 2004 年所发布的《节能中长期发展规划》所提供的信息，2000 年中国单位工业增加值能耗比世界平均水平高 2.4 倍，比美国、欧盟、日本分别高出 2.5 倍、4.9 倍、8.7 倍。中国汽车产业能耗水平是全国总体能耗水平的 1/4，由此可推断，中国汽车产业能耗水平仍远高于世界主要汽车制造强国水平（见表 5—5）。

表 5—5 中国汽车行业工业增加值与全国 GDP 能耗水平比较（2006—2010）

（单位：吨标准煤/万元）

	2006 年	2007 年	2008 年	2009 年	2010 年
全国万元 GDP 能耗	1.206	1.166	1.113	1.089	1.045
汽车行业工业增加值能耗	0.334	0.289	0.277	0.231	0.195

资料来源：《中国汽车工业年鉴》、《2010 年国民经济和社会发展统计公报》。

就龙头企业而言，中国龙头企业的创新能力更是远低于国际汽车巨头企业的创新能力。从研发支出情况看，作为中国龙头企业之一的长春“一汽”集团 2012 年研发支出占工业增加值的比重仅为 6.5%，仅相当于德、美、日等世界汽车制造强国的 1/3；在全员劳动生产率方面，2012 年长春“一汽”集团的全员劳动生产率为 54.5 万元/人，虽高于全国的总体水平，但仍低于德、日、美的平均水平。2012 年长春“一汽”集团工业增加值的能耗水平为 0.208 吨标准煤/万元，略高于同期国内的汽车制造业的总体水平，因而也必然远高于同期国际汽车巨头企业的能耗水平。

综上，中国汽车行业创新能力近年来有了较大的改观，但与世界主要汽车制造大国相比仍有较大差距。在创新潜力方面，创新投入规模、创新产出规模以及创新绩效规模均呈现出一定程度的上升，而在研发投入方面，中国研发投入仅是主要汽车制造强国的一半。在创新效率方面，中国汽车行业创新效率有了明显增强，但仍远低于世界主要汽车制造强国水平。就研发效率而言，中国汽车工业研发支出占工业增加值比重不到德、日、美等国的一半，人均研发支出不到德、日、美等国的1/5。

二　长春“一汽”集团的创新能力分析

从以上分析可以看到，中国汽车制造业技术创新能力与西方汽车制造强国相比仍有较大差距，因此，提高自主创新能力是提升本国汽车制造业国际竞争力的关键。具体到长春“一汽”（中国第一汽车集团公司）而言，它不仅需面对复杂多变的世界市场的竞争，同时也必须面对国内同行业的竞争，因此有必要对“一汽”集团创新能力在本国同行业中的地位做一简要评价。上节侧重从宏观指标表征对中国汽车制造业创新能力的国际竞争力做了简要评价，本节在此基础上，运用前文所采用的因子分析法，从微观层面具体对“一汽”集团就创新能力与国内其他代表性汽车企业做一简单比较。

（一）技术创新能力评价指标体系的构建

根据上文提及的构建指标体系的一般原则和上节所构建的宏观指标体系，特将中国汽车企业的创新能力划分为技术创新投入能力和技术创新产出能力两个方面，由此构建的汽车企业创新能力评价指标如表5—6所示。

表5—6　　中国汽车企业技术创新能力评价指标体系

一级指标	二级指标	三级指标设定	三级指标含义
创新能力评价指标体系（Z）	创新投入能力（I）	研发经费支出（X_1）	单位：万元
		研发人员投入（X_2）	单位：人
		研发设备投入（X_3）	单位：万元
		研发机构数量（X_4）	单位：所
		研发经费投入强度（X_5）	研发支出与企业销售收入比例（%）
		研发人员投入强度（X_6）	研发人员占从业人员比重（%）
	创新产出能力（O）	专利数量（X_7）	单位：项
		创新产品销售收入（X_8）	单位：万元
		创新产品销售收入比重（X_9）	创新产品销售收入占总销售收入比重（%）
		创新产品研发劳动生产率（X_{10}）	创新产品销售收入与研发人员的比（%）

这里所构建的三级指标评价体系，由于所选取的指标较多，必然有一些指标存在较高的相关性，因而必须采用因子分析法来进行归类降维。

（二）长春“一汽”集团创新能力评价

为较好地评价长春“一汽”集团的创新能力，这里选取2009年国内有代表性的14家汽车企业集团公司作为分析对象，以便能更好地凸显“一汽”集团在创新方面的优势与不足。这14家汽车企业集团公司按2012年利税总额从高到低的排列顺序是：上海汽车集团股份有限公司（A_1）、中国第一汽车集团公司（A_2）、东风汽车集团有限公司（A_3）、北京汽车集团公司（A_4）、广州汽车工业集团有限公司（A_5）、中国长安汽车集团股份有限公司（A_6）、江铃汽车集团公司（A_7）、浙江吉利汽车有限公司（A_8）、比亚迪汽车有限公司（A_9）、中国重型汽车集团有限公司（A_{10}）、奇瑞汽车股份有限公司（A_{11}）、安徽江淮汽车集团有限公司（A_{12}）、华晨汽车股份有限公司（A_{13}）以及福建省汽车工业集团有限公司（A_{14}）。这里各汽车公司对应指标数据均来自《中国汽车工业年鉴2010》和国家知识产权局等。

对以上各汽车企业集团原始数据进行KMO和Bartlett球体检验得出，KMO值为0.609，且Bartlett球体检验概率为0.000，小于显著性水平0.05，由两者可以判断，这些数据适合做因子分析。根据统计分析结果，可选取4个因子作为考察对象，具体因子分析结果和因子得分见表5—7。

表5—7 旋转后因子载荷矩阵及方差贡献率

	F_1	F_2	F_3	F_4	变量共同度
X_1	-0.102	0.902	0.169	-0.127	0.869
X_2	0.327	0.877	-0.001	0.176	0.907
X_3	0.636	0.607	-0.160	-0.036	0.800
X_4	0.239	0.172	0.724	-0.428	0.794
X_5	-0.036	-0.002	0.933	0.156	0.896
X_6	0.200	0.071	-0.020	0.921	0.894
X_7	0.727	-0.047	0.335	0.407	0.809
X_8	0.706	0.466	0.025	0.198	0.755
X_9	0.898	0.012	0.032	0.347	0.928

续表

	F_1	F_2	F_3	F_4	变量共同度
X_{10}	0.896	0.186	0.054	-0.135	0.859
方差贡献率（%）	35.716	24.173	16.630	15.702	
累积贡献率（%）	35.716	59.889	76.518	92.220	

由表5—7可知，旋转后因子各变量的共同度在0.75以上，所选择的4个因子的累积贡献率在90%以上，这说明这4个因子具有很好的代表性。具体而言，研发设备投入（X_3）、专利数量（X_7）、创新产品销售收入（X_8）、创新产品销售收入比重（X_9）和创新产品研发劳动生产率（X_{10}）等在F1上有较高的载荷；研发经费支出（X_1）和研发人员数目（X_2）在F2上有较高载荷；研发机构数（X_4）和研发经费支出强度（X_5）在F3上有高的载荷，研发人员投入强度（X_6）在F4上有较高载荷（见表5—8）。

表5—8　因子的高载荷指标及因子属性特征

	高载荷指标	因子命名
F_1	X_3：研发设备投入 X_7：专利数量 X_8：创新产品销售收入 X_9：创新产品销售收入比重 X_{10}：创新产品研发劳动生产率	创新产出效率指标
F_2	X_1：研发经费支出 X_2：研发人员数目	创新投入规模指标
F_3	X_4：研发机构数 X_5：研发经费支出强度	创新制度效率指标
F_4	X_6：研发人员投入强度	创新人力资源指标

根据表5—8中的4个主成分得分函数，可计算出该14个企业的因子得分，并由综合评价函数公式：$F=\sum a_iF_i$（$i=1,2,3,4$）。其中a_i为F_i所对应的方差贡献率。该14个企业因子得分及综合排序见表5—9。

表 5—9　　　中国部分汽车工业企业创新能力综合评价及排序

Corp.	F_1	No.	F_2	No.	F_3	No.	F_4	No.	F	No.
A_1	-0.315	8	3.117	1	0.506	3	0.009	6	0.790	2
A_2	0.094	5	0.567	3	-0.043	5	-1.281	13	-0.012	4
A_3	-0.670	12	0.588	2	-0.487	9	-0.012	7	-0.153	7
A_4	-0.217	6	-0.303	6	-0.610	11	-1.000	12	-0.393	14
A_5	-0.890	14	0.024	5	-0.806	14	0.439	4	-0.359	12
A_6	-0.403	10	-0.323	7	-0.380	8	1.830	1	-0.016	5
A_7	-0.343	9	-0.605	12	-0.526	10	0.292	5	-0.315	11
A_8	0.400	3	-0.682	13	-0.349	7	-0.522	11	-0.172	8
A_9	-3.092	1	0.292	4	-0.223	6	1.140	3	1.256	1
A_{10}	0.296	7	-0.603	11	-0.639	12	-0.105	8	-0.373	13
A_{11}	0.213	4	-0.739	14	2.833	1	-0.121	9	0.305	3
A_{12}	-0.468	11	-0.460	10	1.348	2	-0.489	10	-0.139	6
A_{13}	0.684	2	-0.444	9	-0.785	13	-1.648	14	-0.245	10
A_{14}	-0.882	13	-0.429	8	0.161	4	1.475	2	-0.173	9

从表 5—9 可以得出以下三点点：其一，利税总额相对排前即规模相对较大的汽车工业企业，F_2的得分也相对较高，即对应的创新投入相对规模也较大；其二，创新产出效率与总创新能力存在较强的正相关；其三，企业规模与创新能力并不相关。

从各汽车企业的总体排名来看，一方面，像比亚迪汽车有限公司（A_9）、奇瑞汽车有限公司（A_{11}）、浙江吉利有限责任公司（A_8）、长安汽车集团有限公司（A_6）、安徽江淮汽车有限公司（A_{12}）等民族汽车企业虽规模较小，但创新能力的排名相对居前。这些企业不仅 F_1得分较高，而且 F_3得分也较高，这说明这些企业存在较高的创新制度效率和创新产出效率。这即说明民族汽车企业在政府政策的大力支持下，在技术创新能力方面得到了较快发展。这些企业的共同特点是制度灵活，具有较强的市场调节能力。不过，它们的创新模式却是各具特色。

比亚迪（A_9）无疑是中国在创新方面最为成功的汽车企业之一，走的是“模仿 + 创新”的创新之路，其具体操作是：由车间工程师将拟模仿的国外车企最成功车型进行拆解，然后对该车每个模板进行专利分析，对非专利的部分进行研发升级，再对改造后的成果进行专利申报，最后对知识单元进行有机整合，使创新成果转化为现实新产品。[①] 2012 年比亚迪生产基本乘用车 46 万余辆，[②] 其中比亚迪 F3 车型销售量排中国大陆畅销国产车第 1 名。

奇瑞公司（A_{11}）是开放式创新的典范。该企业牢牢把握住“自我主导”的方向，在研发经费有限的情况下，积极寻求研发合作者，通过委托设计、协同配套开发以及控股设计开发等方式，实现技术合作，以达到提升自主创新能力的目的。奇瑞公司与 AVL 公司合作，开发了多款环保汽车发动机，并达到欧 IV 排放标准。奇瑞公司的这种超常表现，是中国汽车公司实现开放式创新的一个成功案例。2012 年奇瑞公司整车汽车销量达 56 万辆，在全国 67 家乘用车企业中销量排名第 8 位。

吉利公司（A_8）则是中国自主研发企业的代表。该企业拥有较高的人力资源，具有较强的自主创新潜力。吉利自主创新的模式是通过引进高技术人才来弥补技术积累的薄弱，并投资建设高等院校来培养相关技术人员以作为技术人才储备。吉利公司通过这种“积累 + 自主创新”模式，使得该企业的技术水平有了较快发展。截至 2011 年，该企业拥有各种专利 1600 多项，其中发明专利 110 多项，国际专利 20 多项。

另一方面，大型合资企业上海汽车集团股份有限公司（A_1）、中国第一汽车集团有限公司（A_2）和东风汽车集团有限公司（A_3）创新能力的排名也相对居前，而且它们 F_2的得分也相对较高，即创新投入规模较大，这说明这些大型的国有企业拥有规模和范围优势，有条件开展以长远发展为目标的技术创新投资，这与第四章有关大型企业效率的理论分析所得出的结论是十分吻合的。

就中国第一汽车集团有限公司即长春“一汽”而言，创新能力与生产规模并不是十分相称的。从各因子的得分看，F_1、F_3、F_4的得分都相对较低，这说明在制度条件、人力资源的积累和创新的效率方面都存在一定程度的不足。这个分析对如何提高长春“一汽”的创新能力具有一定的启发意义。

---

① 邵慰、李怀:《中国汽车产业自主创新机制研究》，载《财经问题研究》2013 年第 4 期。

② 本节文中所引用数据除有特别说明外均来自《中国汽车工业年鉴》相关年份数据。

三　提升长春"一汽"自主创新能力的几点思考

长春"一汽"作为典型的大型国有汽车生产企业，正如前文分析，拥有较强的规模和范围优势，有条件进行以长远发展为目标的技术创新投资。自改革开放以来，该企业集团在国家政策的主导下，积极通过对外合资合作的方式来提升自身的技术水平。"一汽"集团以合资合作方式技术引进，遵循的是"以市场换技术"的模式，其目的是通过与跨国企业合作，消化吸收发达国家企业的先进技术，达到再创新，最终形成自主研究与开发能力，以此促进自身生产技术的全面提升。长春"一汽"的奔腾系列轿车就是对国外技术"消化"、"吸收"、"再创新"过程所创造的产物。

在合资合作过程中，尽管外商主观上不愿意与中方共享指数和技术，但中方企业可以利用知识和技术的正外部性，通过模仿、消化、吸收、再创造提升自身的生产技术，因而在客观上推动了中国汽车企业和零部件企业的技术水平上了一个新台阶。兼之，"一汽"等大型国有汽车企业拥有较好的技术基础，并拥有一定规模的研发中心，研发投入也明显高于行业平均水平，虽近年来技术创新能力没有得到应有的提高，但综合竞争实力依然较强。不过，通过上文分析可以发现，不论是从国际视角还是从国内视角来看，"一汽"集团在创新能力方面依然存在许多不足。

其一，从国际视角看，包括"一汽"集团在内的中国汽车企业，一是缺少核心技术和关键零部件制造能力。中国汽车90%的发动机、变速箱和电子电控等关键零部件市场被跨国公司控制，因此，中国自主品牌汽车企业虽获得1/3的市场份额，但只获得1/10产业利润。① 二是缺少核心技术知识产权。中国汽车产业中，仅有30%的知识产权属于中国企业，② 自主汽车品牌的核心技术和关键零部件依然基于对跨国公司知识产权的改造。三是正如前文分析，核心技术的创新能力明显不足。

其二，由国内同行业的比较可以得出，"一汽"集团在制度效率和人力资源方面严重影响到"一汽"集团创新能力的提升。可见汽车工业企

① 中国行业研究网，http：//www.chinairn.com/news/20130615/141653982.html。

② 人民网，http：//auto.people.com.cn/GB/1050/12207358.html。

业创新能力的提升是一个受技术、市场、战略、人力资源和制度环境等多重因素共同决定的综合过程。因此，系统探讨这些因素在汽车企业技术提升过程中的作用机理，发现提升自主创新能力的实现机制，有着重要的理论价值。下面就从以上几个方面，就如何提升“一汽”集团技术创新能力方面提出如下几点思考。

第一，要跨越“以市场换技术”的学习和积累过程，树立起建立自主国际品牌的战略意识。在现代市场竞争中，品牌是一个巨大的杠杆，可以说是得“品牌”者得市场。因此，包括“一汽”集团在内的所有中国汽车企业集团，必须增强品牌意识，实施品牌战略。中国汽车行业刚刚从产品竞争时代进入品牌竞争时代，因而大多数企业品牌意识淡薄，品牌定位模糊。中国不少企业将一些大众化的因素如节能、环保、人性化等作为品牌定位，从而陷入同质化误区，失去品牌独特的差异化优势。“一汽”集团需认识到中国当前品牌建设中的不足，塑造出自己的品牌特色，提高自己的产品质量和性能，提升产品的品牌形象。

第二，要制定长期的创新战略规划，明确核心技术突破方向和关键零部件创新目标。制定长期的创新战略规划，对明确汽车产业核心技术的突破方向，实现关键零部件创新目标非常重要。中国汽车行业关键技术突破不佳与核心技术创新方向不明确有很大关系。中国在 20 世纪 80 年代就开始进行新能源汽车的研发，但新能源汽车研发战略规划工作直到近几年才开始有所推进。而相比之下，德国很早就将基础设施与智能充电作为电动车发展重点，使得西门子等德国企业在伦敦和新加坡等电动汽车的充电设施上展示出很强的研发生产能力。可见，加快战略部署，必然有利推进创新步伐。

第三，借助合资企业技术研发平台，培育核心技术自主创新能力。近几年来，上海汽车利用与通用合资成立的泛亚汽车技术中心①较为成功地实现了自主品牌研发能力的提升。东风汽车集团也借助与康明斯合资建设的技术平台，在发动机的研发方面取得了技术上的突破，实现了核心技术

① 泛亚汽车技术中心有限公司（PATAC）成立于 1997 年，注册资金 6900 万美元，由通用汽车公司与上海汽车集团股份有限公司各出资 50% 组建，是中国首家合资设立的专业汽车设计开发中心。

自主创新能力的提升。同样作为大型国有企业的“一汽”集团也可借鉴这些经验，借助合资企业技术研发平台推动技术自主创新能力的提升。

第四，整合创新主体，协同各种创新力量，建立国内技术联盟，形成核心技术自主研发体系。汽车技术相对复杂，目前中国单个汽车企业集团在技术水平上可能还不具备攻克某一核心技术的条件，面对激烈的国际竞争环境，相关汽车企业集团应整合资源，共建技术研究平台，集中力量攻克技术难题，这样就有可能在有些核心技术和关键零部件制造上取得重大突破。国际经验还表明，借助国家科技组织动员各种创新力量，对可能发生革命性变革的科学前沿和关键领域进行攻关，这是培育核心技术自主创新能力的可行路径。[①] 美国70%的原始创新来自政府支持的基础研究，国内汽车企业集团也可利用国家科技组织动员资源的便利条件，整合核心技术研究力量，形成核心技术自主研发体系。

第五，加强基础理论研究，以基础理论创新引领技术创新。科技发展史证明，科学的发展尤其是基础理论的发展，才是应用技术发展的基础和进一步创新的保证。而长期以来中国忽视基础理论的研究工作，导致基础理论学科的长期滞后，从而导致中国应用学科技术创新的严重不足。可以说，当前基础理论的薄弱成为制约中国汽车技术提升的主要因素。因此，当前的紧要任务是，政府应加大对基础研究的投资力度，加强对基础理论的研究，夯实中国技术创新的理论基础，实现以基础理论创新引领应用技术创新。

第六，构建全面创新体系，促进制度创新。汽车工业创新活动需要合理正常的鼓励和规范。要通过制度创新改变中国汽车工业发展过程中存在的研发和消化吸收经费投入不足、核心技术缺失、以企业为主体的自主创新体系尚未完全形成等现状，需要从体制改革、机制完善、政策扶持等方面形成鼓励和支持工业创新的良好的制度环境，以制度创新推动技术创新。西方发达国家汽车工业的迅速发展，与其国家相关政策的扶持和促进是分不开的。政府要在战略层面研究制定对汽车工业技术创新的指导性政策，为汽车工业的技术创新提供政策保障。

---

① 温家宝:《关于科技工业的几个问题》,《求是》2014年第14期。

第三节　实现"农业工业化"以优化长春市工业经济结构

根据《长春市工业经济"十二五"转型升级发展规划纲要》（以下简称《规划纲要》），至目前为止，长春市已形成了以汽车及零部件、农产品加工、轨道客车和装备制造三大优势产业，以及先进装备制造、光电信息、生物和医药、新能源、新材料五大战略性新兴产业构成的八大工业产业体系。自振兴东北老工业基地战略实施以来，长春工业规模不断扩大，规模以上工业企业增加值从 2002 年的 342 亿元增加到 2012 年的 1822 亿元，实际年均增长 13.89%。工业结构也在不断优化，据《规划纲要》，全市其他企业的产值与"一汽"集团的比例由 2005 年的 41.8∶58.2 调整到 49.4∶50.6，占比提高了 7.6 个百分点。

但另一方面，长春市工业结构的失衡也是较为明显的。自东北老工业基地振兴战略实施以来，汽车工业总产值在规模以上工业企业中的占比虽有所下降，但在 2012 年的比重仍在 60% 左右，说明长春仍是重化工业城市。作为重化工业城市的长春制造业，其地区渗透能力和产业的带动能力，自然不如以体现劳动密集型特征的电子信息产业为主的广东、福建等东部沿海地区，因而二元结构问题也较这些地区严重。但长春并不具备广东、福建等地的地理区位优势，自然不能照搬它们的发展模式。鉴于吉林省为农业大省，实现"农业工业化"可以作为调整吉林省工业结构的重要选择。就长春而言，提高农副产品加工业在长春工业中的比重，以优化长春工业结构，提高其工业对其非工业的渗透能力，应是促进长春经济协调发展、实现"农业工业化"的关键。

自东北老工业基地振兴战略实施以来，长春市农副产品加工业的确也有了较快发展，其工业总产值在规模以上工业企业总产值的占比从 2002 年的 8.2% 上升到 2012 年 27.0%，并已成为长春市的第二大支柱产业。然而，不论是在全国范围的市场占有率方面，还是在市场竞争力方面，吉林省农副产品加工业在全国的排名并不靠前。前者排在第 10 位，远落后于山东、河南、江苏、广东、辽宁等地区；后者排在第 15 位，而居于首位的仍然是山东。这说明作为农业大省的长春农副产品加工业应该还有更大的发展前景。本节首先构建评价体系对吉林省“农业工业化”水平与国内其他省份的发展水平做一比较，然后在此基础上就有关长春的“农业工业化”问题，着重从农副产品加工业的角度做一个简要评论。

一　长春市“农业工业化”水平评价

农业工业化是一个动态发展过程，指的是在农业领域广泛采用现代化科学技术和现代工业技术装备，使落后的、传统的、以体力劳动为主的农业转变为以资本密集为主的农业的过程。农业工业化能够促使社会分工不断深化，促进农业科技水平和经营管理水平的提高，从而有利提升农业生产率和促进社会的全面进步。

农业工业化目的是为了改造传统农业，即用工业化的方式改造农业，用现在科学技术武装农业。中国是农业大国，但中国农业工业化水平与发达国家相比仍存在相当大的差距。尤其是中国中西部地区的广大农村，目前仍处于传统农业发展时期，农业生产力水平仍然较低，第二、第三产业不够发达，大量剩余劳动力滞留农村。因此，实现农业产业化相对适合当前中国农业发展实际，可以作为中国传统农业向现代化农业转变的主渠道。

吉林省是中国农业大省，农业生产力相对落后。不过，近几年农业加工业得到较快发展，长春的大成集团、皓月集团等的加工业已在国内同行业中居于领先地位。但长春市加工业的总体水平与济南、郑州、广州、沈阳等城市相比，仍存在较大差距。从长春市工业结构看，目前重工业仍然偏高。因此，不论是从提高长春市工业的市场竞争力角度来看，还是从长春市工业结构优化的角度看，加快发展长春市农副产品加工业，用社会化的生产组织方式推进农业产业化是当前长春市“农业工业化”的现实选择。鉴于此，这里侧重从农业产业化的角度构建“农业工业化”评价体系，首先从省际视角对吉林省“农业工业化”水平做一分析，然后在此基础上就有关长春“农业工业化”问题做一简要评价。

（一）农业工业化评价体系的构建

这里根据构建评价指标体系的一般原则，借鉴辛岭等（2010）的体系构建方法，[①] 将农业工业化发展水平划分为农业投入水平、农业产出水平、农村社会发展水平等三个方面，构建的农业工业化评价指标体系如表5—10所示。

表5—10　　中国农业工业化评价指标体系

一级指标	二级指标及权重（%）	三级指标	三级指标含义	三级指标权重（%）
农业工业化的评价指标体系	农业投入水平/31.36	农业人均经费支出（元/人）	单位农业劳动力支出经费	18.49
		农业科技投入水平（%）	农业科技投入占总投入比重	22.58
		农业劳动力受教育水平（%）	初中以上文化程度劳动力比重	15.31
		单位耕地面积总动力数（kw/hm^2）	每公顷单位耕地面积的机械总动力数	20.28
		有效灌溉率（%）	农田有效灌溉面积占总耕地面积比重	23.34
	农业产出水平/38.46	农业劳动生产率（元/人）	农业增加值与农业劳动力之比	29.07
		农业土地生产率（元/hm^2）	每公顷单位耕地面积的农业增加值	20.80
		农副产品加工业规模（%）	农副产品加工业增加值占农业增加值比重	26.42
		农业产业化经营农户覆盖率（%）	农业产业经营农户占农户的比重	23.71
	农业社会发展水平/30.18	恩格尔系数	农民食品支出占总消费支出的比重	33.40
		农业劳动力就业率（%）	农业就业人口占农业适龄人口的比重	40.63
		森林覆盖率（%）	森林面积占土地面积的百分比	25.97

在指标设置完成后，接下来需要的是对各指标设置相关权重。这里采

① 辛岭、蒋和平：《我国农业现代化发展水平评价指标构建和测算》，《农业现代化研究》2010年第6期。

用层次分析法来确定各层次指标的权重，具体步骤如下：首先基于对现实的判断，就每一层次各元素的相对重要性给出定量数值，构建比较判别矩阵；然后，通过求解判别矩阵最大特征根及其所对应的标准化特征向量，计算出每一层次元素相对重要性的权重值。这里不列出具体计算过程，仅列出最终结果，具体结果见表5—10。每一层次的指标得分为该层次指标数据的加权平均。

（二）长春农业工业化水平评价

本节主要根据上文所构建的农业工业化水平评价体系，对2012年全国各省市的农业工业化水平进行综合评价，从而发现长春市在农业工业化进程中所存在的不足，并据此提出相应的政策建议。

文中所采用的数据来自《中国统计年鉴2013》、《中国农村统计年鉴2013》、《中国食品工业年鉴2013》。由于各指标的性质各异，各指标的单位也各不相同，无法直接进行加总，因而必须对其相应数据无量纲处理。为避免数据在标准化过程中的信息损失，对各指标采用阀值法进行处理，对于“正指标”，计算公式为：$w_i=(x_i-x_{min})/(x_{max}-x_{min})$，其中$x_i$为原始数据，$x_{max}$为最大值，$x_{min}$为最小值。对于“逆指标”，则将以上计算公式中分子中的x_{min}替换为x_{max}即可。现将标准化处理的数据代入以上所构建的评价模型，可以计算得出各指标得分和综合指标得分，得出的分析结果见表5—11。

表5—11　　2012年全国各省市农业工业化水平比较

	投入指数	产出指数	社会发展水平指数	综合发展指数		投入指数	产出指数	社会发展水平指数	综合发展指数
全国	0.359	0.361	0.591	0.462	吉林（长春市）	0.322（0.365）	0.423（0.494）	0.674（0.683）	0.496（0.534）
北京	0.674	0.752	0.757	0.743	黑龙江	0.290	0.352	0.738	0.492
上海	0.627	0.806	0.624	0.696	湖北	0.362	0.466	0.582	0.486
浙江	0.566	0.598	0.839	0.686	内蒙古	0.317	0.382	0.585	0.453
福建	0.465	0.635	0.781	0.638	安徽	0.357	0.316	0.605	0.451
天津	0.591	0.557	0.610	0.602	广西	0.322	0.326	0.619	0.442
江苏	0.534	0.635	0.569	0.592	四川	0.305	0.359	0.588	0.438

续表

	投入指数	产出指数	社会发展水平指数	综合发展指数		投入指数	产出指数	社会发展水平指数	综合发展指数
广东	0.458	0.522	0.718	0.582	陕西	0.281	0.261	0.639	0.423
山东	0.508	0.506	0.605	0.558	新疆	0.361	0.392	0.457	0.421
海南	0.471	0.507	0.631	0.556	云南	0.223	0.207	0.716	0.419
辽宁	0.397	0.510	0.684	0.551	山西	0.304	0.210	0.569	0.393
河南	0.488	0.487	0.621	0.550	宁夏	0.282	0.264	0.535	0.391
重庆	0.462	0.456	0.647	0.540	青海	0.269	0.251	0.510	0.373
河北	0.520	0.448	0.600	0.540	西藏	0.279	0.226	0.488	0.356
江西	0.410	0.394	0.701	0.518	甘肃	0.233	0.198	0.513	0.346
湖南	0.421	0.421	0.633	0.507	贵州	0.212	0.169	0.541	0.336

注：表中吉林省栏目中括号中数值为长春市相应指标数据。

从表5—11全国各省市农业工业化水平的比较结果可以看出，农业工业化发展水平地区差距十分明显。从综合指数看，最高省市达0.743，而最低省份仅为0.336，不到前者的一半。吉林省尽管为农业大省，但农业工业化水平仍相对落后，从综合指数看，吉林省综合得分接近全国平均水平，不仅远低于东部沿海城市，也低于中部地区的大部分省份，仅略高于西部地区。长春市的农业工业化总体水平高于全国平均水平，略低于东部地区平均水平。

从投入指数看，吉林省排名居于全国倒数第13位，低于全国平均水平，仅相当于北京、上海的一半。这说明，相对全国总体水平而言，吉林省在农业工业化的投入方面表现相对薄弱。这主要是因为，农业劳动力受教育水平相对较低，农业科技投入相对不足，有效灌溉率相对偏低。就长春市而言，这一指标高于全国平均水平，略高于湖北省的平均水平，略低于辽宁省的平均水平，这主要是长春市农业劳动力受教育水平相对接近东部沿海地区，农业机械化水平也相对较高。

从产出指数看，吉林省排名居于全国第16位，正好是中位数，略高于全国平均水平。这说明相对中西部而言，吉林省农业部门有相对较高的劳动生产率，农副产品加工业得到较快发展。就长春市而言，这一指标接近东部地区，相当于山东的水平。这主要是由于长春市集中了吉林省较多的农副产品加工企业，即农副产品加工业规模较大，因此，长春市的该指标不仅高于吉林省的平均水平，也高于广大中西部地区的平均水平。

从社会发展指数看，吉林省排名相对靠前，居于全国第 9 位。这一指标发达地区并不具备优势，许多中西部地区高于全国平均水平。就吉林省而言，这主要是吉林省有相对较高的森林覆盖率，该指标的排名与社会发展指数的排名基本相当。

二　提高长春市“农业工业化”水平的基本思路

对于发展中国家而言，工业化是经济增长的原动力，工业经济的较快发展，可以通过扩大非工业部门的产出和需求规模，并推动非工业部门生产率的提升，从而促进整体经济的发展，这就是理论界所概括的“卡尔多—维尔顿定律”。可见工业化发展对农业发展是有重大促进作用的。

但这并不意味着农业发展总是被动地适应工业化，工业化也不是无条件地促进农业发展。农业和工业之间的关系应是相互依存、相互促进的，当农业生产率严重落后于工业部门时，也会制约工业化的发展，从而影响整体经济的增长。从中国农业发展现状来看，目前农业生产率相对较低，生产方式相对落后，已在一定程度上影响到经济发展和人民生活水平的提高。加快农业工业化发展，由传统的小规模分散经营向规模化、标准化、市场化方向发展已是当前农业发展的必然趋向。

实现农业工业化目标的基础在于产业化，即实施“新型”的经营制度和“新型”的生产制度，[①] 这不仅包括农业生产结果的工业化，即农产品的深加工和一体化经营，还包括了农业生产过程的工业化，即农业生产技术和管理技术的现代化，亦即需从流通环节和生产环节两个层面来理解农业工业化。[②]

从上文分析可知，长春市农业工业化水平与全国相比相对较低，主要表现为农业科技投入不足，农业生产率相对偏低，生产和管理方式相对落后。基于此，本节试图从投入、产出和可持续发展三个角度，就如何提升

---

① 徐翔、孙文华、王华书：《新型农业工业化道路探析》，《南京社会科学》（增刊）2003 年 9 月。

② 刘茂松、彭新宇：《论我国农业转型期的农业》，《求索》2005 年第 12 期。

长春“农业工业化”水平提出如下几点思考。

第一，加大科技投入力度，推进科技创新，以促进农业全要素生产率的提升。农业工业化的关键在于农业生产技术的创新。由上文分析可知，长春市农业工业化水平偏低的一个原因是农业科技投入不足，与此对应的是农业生产率低下。由此引发的连锁反应是，农民收入增长缓慢，恩格尔系数居高不下，这些因素共同作用，制约了长春市农业工业化水平的提高。因此，当前长春市应进一步加大科技投入力度，以提高农业生产技术，促进农业生产方式的变革，推动农业由依靠增加农业要素投入来实现增长，转变为依靠农业全要素生产率提升来实现增长的轨道上来。

农业工业化必须依靠科技进步，而科技进步的主体应该是农业开发企业。但农业开发企业与大型工业企业相比，不论是在规模上，还是在科技人员素质上，都不具备条件开展以长远发展为目标的技术投资。因此，政府必须加大对企业的科技扶持力度，协助企业加强对员工的科技培训，帮助企业建立科研队伍，以提高企业的科技创新水平。

第二，农业产业一体化是农业工业化的必由之路，而城乡一体化则为农业产业化创造了有利条件。农业产业化是在市场经济条件下，将农业生产和流通的环节连接整合成一个完整的产业化系统，其核心是形成一体化的生产和经营体系。而城乡一体化指的是统一布局城乡经济，实现城乡生产要素的合理流动和优化组合，促使生产力在城市和乡村之间进行合理分布，从而促使城市和乡村融为一体。

加快推进农业产业化与城乡一体化，实现两者相结合，能有利推进长春农业工业化进程。农业产业化与城乡一体化两者是相辅相成的。农业产业化能有利推进城乡一体化进程，城乡一体化则为农业产业化拓展了发展空间。由上文分析可知，长春市的农业工业化产出指数相对较低，这主要是因为除农业生产率偏低以外，还因为长春的产业化程度不高，对应的城乡一体化程度也相对较低。

农业产业化和城乡一体化的“双低”现象是中部地区的普遍特征。在农业产业化方面，在2012年农业部公布359家国家重点龙头企业名单中，中部地区仅占27%，低于东部地区的42.2%和西部地区的30.8%。[①]

① 参见 http：//roll. sohu. com/20120227/n336019093. shtml。

在农业城乡一体化方面，2007 年中部地区乡村从业人员非农比重仅占 34.8%，远低于同期全国平均水平的 40.2%。① 中部地区这种农业产业化和城乡一体化的“双低”现象严重制约了中部地区农业工业化进程。

由于“两化”是相辅相成关系，因而中部地区农业产业化程度不高导致了中部地区城乡一体化进程缓慢，而城乡一体化进程迟缓又反过来制约了农业产业化水平的提高，这种恶性循环钳制了中部地区的农业工业化进程。因此，中部地区要想改造传统农业，实现农业工业化，就必须促进“两化”相结合，实现“两化”的协调发展。作为中部重要城市的长春，“两化”程度偏低自然是其基本现状，因此，共同推进农业产业化和城乡一体化，也正是长春市加快农业工业化发展的现实选择。

第三，提高农村市场化程度，完善农村市场经济体制，是实现农业工业化的根本制度保障。建立农村市场经济体制的核心是实现农业生产资料和农产品的市场化，它是保证农村经济发展和提高农民生活水平的必要的制度前提。没有发达的市场经济体制，就难以确保农业生产资料和生活资料的有效供应，就难以确保农产品市场价值的实现，也难以有效保障农民的利益，也就不可能实现农业的工业化。吉林省虽是农业大省，但农村的市场化程度相对偏低，严重影响农业产业化和农业工业化水平的提高，因此，要提高长春市的农业工业化水平，就必须提高长春农村市场化水平。

第四，打造生态农业生产体系，形成有长春市特色的农业工业化道路。鉴于长春的城镇化水平不高，开放程度较低，长春市的农业工业化不能照搬美国、加拿大的大规模经营、大机械作业的模式，也不能采用中国东部沿海的外向型模式，必须探索符合吉林省省情的农业工业化模式。吉林省是农业大省，具有较好的生态资源，有条件将发展高效生态农业作为长春农业工业化战略选择。

总之，由于吉林省为农业大省，实现农业工业化对优化长春工业结构、促进长春经济协调发展具有重要的战略意义。

① 郑高强等：《中国特色农业现代化模式》，《农业现代化研究》2008 年第 4 期。

第六章

长春市“高校—产业—城市”的联动发展：创新驱动的微观机制

随着全球经济一体化和知识信息化进程的加速，高等教育在城市和地区发展中的作用愈趋明显。一个城市高等教育的水平既是一个城市形象、文化和文明的象征，也是城市经济综合实力的体现。如前文分析，城市与区域的发展主要来源于技术的不断创新。高水平的技术创新人才是产生创新的物质前提，而高水平技术创新人才的产生则离不开高校教育。可见，高校教育是技术创新的最终决定因素。

大学城的建设能够进一步促进科技创新人才的培养。兴建大学城对推进教育创新、加快教育资源合理流动，从而对提高教育水平，培育科技创新人才，进而对提升城市经济的综合实力起到积极作用。本章框架安排如下：首先从经济学的角度分析大学城与城市的共生发展关系，并从理论上阐述大学城在提升城市科技创新能力中的作用，然后在此基础上对中国大学城建设发展状况做一个简评，最后运用本章所构建的技术创新理论框架，从长春市新型工业化视角，对长春市南大学城建设提出相关对策建议。

第一节　大学城与城市互动发展的经济学分析

大学自中世纪诞生以来，经历了800余年的发展历史，大学的功能发生了深刻变革，即大学从最早的作为教会传授经典场所，发展成为集教学、科研和服务社会于一身的社会功能中心，乃至成为当今社会经济发展的“发动机”。[①] 可见，大学对社会经济发展所起的作用愈加显著。随着大学功能的不断拓展，大学呈现集聚趋势。当若干所大学聚集一起，并形成类似城镇规模的社会园区，就产生了大学城。由此可见，最早大学城的产生是自然演进而非政府主导的结果。

自20世纪以来，大学城的形成渗透了越来越多的政府因素。随着大学对社会经济发展中的作用愈趋明显，理论界和政府决策者倾向认为，大学不应仅作为附属组织去被动地适应社会经济的发展，而应走向社会发展中心，成为社会自主创新的主导力量，并认为大学功能的提升不能只依靠市场来自发演进，更多地应通过政府的积极推动来实现。正是在这种背景下，很多大学城开始在政府的主导下发展起来。

大学城的形成对产业升级和经济发展起到了重要作用，因为大学城的形成可以优化资源配置，凝聚社会力量，形成新的社会经济文化增长点，从而可以促进社会经济文化发展方式的转变和社会经济文化的全面进步。

从国外大学城的发展历史经验看，大学城往往与科学园是紧密相连的，这两者一般呈现为相互促进的共生关系，即科技园区促进了大学城的产生，大学城又大大提升了科技园区的科技开发水平。可以说，大学城是科技园高新技术成果的孵化器。事实表明，世界上一些国家的科技工业园都是大学科技园，如美国在斯坦福工业园区发展起来的“硅谷”、英国的剑桥科学园、日本的筑波科学城。由此可见，大学城的兴起，的确有助于科技的创新，从而有利于城市和区域经济的发展。下面就大学城对城市和区域经济发展的意义做具体分析。

一　大学城的形成是城市发展到一定阶段的产物

到目前为止，人类在居住方式上大致经历了三次重大变革。第一次是发生在前农业化时代。在这一时期，人类的居住条件最早由居无定所，发展为使用半永久性居舍，并开始小规模聚合，最终过渡到居住于乡村部落。第二次大的变动是发生在农业化时代。这一时期人类开始向固定城市聚集，与此对应的是，城市功能不断完善，城市规模不断扩大。第三次是

---

① Blake Gurnprecht, *The American College Town*: *A Research Prospectus*, http: //geography. ou. edu/research/collegetowns. Html.

发生在工业化时代。这一时期，城市已是星罗棋布，居住于城市已成为了人类生存方式的主流。

可见，近现代的城市是工业革命的产物。18世纪，由工业革命所推动的产业革命的直接后果是，劳动生产率得到了极大提高，同时生产方式也发生了深刻变革。机器工业的大批量生产，要求一些工厂集中在一起，互相供给原料、成品和提供服务；大量的商品生产出来，要求有比较集中的市场和发达的商品的价值实现和商品流通服务。[①] 发达的商品生产和流通要求有发达的银行证券交易所为资本主义社会再生产提供资本借贷，等等。所有这些因素，都促成大量非农人口迅速集中，导致一批批不同规模的城市不断出现。恩格斯曾以英国为例，对机器大工业生产在城市形成和发展中所起的作用做过这样的描述："居民也像资本一样在集中着，……大工业企业要求许多工业在一个地点共同劳动，这些工人必须居住在一起，因此，……形成了整个村镇，……村镇变成小城市，小城市变成了大城市。……由于这个原故，大工业城市的数目急剧增加起来。"[②]

工业革命后发展起来的近现代城市，与农业化时代和前农业化时代的城市相比，在发展特征上最显著的一个特点是，城市发展速度日益加快，规模日益扩大，新城市不断涌现。城市已成为全社会的工业制造中心和商业贸易、金融活动中心以及科学文化发展和传播中心。可见，科学文化的发展传播是城市重要功能之一。自20世纪以来，城市这一功能在社会经济发展中的作用日益受到社会各界的重视，政府为进一步突出这一功能，开始筹建大学城。

中外大学城多数一般出现在社会经济发展水平较高的城市或区域。这是因为，一方面，在这些城市和区域需要解决的前沿问题往往较多，对较高层次人才的需求量也相对较大，因此迫切需要建设各种大学以培养各类高层次人才，并寄希望通过高校科研机构的通力合作来解决这些城市和区域在发展中所遇到的困难；另一方面，社会经济发展水平较高的城市聚集了更多的社会物质资源，也集聚了相对较多的高层次人才，因而也相对拥有更有利的兴办大学的人力物力条件。这两个方面说明社会经济发展水平

① 王圣学：《城市的起源及其发展》，《现代城市研究》1995年第2期。

② 《马克思恩格斯全集》第2卷，人民出版社1995年版，第318页。

较高的城市兴办大学城具有必要性和现实可行性。由此可见，大学城的形成是城市发展到一定阶段的产物。

在现实可行性方面，就大学城发展所需的单方面的物质条件而言，城市所拥有的硬件设施条件和软环境足以保证大学城的建设和正常运行。城市相对较为完备的基础设施和公用设施，为大学城的正常运行提供了基本物质保障；城市的区域政治、经济、文化中心和交通枢纽地位能够保障大学城的信息交流、文化交流和人员交流的顺利实现；城市发达的第三产业为大学城提供包括餐饮、休闲和娱乐等多种高标准、高质量的服务，为大学城的发展提供了优质的后勤保障。此外，城市集中了众多科研机构和多种规模产业，这为大学城深入开展科研活动，提升科研水平，并将科研成果转化为现实生产力提供了更多机会,[①] 从而促进了大学城的发展。

概言之，城市所拥有的软硬件条件为大学城的建设提供了必要的物质基础，大学城的兴起是城市发展到一定阶段的产物，大学城建设和发展反过来又促进了城市的发展，这种促进作用主要体现为提升了城市经济的集聚效应和辐射效应。

二　大学城的兴建有利于提升城市经济的集聚效应和辐射效应

城市的集聚效应和辐射效应是城市化最重要的两大功能。城市化是西方工业革命的产物，并随着工业化的发展而发展。城市化不仅是指城市人口比重的增加和人口素质的提高，还包括居民消费水平的不断提高，以及包括产业结构由第一产业占主要比重的传统产业结构，向由第二、第三产业占主要比重的现代产业结构转换的过程。

城市的集聚效应是城市的首要功能。具体而言，首先，城市化表现为农村劳动人口向中心城市的集中。在工业化过程中，随着社会分工的发展与生产规模的扩大，越来越多的农村农业人口被吸引到城市的工业部门中来。其次，城市化还表现为中心城市规模的扩大和社会功能的扩展。伴随着农村劳动人口向中心城市的转移，各种资源也随之流向城市，从而促进中心城市劳动生产率的提高和经济的更加繁荣。在城市化拉动机制的作用

---

① 王英利:《地方政府与高校谋求发展背景下我国大学城空间分布特征》,《黑龙江高等教育》2012 年第 1 期。

下，一些小城市逐渐成长为大都市，从单一功能的城市逐渐成长为多功能城市，有些城市甚至从区域性经济中心逐渐转变为世界性经济中心。可见，集聚效应既是城市的重要功能，也是城市化的主要推动力量。大学城的建设则有利于城市这种集聚效应的有效发挥。

第一，大学城的兴建能够整合更多的教育优势资源，提高大学城科技园区进而提高城市的研发和创新能力，促进高新技术产业的发展，提高城市的集聚效应。一般而言，城市的高科技园区通常建立在大学城附近，因而能够更容易得到高校人才和技术等方面的支持，从而能够有利提高自身的研发和创新能力，加快科学技术向现实生产力的转化，推动城市产业更新升级，促进高新技术产业的发展，并促使其在城市产业发展中占主导地位。新兴产业的发展必然将拉动城市相关产业的发展，促进要素的重新配置。换言之，大学城的兴建将进一步强化城市的集聚效应。

第二，大学城的兴建能有利促进第三产业的发展，从而提高城市的集聚效应。随着城市化水平的提高，以工业经济为主的经济形态逐步向新经济形态过渡，第三产业在经济发展中的作用愈趋明显。目前，第三产业已是市场经济的基础产业，是促进城市化的集聚因子，第三产业的现代化已成为经济现代化的标志。大学作为高等教育的载体，既是第三产业的重要内容，同时也为第三产业的其他服务领域提供了科学技术、信息、智力等服务，为这些领域的科技创新创造了前提条件，从而促进了这些产业的发展。

随着第三产业在经济发展中的地位日趋突出，大学在培育城市和地区竞争优势方面的重要性也日趋显现。大学在经济发展中的地位，已从过去的依附型转向了独立型，从从属型转向了主导型。大学城的兴建可以实现资源共享，减少重复建设，还可以降低办学成本，提高办学效益，从而创造大学区位优势。进一步地，政府和企业可以运用大学城的这种区位优势创造出地区的竞争优势，即将信息和知识的集聚转变成产业的集聚。上文所提到的美国的“硅谷”、英国的剑桥科学园，其周边经济的繁荣，正是从大学区位优势转化为地区竞争优势的成功范例。

第三，大学城的规划建设还影响着城市的发展定位，即能够改变城市布局，完善城市功能，增强城市的集聚效应。大学城大片土地的统一规划建设，打破了城市的原有分布格局，延伸了城市的骨架，塑造了现代化卫星城新格局,[①] 从而强化了城市的集聚效应。

城市的辐射效应与城市的集聚效应密不可分。一般而言，城市的集聚效应越大，辐射效应也越大，因此，在间接意义上，大学城的兴建在促进城市集聚效应的同时，也促进了城市经济的辐射效应。

更重要的是，大学城的兴建能够实现科教融合，从而能够提高城市的科技创新能力，促进城市生产率的提高。科教融合是21世纪高校的核心办学理念，服务地方经济则是地方高校的一大基本功能。中国地方政府特别重视高校对地方经济发展的作用，强调高校与企业的产学研的协同发展。具体而言，产学研的结合指的就是科研、教育与生产等三者在功能与资源优势上的协同与集成，是技术创新上、中、下游的对接与耦合。

这三者的结合，具体到现实层面，则表现为大学、科研机构与企业的结合。其中，大学与科研机构的结合，能够提高科研机构的科技水平，从而提升城市的科技创新能力。而科研机构与产业的结合，则能够实现科技创新能力向现实生产力的转化，促进城市产业的转型升级和城市生产率的提高。城市产业升级和生产率的提高，必然拉动城市周边地区相关产业发展，带动这些地区生产率的提升，这即是城市经济的辐射效应。而这三者的结合正是大学城的基本功能。可见，大学城的兴建，在直接意义上能有利于促进城市经济辐射效应的提升。这也正是本章所要分析的重点。

三　大学城的兴建有利于促进城市经济的可持续发展

对于传统经济，工业化是其经济增长的原动力。就发展中国家而言，其工业化是建立在物质资源高消耗的基础之上，换言之，是粗放模式的工业化。这种模式将导致资源日趋匮乏，环境污染日益严重，最终将难以维系。随着知识经济的到来，社会如能把握这一历史机遇，逐步减少对物质资本的依赖，用知识替代物质资本，将其作为经济发展的核心生产要素，经济的可持续发展就能成为可能。

大学是知识的生产基地，大学城的兴建能够实现教学资源共享，节省办学成本，从而能够更好地为城市经济发展提供源源不断的知识资源，使

① 李俊峰:《大学城建设与城市可持续发展良性互动研究》,《华中科技大学学报》(城市科学版) 2007年第24卷第1期。

社会生产可以不再以牺牲环境为代价，从而能够更好地促进经济发展方式从以依靠物质资本为主向以依靠知识信息为主的方向转变，以实现经济的可持续发展。

以知识替代物质资本是可持续的保障。根据新古典经济增长理论，物质资本具有边际报酬递减性质，依靠物质资本经济增长最终将趋于停滞，而推动技术进步的知识则是推动经济增长的最终原动力。新增长理论进一步指出，知识是无限增长的，具有外溢性，因而能够促使经济增长呈现规模递增性质。因此，用知识替代资本将其作为生产的核心要素，是经济实现可持续发展的根本保障。大学城的兴建，能够集中城市教育优势资源，实现资源共享，从而能够生产出更多的科技知识，培养出更多更出色的科技创新人才，使城市经济发展方式的转变成为了可能。

大学城的兴建在一定程度上也促进了生态城市的建设。从高校园区的生态环境看，高校园区一般建筑密度相对较低，绿化环境较好，污染相对较轻，服务业相对发达，即高校园区显示出相对较强的“生态”特征，可以说大学校园就是生态园。那么，由多所大学簇拥而成的大学城，则能够形成生态上的规模效应，从而更好地促进生态城市的建设。[①]

从近几年中国城市的生态环境状况看，交通堵塞、环境污染现象日益严重，尤其近年来城市粗放式工业化的过度发展，造成大中城市的雾霾不断，严重危害到城市居民的身体健康。城市居民生活环境的日趋恶劣，使得当前城市化模式难以为继，甚至步入发展陷阱。大学城的兴建则可以转变当前中国城市化模式，使城市的发展从以工业化为主导，逐步转向以知识化、信息化为主导。正如前文分析，知识经济的城市化具有两方面优势：一方面，知识的发展是无尽的，从而是可持续的；另一方面，不存在传统工业化的资源消耗和环境污染等问题。因此，以知识经济为主导的城市化比以工业化为主导的城市化更具生态化。

从发达国家工业园的发展教训来看，城市化的建设不能仅从经济意义来考虑，还必须将城市发展的各要素有机统一起来，必须广泛考虑社会经济发展的整体目标。譬如，20 世纪 70 年代西方城市经济衰退，各国都在

① 赵效为:《大学城与城市互动发展的经济学分析》，博士学位论文，复旦大学，2004 年，第 69 页。

为刺激城市经济发展寻求新的增长点。伦敦曾试图通过兴建码头来刺激伦敦经济发展。事实也正如当初设想，伦敦码头作为首批建立的企业区，由于其成功地促进了伦敦经济复兴而享誉全球。然而，但这种成功仅局限于短期经济意义上成功。伦敦码头当初的开发战略由于缺乏对社会经济的全局考虑，导致开发中在中低收入住房和公用设施的供给等多方面不能满足当时城市发展的需要。① 从这些园区的发展教训中我们不难得出，城市化发展不仅要考虑经济效益，还必须考虑城市的可持续发展。由前文的分析我们可以推断，兴建大学城则正好符合这两个方面的要求。

概言之，大学城是城市发展到一定阶段的产物，城市的发展推动了大学城的兴起，大学城的兴建又反过来提升了城市经济的集聚效应和辐射效应，从而有利于促进城市经济的可持续发展。

第二节　大学城促进城市科技创新的理论阐释

由第一节分析可知，大学城兴建对于城市经济发展的意义在于，大学城的兴建不仅有利于提升城市经济的聚集效应和辐射效应，而且也有利于促进城市经济的可持续发展，这两方面能否得以实现的关键取决于，大学城的兴建能否提升城市经济的科技创新能力。

技术创新并不是孤立存在的，佩蕾丝（Carlota Perez，2002）曾指出，技术创新的实现必须有“一套相互关联的、同类型的技术和组织原则”与之相配合，在这种配合下，促成了所有经济活动的潜在生产率的跃升。这里，佩蕾丝将这种配合或者说使得技术创新得以扩散的载体界定为“技术—经济范式”。② 第三章我们曾根据“技术—经济范式”框架，从宏观方面讨论了中国经济的积累体系，但并未对“技术—经济范式”框架做出系统阐释。本节试图对“技术—经济范式”概念做一简要分析，然后在此基础上分析技术创新在“技术—经济范式”中的意义，最后运用“技术—经济范式”框架，从微观角度探讨大学城在提升城市创新能力方面的作用。

① 郑连虎：《创建中国大学城——城市化新的路径选择》，《未来与发展》2003年第1期。

② 卡萝塔·佩蕾丝：《技术变革与金融资本》，中国人民大学出版社2007年版，第14页。

一 "技术—经济范式"的微观视角

"范式"一词最早是托马斯·库恩(Thomas S. Kuhn, 1962)在其代表作《科学革命的结构》[①] 一书中所提出的概念,指的是"科学理论研究的内在规律及其演进方式"。创新经济学家多西(Giovanni Dosi, 1982)将其纳入技术创新研究,提出"技术范式"概念,并将其定义为"选择技术问题的一种模型或模式",而根据这种技术范式解决问题的"常规"活动模式就是技术轨道。[②]

佩蕾丝(Carlota Perez, 1983)在《社会经济系统中的结构转变与新技术的吸收》一文中进一步提出"技术—经济范式"(tech-economic paradigm)概念,并将技术变革与经济发展联系起来。佩蕾丝认为在特定的技术条件下,经济、社会和制度之间是相互作用、相互影响的。[③] 弗里曼和佩蕾丝(Christopher Freeman & Carlota Perez, 1988)在其合作发表的论文《结构调整危机:经济危机与投资行为》中进一步丰富和发展了"技术—经济范式"概念,并运用该范式阐释了技术创新的演化过程。他们认为该范式的特征是,"具有在整个经济中的渗透效应,即它不仅导致产品、服务、系统和产业依据自己的权利产生新的范围;它也直接或间接地影响经济的几乎每个其他领域,即它是一个'亚模式'……所研究的变革就特殊产品或工艺技术而论超出了技术轨迹,并且影响全系统的投入成本结构、生产条件和分布"。他们进一步将技术创新分为四大类:一是渐进性创新,这类创新一般不需要长期研究开发,但在时间上具有连续性;二是重大创新,这类创新是长期研发结果,在各部门和各时期的分布是不均匀的,在时间上是非连续的;三是技术系统的变革,这类创新是指能够对若干领域产生影响,并可能导致新产业部门的出现;四是"技术—经济范式"的变革,一般是指对整个经济行为产生重大影响的技术体系变革,其中包括有多组渐进性创新和重大创新,并且最终可能包括若干新技

① 库恩:《科学革命的结构》,上海科学技术出版社 1980 年版。

② Dosi, G., "Technological paradigms and technological trajectories: A suggested interpretation of the determinants and directions of technical change", *Research Policy*, Vol. 11, No. 3, 1982.

③ Carlota Perez, "Structural Change and Assimilation of New Technologies in the Economic and Social Systems", *Futures*, Vol. 15, No. 4, 1983.

术体系。①

由以上分析可知，“技术—经济范式”是一个比创新群或技术系统更为宽泛的概念，是一个“相互关联的产品和工艺、技术创新、组织创新和管理创新的结合，包括全部或大部分经济潜在生产率的数量跃迁和创造非同寻常的投资和盈利机会”。② 这个概念从宏观层面看，指的是一定社会发展阶段的主导技术结构及与此相应的（或由此决定的）经济社会发展模式和水平。从微观层面看则正好回到本节开头部分佩蕾丝对“技术—经济范式”所做的界定，即使创新得以实现的“一套相互关联的、同类型的技术和组织原则”的配合机制，或者说使技术创新得以扩散的载体。

二　“技术—经济范式”中的技术创新

从以上对“技术—经济范式”的概述可以得出，“技术—经济范式”主要包含三个层次的内容：其一，相互关联的各种技术所组成的主导技术群，构成不同时代经济增长的技术基础；其二，一定时期内经济增长的模式由这些主导技术群所决定；其三，主导技术群的变化将促成经济增长模式的转变。换言之，不同的技术结构可以而且只能支撑一种发展模式。这个理论与马克思的生产力决定论是十分相符的。

“技术—经济范式”的三个层面所展示的，从静态看就是“技术结构”与“经济发展方式”相配合的一种稳定结构；从动态看就是“技术结构”与“经济发展方式”不断调整、不断适应的过程。弗里曼和佩蕾丝认为，主导技术的演进往往是由重大技术创新所引起，即技术创新是促使“技术—经济范式”变迁的主要原因。这个“技术—经济范式”作用的内在机制可概括为图6—1。③

---

① Christopher Freeman and Carlota Perez, “Structural Crises of Adjustment, Business Cycles and Investment Behaviour”, in G. Dosi et al. eds. *Technical Change and Economic Theory*, London: Francis Pinter, 1988, pp. 38 - 66.

② Ibid. .

③ 王春法：《新经济：一种新的技术—经济范式》，《世界经济与政治》2001年第3期。

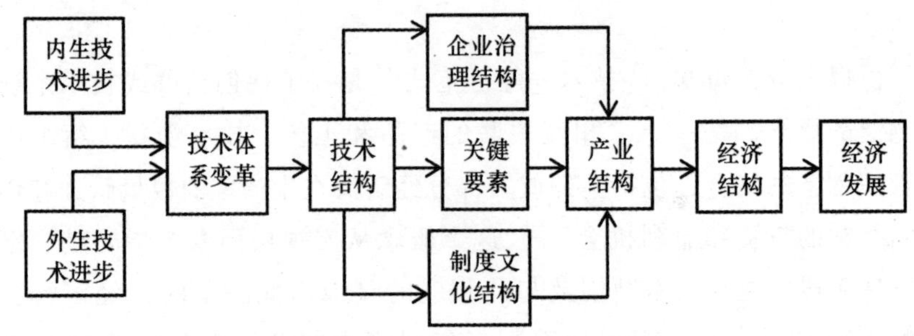

图6—1 "技术—经济范式"中技术变革的内在机制

弗里曼和佩蕾丝在该"技术—经济范式"中引进了"关键要素"概念，认为每一个"技术—经济范式"都存在一个（或一组）特定投入即"关键要素"。"关键要素并不表现为孤立的投入，而是处于技术创新、社会创新和管理创新迅速增长的核心。"可见，在弗里曼和佩蕾丝的"技术—经济范式"理论中，"关键要素"实际是其所对应的"技术—经济范式"中科技水平的一个集中体现，在"技术—经济范式"中处于核心地位，决定了所对应的"技术—经济范式"的生产可能性边界。

佩蕾丝（Carlota Perez，2002）在《技术革命与金融资本》① 一书中进一步从技术创新与金融资本关系视角分析了技术变革周期。佩蕾丝认为，技术变革周期一般由爆发、狂热、协同和成熟四个阶段构成。朱瑞博(2010)② 将这四个阶段的特征概括为：

（1）爆发阶段，旧的"技术—经济范式"逐渐衰落，研发的新核心技术逐步产业化，新技术、新产品呈爆炸性增长，新的"技术—经济范式"开始形成，金融资本开始介入。

（2）狂热阶段，新经济部门的生产率大幅上升，高利润诱导各种金融资本大规模涌入，新产业呈现蓬勃发展景象。随着金融资本介入规模的扩大，虚拟资本脱离实体经济的现象日趋严重，金融泡沫日益膨胀。随着泡沫的破灭，狂热阶段也宣告结束。

（3）协同阶段，技术增长开始放缓，政府也开始着手干预金融资本，

① Carlota Perez, *Technological Revolutions and Financial Capital: The Dynamics of Bubbles and Golden Ages*, Cheltenham: Edward Elgar, 2002.

② 朱瑞博:《中国战略性新兴产业培育及其政策取向》,《改革》2010 年第 3 期。

使之适应需要向纵深拓展的技术生产体系，最终使技术创新与金融资本保持相对协调，经济增长率与就业率都随之上升。换言之，技术进步带来的新范式在生产和社会结构中充分展开，经济继续保持高速增长，经济发展的“黄金时代”开始到来。

（4）成熟阶段，核心技术的创新潜力逐步耗尽，技术革命的动力逐渐衰退。虽然仍有新产品和新产业出现，但创新数量较少，重要性也大为降低。曾经作为增长引擎的核心产业的市场开始饱和，技术创新的受益递减，利润率下降，产业接近成熟，经济增长出现停滞，甚至走向持续萧条，此时，失业率上升，金融资本开始退出并寻求新的机会。成熟阶段也是新的核心技术和战略性产业的酝酿和培育阶段。

由以上分析我们可以得出，所谓的“技术—经济范式”指的是，经济结构必须与技术结构相配合。特定的“关键要素”决定特定的“技术—经济范式”。“关键要素”处于技术创新的核心，决定了技术创新的水平。“关键要素”与技术创新的相互作用，推动了“技术—经济范式”变革。

三　从“技术—经济范式”看大学城的兴建

根据“技术—经济范式”理论，技术创新得以实现的前提条件：一是必须培育出新的“关键要素”；二是必须具备与创新活动相配合的“制度环境”。可见，“关键要素”在“技术—经济范式”中居于核心地位，它决定了“技术—经济范式”所处的社会经济的历史发展阶段，也是推动“技术—经济范式”变革的决定性因素。

就城市（或区域）经济的发展而言，如何创造出属于城市（或区域）专有的“关键要素”，形成具有城市（或区域）特色的“技术—经济范式”，是构建城市（或区域）核心竞争力的关键。马斯科（Maskell P.，1999）[①] 曾认为，经济全球化趋势使得以前那些本土化的区域独有资源，现在能够被全球范围内各地域的众多企业轻易获取，因此，面对这种全球化趋势，企业必须寻找具有潜在价值的而且不能轻易地被模仿或复制的生

---

① Maskell P. and Malmberg A.，“Localized learning and industrial competitiveness”，*Cambridge Journal of Economics*，Vol. 23，1999.

产资源，以确立其竞争优势。这种资源即是弗里曼和佩蕾丝所指的“关键要素”。

从资源的特性看，根据马斯科的分析，在经济全球化的大背景下，有形的生产资源都是可以通过交易获取的，既定的生产技术也最终将被模仿、复制和超越。根据熊彼特的毁灭性创新理论，唯有“持续的创新能力”才是维持城市（或区域）持久竞争优势的保证。因此可以说，“持续的创新能力”就是促进“技术—经济范式”变革的“关键要素”。

城市（或区域）经济如需拥有“持续的创新能力”，这要求城市（或区域）必须拥有高素质的创新人才，必须拥有有利的创新环境，必须拥有将创新转化为现实生产力的条件和机制，这三个方面是“持续创新能力”的主要构成要素。而大学在“持续创新能力”的这三个主要构成要素方面都具有得天独厚的优势。

首先，就高素质创新人才的培养而言。学术界的共识是，培养人才是大学的首要功能。高校是传播知识、培养人才的摇篮，大学城的兴建则能强化大学的这项教育功能。大学城是多所高校在空间上的集聚，这种集聚不仅能够推动大学资源的共享，实现优势互补，而且还有利于促进不同学校相同专业之间的竞争，从而推动学科的发展。就学生的发展而言，大学城的兴建将有利于高校学生获取更多的教育资源，以拓宽自己的知识视野，最大可能地将自己培养成高素质的复合型创新人才。

其次，就创新环境而言。国家创新体系一般包括政府、大学、研发机构和企业四大主体，而大学是其中唯一能够整合知识创新全过程的重要机构。没有完善的大学系统，就无法取得卓越的教育和科研成果；没有大学的积极配合，国家创新系统的创新能力就得不到有效发挥。大学城的兴建，能有效地将国家创新体系中的大学、科研机构和企业紧密结合在一起，能够为科研创新创造更有利的条件。

最后，就科技创新的现实转化机制而言。科技创新的现实转化是创新的目的所在，是创新的核心，本节将对其展开重点讨论。林淼等（2001）在《技术链、产业链和技术创新链：理论分析与政策含义》[①] 一文中对科

① 林淼：《技术链、产业链和技术创新链：理论分析与政策含义》，《科学学研究》2001 年第 4 期。

技创新产业化问题做了较好分析。本节这里将借鉴林淼的分析方法来讨论大学城在科技创新现实转化中的作用。

林淼等认为，科技成果的产业化，不仅是指科技成果转化为现实产品，而且还包括科技产品的生产形成规模经济或范围经济，从而形成强大的市场竞争优势。林淼将从科技成果转化为现实产品并最终形成国民经济支撑产业的整个过程称为“技术创新产业链”。林淼等认为科技创新的产业化过程所需综合资源的分布情况，是创新链区间上的函数，这里可将其表述为：

$$F = f(f_1(x_1, \cdots, x_k), f_{12}(x_{k+1}, \cdots, x_{k+m}), f_2(x_{k+m+1}, \cdots, x_n))$$

这个“技术创新产业链”同时可用图6—2来表示。其中曲线B代表的是科研机构在技术创新链上的综合资源供给情况，即 $F_1 = f_1(x_1, \cdots, x_k)$，其中 $x_1, \cdots, x_k$ 代表的是与技术创新相关的选题分析能力、研发人力资源、研发资金资源等因素；曲线C代表的是生产部门在产业链区间上的综合资源供给情况，即 $F_2 = f_2(x_{k+m+1}, \cdots, x_n)$，其中 $x_{k+m+1}, \cdots, x_n$ 分别代表的是与生产经营相关的生产技术水平、生产管理水平、市场开发能力、综合经营能力等因素。

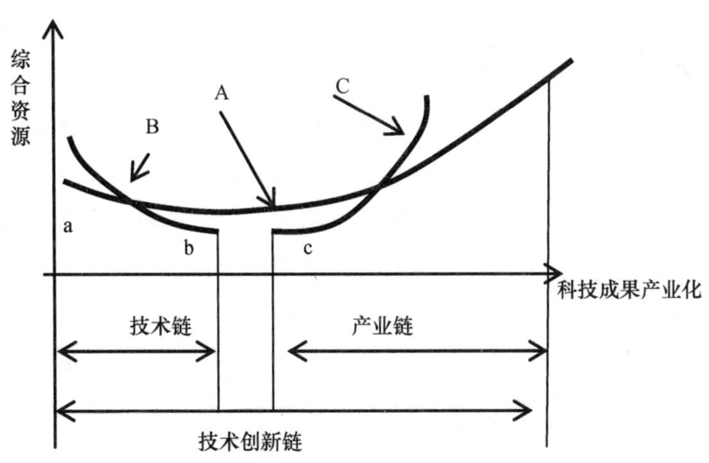

图6—2　科技创新的产业化

在图6—2中，技术链与产业链之间存在一个缺口“b－c”，这即意味着技术创新链上的区间并非是完全连续的，这个缺口即是科技成果的转换区间，该区间的资源供给情况可用转换函数 $F_{12}=f_{12}(x_{k+1},\cdots,x_{k+m})$ 来表示，其中 $x_{k+1},\cdots,x_{k+m}$ 代表的是与科技转化相关的基础设施配套水平、初级勘探开发能力、高端开发能力等。

由这个分析框架不难发现，为解决技术创新与现实生产的不衔接，无非三种可能：一是扩大技术链区间，即将研发范围向生产领域延伸（b→c）；二是扩大产业链区间，即将生产领域向研发领域延伸（c→b）；三是通过组织创新，实现创新技术与生产的搭接。

第一种方式强调的是科研的市场化，第二种方式强调企业的创新主体地位。这两种方式在中国市场化导向的改革中取得了一定成效。第三种方式要求通过组织创新将创新技术转换为现实生产，换言之，即需将“产”、“研”有机地结合起来，这种结合无须固定的组织机构，又能充分调动“产”、“研”双方的灵活性和积极性。一个成功的大学城则正好具有这种特征。

一个成功的大学城是一个极具活力的集群，是产学研的结合部。大学城内产学研的紧密结合与互动，形成一个功能强大的“技术—产业转换链”，从而将“产业链”与“技术链”有机地相衔接，使“技术”到“成果”的过程成为一个完整、流畅的“科技创新链”。

大学城之所以能形成功能强大的“技术—产业转换链”，是因为作为一个集产学研于一体的集群的大学城，首先可以利用各高校资源的互补性，整合资源以增强高校的研究实力，促进创新，从而间接提高生产企业的生产效率；其次，大学城内的科学基础研究能够为大学城内的企业技术创新提供较强的技术支持，大学城的基础教育同时也能为企业的技术创新提供有力的人才和智力支持；最后，大学城内的企业可以为大学城内的科研部门所取得的研究成果提供较好的实验场所。

当然，大学城功能的发挥离不开政府的作用。美国学者亨利·埃茨科维茨在其专著《三螺旋》（*Triple-Helix*）中专门论述了大学、产业和政府三者之间的关系，提出了“三螺旋理论”。该理论认为，知识社会是以知识为基础的，大学、产业、政府三者之间的相互作用是创新活动的关键条件。大学是新知识与新技术的来源，是知识经济的生产要素；产业是运用知识进行有形或无形的产品生产的场所；政府提供契约保证，确保稳定的相互作用与交换。由此可见，政府在创新活动中起着重要作用，能够为创新的顺利进行提供重要的制度保障。当然，该理论主要还是强调“创业型大学”在三螺旋模式中起到了引擎作用。①

总之，大学城的兴建，有利于营造良好的创新环境，有利于培养优秀的创新人才，有利于加快科技成果向现实生产率的转化，从而有利于构建“持续的创新能力”，这是促进“技术—经济范式”由初级向高级转化的“关键”。

第三节　中国大学城兴建的时代背景与建设成效

改革开放以来，中国经济呈现出持续快速增长，其关键因素无疑是工业化进程的加速和参与世界经济程度的提高，突出表现为工业部门的规模扩张和生产率的提升。随着中国工业化进程的加速，中国的产业结构在不断优化，国家经济总量与综合国力在不断上升，城市化进程也在加速。但进入20世纪90年代中期以来，随着城市化进程的加速，交通堵塞、空气污染等城市化问题也日趋严重，并已成为中国城市化发展的瓶颈。

随着知识经济的到来，世界科技发展的步伐开始加速，知识更新的速度也在加快，从技术创新到产业变革的周期开始缩短，发展中国家试图通过模仿、学习发达国家的科学技术和先进经验，来加速城市化发展的难度也在增加。从中国城市化发展的现实来看，目前，中国大部分城市知识经济竞争力不强，科技水平不高，也已经成为中国城市经济发展的主要制约因素。

因此，就中国国情而言，选择科学的城市化道路，是提高城市核心竞争力、实现可持续发展的关键。从大学城的功能看，创建大学城能提升城市的科技水平和文化实力，从而提升城市的核心竞争力、实现城市可持续发展，可见，中国大学城的兴建有其历史发展的必然性和合理性。本节首先介绍中国大学城兴建的时代背景和发展现状，然后在此基础上讨论中国大学城建设所取得的成效及存在问题，最后对中国大学城未来发展前景做一个简要分析。

---

① 亨利·埃茨科维茨：《三螺旋：大学·产业·政府三元一体的创新战略》，东方出版社2005年版，第3页。

一　中国大学城兴建的背景与动因

中国大学城大规模的兴建始于20世纪90年代初期。在20世纪90年代以前，中国的高等教育主要以精英化教育为主，然而，随着中国经济发展速度的加快，原有的教育模式已远不能适应经济发展形势的需要。进入20世纪90年代以后，为顺应高等教育的发展要求，满足社会经济发展需要，中国教育开始进入大规模的扩张阶段。在此期间，中国高校除扩大招生规模外，还正式启动了以“共建、调整、合作、合并”为主要内容，以旨在改善教学质量、提高办学效益、调整高校战略布局等为目的的高等教育管理体制改革，这些举措在一定程度上对提高中国高等教育水平发挥了重要作用。高等教育在管理体制上的这些变革也说明，中国的教育模式已开始从精英化教育逐步转向了大众化教育。

（一）创建大学城是中国大学扩招政策实施的直接后果

随着改革开放的不断深入和社会经济的不断发展，中国市场经济体制日趋完善，中国经济与世界经济的联系日趋密切，高等教育也日趋国际化。在经济全球化和高等教育国际化大趋势的推动下，为更好地适应国际国内教育形势发展的需要，更好地发挥教育在知识经济时代对经济发展的引领作用，在国家“科教兴国”战略的倡导下，个别有条件的地区和高校开始着手筹建大学城，1992年上海工业大学与上海科技中心联合创办的上海工业大学科技园就是在此背景下所兴建的大学城之一。此后，全国各地具备条件的地区纷纷效仿，大学城建设一时蔚然成风。

从大学城的发展历程看，高校扩招固然是大学城出现的直接原因。在1999—2003年的连续5年扩招中，在1999年扩招的第一年，扩招幅度达史无前例的47.4%，其后扩招幅度虽有所下降，但到2003年，中国普通高校本专科生在校学生规模就已突破1000万人，比1999年的413万增长了1.42倍。然而，随着高校在校生员规模的迅猛增长，高校的师资力量、校园规模以及各种配套设施都已跟不上生员扩张步伐，原本捉襟见肘的办学条件变得更加紧张。从高校空间发展的角度看，原有的城市布局已不容高校做进一步扩张，移地重建才是解决高校空间发展问题的唯一选择。可见，通过建设大学城来扩充校园空间规模，是高校实现空间拓展的必由之路。当然，高校扩招虽是导致兴建大学城的直接原因，但大学城的出现并不是偶然的，除扩招等方面的直接动因外，背后还存在制度变革、提升企业创新能力要求等方面的内在推动力量。

（二）创建大学城是中国教育模式变革的必然选择

从高等教育制度演进的角度来看，改革开放以前，中国高等教育体制与当时的经济体制基本是一致的，即采用的是高度集中的管理体制，其主要特征是，在教育资源的分配上采用国家计划统一调配，在管理上采用的是政府行政管理模式。当时的教育功能主要是为教学服务，科研机构与高校是相互独立的。显然，这种教育体制并不能适应市场经济的发展需要。改革开放以后，中国在不断深化经济体制改革的同时，也在不断推进高等教育体制改革。

1985 年，中国政府颁发了《中共中央关于教育体制改革的决定》，该《决定》对原有高等教育的招生与毕业分配制度进行了改革，扩大了高等学校的办学自主权。1993 年政府又颁布了《中国教育改革和发展纲要》，该《纲要》有关高等教育改革方面的内容主要包括两方面：一是调整政府与高校的关系，转变政府职能，从原有的直接行政管理转为宏观调控；二是调整中央与地方的关系，改革办学体制。高等教育要逐步形成以中央、省（自治区、直辖市）两级政府办学为主、社会各界参与办学的新格局。1998 年，国务院做出《关于调整撤并部门所属学校管理体制的决定》，决定对 9 个部委的 211 所学校管理体制进行调整，将其中的 93 所普通高校原则上实行中央与地方共建，以地方管理为主；其余的成人高校和中专技术院校除几所由中央财政负责的干部管理学院外，都划转地方管理。1999 年，政府颁发了《中央关于深化教育改革，全面推进素质教育的决定》，强调进一步加强地方政府对地区高校的管理权和扩大高校的自主权，以增强学校适应当地经济社会发展的动力。

由此可见，20 世纪 90 年代中国高等教育体制改革的实施，标志着中国高等教育管理体制已逐步由国家行政管理模式向国家宏观调控模式转变。这些改革举措为教育资源的优化重组和高校在空间的扩张聚合创造了制度条件，同时也推动了教育模式由精英教育向大众化教育的转变，这种转变必然产生对校区规模扩大的要求。

（三）创建大学城是提升企业创新能力的内在要求

创新是企业发展的生命，是保持企业竞争活力的根本。而高校被公认为集人才、技术、成果、信息等四大要素于一身，这些要素是企业实现技术创新的前提。中国自 1988 年开始兴建高新技术开发区，这些开发区对新技术有很大需求，它们更需要与高校合作来获取高校对其技术和人才的支持，以提升自身的技术创新能力和核心竞争力。尤其在知识经济时代，知识是经济增长的决定因素，要提高经济发展的知识含量，就必须大力发展教育。有效地将科技创新转化为现实生产力，以提高经济发展中的知识含量，这种转化的主要途径就是兴建大学城，促进校企联合。

（四）创建大学城是知识经济时代提高城市竞争力的内在要求

在知识经济时代，相对于发达国家而言，中国城市化发展面临的是信息化与工业化双重挑战。在全球化的大背景下，中国城市化发展必须直接面对发达国家的产业和企业的竞争，因此，提升城市的竞争力是中国城市发展的关键。正如前文分析，知识经济时代，城市的竞争优势来自于“持续的创新能力”。而创新能力能否持续，取决于科学知识的增长能否持续；“持续的创新能力”能否形成城市的竞争力，则又取决于创新能力能否及时地转化为现实的生产力。实践证明，大学城的兴建能够将科学知识、技术创新和企业生产进行有效结合，从而推动城市经济的发展。而且也唯有创建大学城才能构建有效的创新体系，形成知识、创新与生产三者相互促进的良性互动机制，才能形成城市经济的核心竞争力，促进城市经济的发展。可见，创建大学城是知识经济时代提高城市竞争力的内在要求。

二　中国大学城发展历程与现状

随着改革开放的不断深入和世界经济的日趋全球化，中国经济与世界经济的联系日趋紧密。在经济全球化的大趋势下，中国经济唯有提高自身的自主创新能力，才能提高自身的国际竞争力。在此背景下，有条件的地区开始创建科技园，以培养技术创新人才，实现科技成果的产业化。

1988 年底，东北大学首先划地建设科技园，研发以软件和自动化为主的高新技术；1992 年 3 月，上海工业大学与上海科技创业中心联合创办上海工业大学科技园；1992 年 6 月，哈尔滨工业大学着手筹建哈工大高新技术园区；1992 年下半年，北京大学提出建设“北京大学科学园”的构想，并成立北大资源开发公司，1994 年底建成高科技园区；1993 年

5月，清华大学着手筹建"清华科技园"。其后，"南京大学科技园"、"华中理工大学科技工业园"、"西南交通大学科技园"等相继成立；1996年底，清华大学与深圳市政府共同组建"深圳清华大学研究院"，为深圳研究生院大学园区的兴建拉开了序幕。[①] 这些兴建的科技园，在较短时期内取得了较好的经济绩效，引起社会各界的关注，也为以后大学城的创建提供了较好经验借鉴。

1999年，以高校扩招为序幕，启动了中国教育体制改革的历程，标志着中国教育模式由精英教育向大众化教育的转变。在以知识经济为特征的时代下，在高等教育国际化大趋势的推动下，21世纪初期全国各地兴起了大学城兴建热潮。2000年8月，北京对外服务公司率先在河北廊坊经济技术开发区征地建设东方大学城。随后，各地政府和高校积极跟进，各地大学城纷纷拔地而起。据不完全统计，在2000—2005年间，全国大学城达50余所，包括广东珠海大学园区、广东广州大学城、上海珠江大学城、山东日照大学城、南京仙林大学城，等等，而且其后继续呈递增趋势。截至2014年11月，全国大学城已超过60所，而且仍有不少城市尤其是二、三线城市的大学城还在继续筹划和扩建中。

从目前全国兴建的大学城与所在城市中心城区的关系看，大学城大致可分为两类：一是"城市—郊区类型"；二是"城市—卫星城镇类型"。前者类型的大学城包括广州大学城、西安大学城、郑州龙子湖大学城、天津西青第三高教区，等等；后者包括上海松江大学城、重庆大学城、天津大港大学城、北京良乡大学城、北京沙河大学城，等等。这两种不同区位结构的大学城，对城市经济发展所产生的影响也各不相同。

从全国范围内的大学园区的区域分布和城市分布特征，可以发现，大学城的空间集聚程度与中国经济的发展水平呈现出一定的正相关关系。根据相关统计数据，中国大学城空间分布呈现明显的东密西疏的特征。据不完全统计，东部地区大学城数量占全国大学城数量的65.6%；中部地区仅为26.6%，约为总数量的1/4；而西部地区大学城的比例最低，只占7.8%。大学城空间分布上的差异与区域经济发展水平的差异是相吻合的。

① 赵效为：《大学城与城市互动发展的经济学分析》，博士学位论文，复旦大学，2014年，第37页。

从大学城规模与城市的等级关系来看，省会城市的大学城规模一般大于非省会城市，这一定程度上印证了前文关于城市集聚效应的阐述（见下表）。从目前发展趋势看，东部沿海地区的大城市大学城建设趋于稳定，而中小城市以及中西部地区的大学城仍在扩建中。

国内大学城空间分布特征

地区	数量（座）	占全国比例（%）	大学城所在城市及其数量
东部沿海地区	42	65.6%	北京（3）、沈阳（2）、大连（1）、长清（1）、菏泽（1）、深圳（1）、济南（1）、章丘（1）、日照（1）、青岛（1）、临沂（1）、珠海（1）、常州（1）、苏州（1）、无锡（1）、南通（1）、扬州（1）、温州（1）、南京（3）、上海（3）、杭州（4）、宁波（1）、淮安（1）、南宁（1）、福州（1）、广州（1）、清远（1）、狮山（1）、东莞（1）、海南（1）、厦门（1）、廊坊（1）
中部地区	17	26.6%	大庆（1）、哈尔滨（1）、郑州（4）、武汉（3）、合肥（1）、芜湖（1）、蚌埠（1）、长沙（2）、南昌（1）、长春（2）
西部地区	5	7.8%	西安（1）、重庆（1）、昆明（1）、兰州（1）、成都（1）
总计	64	100%	

资料来源：调查数据。

在知识经济时代，城市间的竞争主要体现为知识、人才和科技的竞争，因此，中国的城市化发展必须走知识化的道路，“持续的创新能力”是其竞争力的关键要素。而科学技术创新能力的提升必须依靠本土的科研实力，大学城的创建则能够凝聚力量、实现创新的规模效应。中国大学城自20世纪90年代末创建以来，发展至今已经历10余年，其对城市经济发展中的作用日趋显现。大学城内各高校的资源共享度不断提高，大学城内的教育科研氛围不断积聚，创新能力不断提升。大学城所培养的复合型人才已日渐成为城市创新的主要力量，大学城创造的科研成果越来越多地转化为现实产品，这些产品形成了新兴产业，并带动了相关产业的发展，加快了城市化的进程，提升了城市的核心竞争力。大学城的发展同时也增强了城市经济的辐射效应，带动了城市周边地区经济的发展。

正如前文分析，中国大学城兴建的动力主要来自两方面：一是高等教育规模扩张要求；二是知识经济时代社会经济发展要求。大学城兴建也确实缓解了高教扩招带来的教育资源严重不足等问题，许多地区大学城经过科学规划，逐步走上了健康发展道路，带来了较大的社会经济效益，促进了社会经济的发展。

但与此同时，中国大学城在规划、建设、运行和管理等方面也出现了不少问题。如规划不合理、资源共享程度不高、与城市经济互动性差，等等。这些问题的存在，影响到大学城功能的正常发挥，也招致学术界的各种批评。赵效为等曾认为，许多地方的大学城建设是官员的政绩要求与房地产开发商的利益驱动联合形成的变相的土地开发，本质上是又一轮开发区圈地风。① 这些问题是中国大学城的普遍问题，下一章我们将针对长春大学城做专门讨论，这里不再赘述。

大学城建设中的问题是突出的，但不能就此对“大学城”这一新型高等教育模式进行全面否定。对于中国的大学城建设，由于历史原因，我们不能走西方国家如英国剑桥大学城等的自然演进之路，自然也不能走政府主导的盲目扩张道路。因此，笔者认为，对待大学城的建设必须采取审慎的态度，必须充分考虑土地资源的有效利用、大学城的可持续发展等问题，对现有的大学城进行逐步完善，以便更好地发挥大学城对社会经济发展的促进功能。

第四节　长春市南部大学城建设与创新驱动的经济发展

在世界经济全球化和教育国际化的大趋势推动下，中国在推进经济体制改革的同时，也加快了对教育体制的改革。20 世纪 90 年代后，中国高校拉开了扩招的序幕，标志着教育模式开始由精英化转向大众化，与此同时，全国各地大学城建设如火如荼。在此背景下，21 世纪初期，长春市

---

① 赵效为：《大学城与城市互动发展的经济学分析》，博士学位论文，复旦大学，2014 年，第 39 页。

政府和高校为顺应高教改革潮流，满足高校扩招所带来的空间发展需要，也积极着手在长春西南部地区和东南部地区兴建大学城。

一 长春市南部大学城建设及经济效应

2000 年，长春市南部地区高新大学城和净月大学城几乎同时开始破土动工，前者位处长春市西南部，后者位处长春市东南部。这两座大学城兴建对长春市的经济发展起到重要作用。

（一）长春高新大学城的建设及其在长春经济发展中的作用

长春高新区大学城筹建于 1999 年，2000 年招商工作基本完成，2001 年投入全面建设阶段。该大学城入驻的高校有吉林大学经济信息学院、吉林省经济管理干部学院、长春理工大学光电信息学院、吉林艺术学院动画学院、吉林建筑工程学院建筑装饰学院（现已迁往长春市双阳区奢岭镇）、长春信息技术职业学院等。

从地理位置看，高新南区大学城位处南部新城。南部新城位于长春市城市轴线人民大街南端，北起卫星路、南至绕城高速公路、东与净月开发区接壤、西至永春河，幅员 32.95 平方公里，高新南大学城正处于南部新城的入口处。政府将大学城设于此处，主要基于经济意义上的考虑。将高新南大学城设于南部新城的重要入口处，不难判断，当时政府更看重的是高新大学城建设对长春南部新城发展的直接经济效益。的确，从地产开发的角度来看，教育地区相对投资其他地区而言，回报率相对较高，而且由于教育资源供给波动相对较小，因而收益也相对稳定。从产业发展的角度来看，教育是一种特殊产业，能有利带动相关第三产业的发展，创造更多的就业机会，从而促进南部新区及其周边区域的经济增长，这也正是前文所阐述的辐射效应，因此，政府在高新大学城建设中将招商工作放在首位。

政府进一步的意图当然是希望大学城能在长春市经济发展中发挥高新技术引领作用，即能产生“硅谷”效应。事实上，高新技术开发区也的确称得上是一个“人才谷”。在该区域内，除上面所提及的入驻高校外，还拥有中国科学院长春分院、长春光机所、长春应化所等 39 所国家、省（部）属科研机构、12 所设计院、8 个计算测试中心和国家设在长春市的 11 个重点开放实验室等科研机构，拥有各类专业技术人才 5 万人，区内科技人员占总人口比重约18%，拥有博士生导师近千人，两院院士20余人。可见，这些高校和科研机构为长春市的技术创新发挥了重要作用。

在高新技术产业区内还创建了多个产业园区，主要有生物医药园、中药现代化科技产业园、光电技术产业园、汽车研发园、长春软件园、新材料产业园等，形成了一区多园的发展格局。这些产业园以大学城高新技术产业区内的相关科研机构为依托，创建了生物医药产业基地、先进制造业产业基地、软件基地、新材料产业基地等4个重点基地，促进了长春市生物医药、光电技术、先进制造技术、信息技术和新材料等5大主要主导产业的发展，并使它们走上了产业集群式发展道路。尤其在汽车产业方面，在长春高新区，有一汽轿车厂、一汽重型车厂、一汽中实改装车厂和改装车生产企业，有天合富奥汽车安全系统、一汽光洋、吉林汽车制动器厂等生产企业近80个，初步形成了以一汽为依托，集研发、生产、物流、销售于一体，关联度高、上下游紧密衔接的汽车产业带。[①]

自2000年以来，长春高新技术产业区以大学城和高新技术产业园为依托，在科技创新和经济发展方面都取得了令人瞩目的成绩。在科技创新方面，据统计，长春高新区每年取得的创新成果近千余项，每年申请的专利数量占长春市的一半以上。2002年，长春高新区跻身于全国首批“国家实施知识产权主导产品制度示范园区”。2004年，长春市高新技术产业区在国家科技部公布的53个国家高新区创新指标评价体系中位居第四，比2002年上升了18位。

在经济发展方面，自长春高新大学城和科技园区创建以来，长春高新技术产业区在大学城和科技园区先进技术的带动下经济有了较快发展，长春高新技术产业区的工业增加值占长春市规模以上工业企业增加值的45%以上。具体而言，2004年，长春高新技术产业区实现工业增加值227.7亿元，2007年该增加值上升至388亿元，2010年达660.5亿元，以不变价格计算，自2004年至2012年间，高新技术产业区工业增加值年均增长7%以上。[②]

---

① 有关长春高新技术产业开发区的简介请参见 http://www.chida.gov.cn/cdgk/tsyq-yqjj.html。

② 本节所用数据除有特殊说明外，均来自《吉林省统计年鉴》和《中国高技术产业发展年鉴》相关年份数据。

总之，自长春高新大学城兴建以来，长春市的高新技术产业得到较快发展。长春高新技术产业区在大学城兴建的带动下，围绕生物医药、光电技术、先进制造技术、信息技术和新材料等五大产业，创建了五个国家重点研究基地，促进了这五大产业的发展，使之成为长春市的五大主导产业，从而对长春市工业结构的优化、长春市科技自主创新能力的提升以及长春市经济发展和社会的全面进步发挥了积极作用。

（二）长春净月大学城的建设及其在长春经济发展中的作用

长春净月大学城坐落于长春净月高新技术产业开发区。该开发区位处长春市区东南部，始建于1995年8月，2006年3月更名为长春净月经济开发区；2011年初，吉林省政府批准将其转型为长春净月高新技术产业开发区；2012年8月，国务院批准将其建为国家高新技术产业开发区。该开发区三面临水，四面环林，目前建成面积50平方公里，城市配套区65平方公里，常住人口近40万人。该开发区建设的目标是，以发展生态环保型经济为中心，着力将其建设为经济、社会与人口、环境、资源协调发展的长春东南部生态新城。

净月高新区是长春市的生态核心区，拥有亚洲最大的人工森林，林水面积243平方公里，占区域总面积的51%，东部为净月潭国家5A级森林公园，南部新立湖国家水利风景区，西部有伊通河，形成了“三面环林水、一面接主城”的生态体系格局。①

长春净月大学城就坐落于该开发区中。吉林农业大学是最早落户净月潭的高校，迄今已逾50年，自净月开发区建立以来，办学条件逐步得到改善，随着净月区城市化的推进，农大与净月区发展之间的相互促进关系更加紧密，这种互动关系将农大的发展不断地推向新的高度。东北师范大学是净月建区后进驻该区的第一所高校，2000年3月破土动工，经过近5年的建设，建成了占地70万平方米的新校区。随后陆续迁入的高校有吉林财经大学、长春中医药大学、吉林建筑大学、吉林警察学院、华桥外国语学院、长春职业技术学院、长春工业大学人文信息学院、长春财经学院、东北师大人文学院、长春工业大学人文学院、长春东方职业学院、吉

① 有关长春净月国家高新技术产业开发区的简介请参见 http：//government. jingyue. gov. cn/gerneral/。

林艺术学院现代传媒学院、长春建筑学院等。包括东北师大、吉林农大在内，截止到2012年，净月大学城共有高校15所，在校大学生约18万人，占全市的42.7%，全省的36.3%，占比在全国国家级高新开发区中居于首位，大学城内院校共有267个硕士学位授权点，141个博士学位授权点。

在技术创新能力方面，在长春净月高新技术产业开发区内，除聚集了15所高校以外，还聚集了8个国家级、省级重点科研机构，12个国际科技研发平台，147个省部级研发服务平台，全区一线科研人员总数近4万人。自2012年晋升为国家高新技术产业开发区以来，区域创新体系建设有了新的突破。美国微软公司成功入区，与软通动力、启明信息技术有限公司共同组建了微软全球首家汽车行业创新中心，且与软通动力达成合作意向，筹划建设面向东北亚的软件研发及服务中心，并与上海绿地集团合作建设东北亚地区超大型科技孵化项目。长春净月高新技术产业开发区通过“535人才计划”，招揽了一大批海外高层次人才和国内外专家。概言之，长春净月高新技术产业开发区以大学城和创新机构为依托，以高新技术合作企业为平台的区域创新体系正在逐步形成。

在经济发展方面，长春净月高新技术产业开发区以产业“特色化、聚集化、高端化”为原则，加快发展现代服务业、文化产业和高新技术产业，已逐步形成该三大产业“融合共生、互动发展”的产业体系。据统计，2013年，该开发区实现生产总值576亿元，服务业增加值完成392.8亿元。在2013年全国高新技术产业区营业收入的排名中，净月高新技术产业开发区位列第57位，在2012年晋级的17家高新技术产业区中位列第2位。

尽管长春净月高新技术产业开发区兴建不久，但从净月大学城及其所处的净月开发区发展现状中可以看出，净月大学城的兴建有力地推动各种经济资源向净月高新技术开发区集聚，促进了该地区服务业、文化产业和高新技术产业的发展，也对周边区域经济的发展带来较强的辐射效应。净月高新技术产业开发区拥有优越的生态条件，净月大学城的兴建能够促进净月技术产业开发区更好地发挥地区生态优势，从而有利于净月“科技生态城”的创建。

可见，长春市南部大学城（包括长春高新大学城和长春净月大学城）

的兴建对长春市经济发展起到了积极作用。自长春市南部大学城兴建以来，长春市城市集聚功能得到显著提高，大学城建设与城市经济发展之间的相互促进关系有了显著改善，长春高新技术产业开发区和长春净月高新技术产业开发区这两个区域的技术自主创新能力有了显著提升。

二 长春市南部大学城建设中所存在的问题

从长春南部高新大学城和静月大学城的发展历程可以看出，尽管长春南部大学城建设已产生了一定的经济效益，但南部大学城与中国其他城市的大学城一样，不是社会生产力发展到一定阶段的产物，而是在中国高校大规模扩招这一特定背景下由政府主导建设而成，因而不可避免地受到短期利益的驱使，从而也存在与其他大学城相类似的问题。具体而言，这些问题可概括为以下四个方面。

其一，长春南部大学城的筹建规划论证不够充分，导致大学城的结构布局不够合理。正如前文所述，长春南部大学城与其他城市的大学城一样，是高校扩招与城市扩张两者推动的结果，是短期利益驱动的产物。因此，政府对入驻高校的规划，更多的是基于地产开发利益的考虑，而非以整合资源为目的。部分高校对自身发展也缺乏长远规划，表现出一定程度的盲目性。个别院校如吉林建筑工程学院建筑装饰学院，入驻后发现与其预期并不一致，只有撤离原大学城而迁往他处。这不仅给这些撤离高校带来一定程度的经济损失，也给长春市的社会经济发展造成一定程度的负面影响。

其二，南部大学城各大学仍是各自为政，资源并未实现共享。“独立与共享”是大学城构建的理念，也是大学城发展的前提和保证。正是由于南部大学城布局缺乏整体规划，入驻各大学关联性较弱，实力参差不齐，因而各高校资源互补性不强，共享程度不高。兼之大学城内各高校以自身利益为重，即便拥有可共享资源，但出于竞争的考虑，也不愿将自有资源与其他高校分享，导致出现各高校彼此分割、互不通融、各自为政的局面。

其三，南部大学城与相应区域内的科技园缺乏互动与合作。从国外大学城发展经验来看，科技园是连接大学城与产业的纽带，只有将大学城与科技园进行有机结合，才能更好地发挥大学城在城市经济发展中的先进技术引领作用，才能将大学城的研究成果转化为现实的生产力，才能形成产学研一体化的大学城创新体系。然而，长春市高新技术区内科技园的建设并不以高校为基础，相互之间不存在任何实际关联。虽部分科技园与某些高校在专业知识结构上有交叉，但它们也很少合作以实现优势互补。即便合作，也仅是浅尝辄止。因而，大学城与科技园也是彼此独立，未能发挥出它们应有的联合功效。

其四，南部大学城发展与长春市经济增长之间还未能建立起良性互动的共生机制。长春南部大学城建设由于存在以上诸多问题，虽对长春市经济发展产生了正效应，但相互之间仍存在着诸多不相协调的地方。诸如，大学城内高校的专业设置与社会的专业需求不相协调，高校的基础理论研究与社会产业发展的创新需求不相协调，等等。这些不协调因素，使得大学与城市之间难以形成良性的共生机制。

概言之，长春市南部大学城虽对长春市经济发展起到了一定程度的促进作用，但由于大学城缺乏合理规划，大学城与所在经济开发区内的科技园未能构建起有效的互动合作机制，大学城内部也未能形成产学研一体化的创新体系，从而制约着大学城与城市之间良性共生关系的形成。

三　长春市“高校—产业—城市”的联动发展

由以上分析可知，长春市南部大学城问题的症结在于重规模而轻质量，目前大学城所产生的经济效应更多的是来自于大学城兴建所带动的需求扩张效应，而非主要来自于大学城技术创新所产生的生产率提升而带来的供给效应。

南部大学城的问题，既是大学与城市两个并列方面的发展问题，也是“从基础理论创新到技术创新”与“从技术创新到生产率提升”两个层次的转化问题。因此，解决南部大学城问题的关键，首先在于如何整合大学城资源，以促进技术创新；其次在于如何将技术创新转化为现实生产力，以促进长春市的经济发展。

（一）整合大学资源以促进大学城的技术创新

长春市南部大学城规模扩张现已基本趋于稳定，但对如何整合现有资源以实现优势互补，目前还没有取得任何实质性的进展。资源的共享是资源整合的核心。国内不少大学城高校在资源共享方面做了诸多尝试，对长春南部大学城实现资源共享有一定的启发意义。

从目前国内大学城资源共享的现状来看，主要是在一些硬件设施如图书信息资源等方面的共享取得了一定的进展，而在课程、师资、教学、科研等软件资源的共享上进展甚微，仅是在“课程互选、学分互认”方面做了一些浅层次的探索。资源共享之所以进展缓慢，究其原因，主要是因为大学城共享动力不足、共享机制不健全。① 提供共享动力、建立健全共享机制，则需要一个能够掌控全局的推动者和协调者。这个推动者和协调者就是政府，因为政府担负着对高校的领导和管理职责，也唯有政府能担当起这个重任。

因此，长春南部大学城要实现资源共享，首先在制度上，地方政府必须在大学城资源共享方面制订相应的政策和激励措施，促进学校积极深入地开展资源共享工作。其次，在共享机制的建设方面，政府必须发挥应有指导作用。政府可以协助大学城建立相关管理机构进行科学研究，切实推进资源共享工作，由这些机构研究制订资源共享项目、实施程序、管理办法等，并监督各高校贯彻实施。在资源共享的具体实施上，主要包括三个层次的共享，即物质资源的共享、教学资源的共享和科研资源共享。前两个层次的资源共享是第三个层次资源共享的前提和保证。

首先是实现南部大学城物质资源的共享。物质资源的共享主要包括教室、公共实验室、活动场所等硬件设施的共享，这需要管理机构根据大学城内各高校的具体在校人数、专业情况和未来发展计划对其所拥有的硬件设施统筹规划，合理安排。特别是理工科院校的实验室资源共享，须注重学生实践能力和创新能力的培养，须创新管理机制，以提升大学城的实验教学水平和实验室使用效率。图书馆数据库的共享是大学城物质资源共享的重要部分，南部大学城可以在互惠互利的前提下，建立图书馆联盟，对共性的数据库可以联合投资，共建共享，对各高校的特色数据库对外可以采取有偿使用，实现资源共享。

其次是实现南部大学城教学资源的共享。“课程互选、学分互认”，是教学资源共享的核心。但从目前国内大学城在这方面所做的尝试来看，效果并不十分理想。除了上文所提及的共享动力不足、共享机制不健全等

① 王卫星：《大学城资源共享的思考》，《资源与人居环境》2008 年 12 月（下）。

原因以外，还有一个重要原因是，大学城各高校在制订本校教学培养计划和课程安排时，并没有兼顾或预留出与其他高校间相互衔接和融合的“端口”。“课程互选、学分互认”是南部大学城实现教学资源共享所必须迈出的第一步。为迈出这一步，相关管理机构必须协调好各高校制定相互衔接的教学计划，共同开发课程，制定标准化考试内容，规范考试制度，以此加快推进南部大学城教学资源共享的实施进程。

最后是实现南部大学城科研资源的共享。科研资源的共享，除科研设备等硬性物质资源的共享外，更重要的是，开展学科重点领域的联合攻关和学科交叉的科技合作，实现科研软实力资源的共享。在前文分析中曾指出，中国在许多关键领域高端技术环节仍控制在发达国家手中，生产技术依附于发达国家。因此，中国唯有加强基础领域的研究，争取在高端技术领域取得突破性进展，才有可能摆脱对发达国家的技术依附。就南大学城服务地方经济而言，必须整合高校和大学城内研发机构的科研力量，攻克在汽车制造、农业工业化、光电信息等领域发展的技术难关，以提高自主创新能力，从而提高长春工业经济的生产效率，促进长春的新型工业化发展。

（二）加强校企联合以推进技术创新向现实生产力的转化

前文分析曾指出，大学城之所以在“技术创新产业链”中起到“技术—产业转换链”的作用是因为，首先，大学城可以根据高校资源的互补性整合资源，以增强研究实力；其次，可以为企业技术创新提供技术支持；最后，大学城内的企业可以为大学城的科研部分提供较好的实验场所。

大学城这三个功能的实现，体现了大学城内三个方面的结合：一是大学与大学的结合；二是大学与科技园的结合；三是科技园与企业的结合。前者反映的是大学城资源的整合，这正是上一节所讨论的内容。后两者是技术创新转化为现实生产力不可缺少的两个环节，这则是本节所着重讨论的内容。

当然，有些大学城的部分高校自己直接创建科技园。在这种情况下，大学则几乎包揽了从研发到自主创新创办高新技术产业以及科研成果转化的所有方面。这种模式的不足之处是，很难处理好大学发展与企业利润最大化两者目标的不一致性。长春南部大学城的科技园与大学以及科研机构之间基本是相互独立的，但科技园与企业则大多结合在一起，因而这些科技园多以“产业园”冠名，如光电技术产业园、新材料产业园、动漫创意产业园等。

因此，对长春南部大学城而言，发挥大学城的“技术—产业转换”功能的关键在于加强大学和研发机构与产业园的合作。大学和研发结构对科技产业园的支持，主要体现为智力上的支持，因而应充分利用大学和研发机构的科研优势，研发出符合科技产业园发展需要的一流研究成果，从而带动科技产业园的发展。对于科技产业园而言，则必须发挥高新技术产业孵化器的作用，以推动长春新型工业化发展。

总之，长春南部大学城已由规模扩张的外延式发展开始转向注重质量提升的内涵式发展，从大学城服务地方经济角度看，必须解决好“从大学城到技术创新”与“从技术创新到生产率提升”两个层次的转化问题。就前者而言，必须整合大学城资源，以促进大学城的技术创新；就后者而言，则必须加强校企联合，以推进技术创新向现实生产力的转化。

第七章

结语:中国社会积累体系的演进与自主发展

本书的目的之一，就是讨论中国工业化模式的效率特征，并分析这种模式的可持续性。这些内容已在本书的第二、第三章做了专门讨论。本节则试图在此基础上，从“技术—经济范式”角度，对中国工业化积累体系的演进做一个总结性的讨论，以期对当前中国新型工业化发展提供一些有益的经验启示。

从“技术—经济范式”的角度看，保持宏观经济平稳运转的前提是宏观环境与微观机制的有效配合。改革开放至今，中国经济一直保持较快的发展势头，但中国的经济体制改革与工业化发展，从总体上看却表现出一定的复杂性和曲折性。20 世纪 80 年代的中国改革开放初期，在宏观层面上，相对平均化的分配格局支撑着大规模消费的扩张；在微观层面上，国有企业的员工、政府部门、金融机构等企业利益相关者的相互制衡规范着企业行为。这两者的配合形成了类似于自 20 世纪 60 年代以来的东亚地区相对固定性的长期导向的积累体系。也正是这两者的配合形成了中国改革开放初期的后进发展模式。

然而，随着经济体制市场化改革的不断推进，工业部门原有的以国有企业为主导的、具有相对固定特征的积累体系趋于瓦解，并逐步向符合市场原则的灵活性的积累体系迈进。新的积累体系的构建，是在原来的积累体系中引入了市场调节因素，因而，在宏观上，必然打破了原来相对平均化的分配格局，削弱了消费需求的增长；在微观上，则势必破坏了原来企业利益相关者长期导向的问责机制。由此可见，新的积累体系的构建，必然冲击原有宏观环境与微观体制的配合，造成中国 20 世纪 90 年代中期经济发展困难。这一时期出现的失业加剧、企业经济效益恶化等经济停滞征兆，可以说是中国经济体制转轨中微观机制与宏观环境不相协调的一个直接反映。

面对这些经济困难，连同1998年东亚危机所带来的外部经济环境的恶化，中国政府采取了一系列的稳增长、促就业的经济措施，包括提高社会保障、实施积极的财政政策、建立国有资产管理部门、加强外汇管制等，这些措施的实施意味着市场化改革进程的暂时放缓。至21世纪初，经济困难得以缓解，外部环境也大为改善。然而，21世纪显现出的以"资本深化"为特征的经济增长路径，其所对应的积累体系，是以国有控制的大型企业为主导、具有长期导向特征的利益相关者问责机制的相对固定的积累体系。这种积累体系既没有回到改革开放前以国有部门为主导的固定性积累模式，但也没有转向新自由主义所推介的以企业私有化、金融自由化为特征的灵活性的积累体系。这种积累体系的形成，既是来自需求来源变动的诱导和国家政策的促成，也是社会各方力量博弈所共同塑造的结果。

这种积累体系早在20世纪90年代中期已现端倪，而在21世纪得以巩固。这种积累体系由于以大型企业为主导，且利益相关者的问责具有长期导向特征，因而具有较强的集体学习效应和动态规模效益，但这种积累体系缺乏灵活性，因而也在某种程度上牺牲了资源配置效率。而总体效应如何，则取决于何者占主导。本书认为，这种固定性的积累体系所获得的动态规模效益，足以弥补在资源配置效率上的损失，从而推动经济发展。这即是自20世纪90年代中期以来，中国经济依然保持较快增长的重要原因。

这种积累体系也有其内在的脆弱性。正如本书前文分析，这种积累体系在需求方面的重要特征之一是，投资需求增长相对较快，而消费需求增长相对不足，即内需结构上呈现一定程度的失衡特征。这种不平衡的需求结构是否具有现实可行性，即是否能维持宏观经济平稳运转，还必须看宏观环境与微观机制是否相匹配。当前的积累体系尽管与政府期望构建的符合市场原则的灵活性体制不是十分相符，但从目前宏观经济的运行状况看，在总体上宏观需求环境与微观激励机制基本上是配合的。不过这种需求结构是否具有可持续性，关键取决于这种模式是否能够持续地获得足够的动态规模效益，以阻止由于投资边际报酬上的递减所导致的效率的下降。

这种积累体系的另一重要特征是它的出口导向性，换言之，外部需求是支撑这种积累体系的重要方面。正因如此，这种积累体系也易于受到外部需求的冲击。1998 年的东亚金融危机就是一个较好的例证。2008 年以来的世界性经济危机也在一定程度上对中国经济产生影响。这种影响不是短暂的，而是长期的。可见，中国经济将从高速增长阶段，转向一个较长时期的中速增长阶段，这即是 2014 年备受学术界关注的“新常态”。

概言之，从积累体系的需求因素来看，“新常态”是内需结构失衡与外需不足共同作用的结果。而这种积累体系是否具有可持续性，关键取决于是否能够克服积累体系的内外部约束，即中国企业是否具有足够的技术创新速度，以获取较高动态效益来维持较高的投资收益和赢得更大的外部市场空间。从另一角度看，“新常态”同时也说明中国经济开始步入增长质量不断提高、经济结构不断优化、增长动力由要素驱动开始转向由创新驱动的新的历史发展阶段。因此，如何提升企业的科技自主创新能力，则是当前“新常态”的紧迫任务。

根据相关文献的“技术—经济范式”理论，技术创新得以实现的前提条件：一是必须培育出新的“关键要素”；二是必须具备与创新活动相配合的“制度环境”。本书认为，唯有“持续创新能力”才是维持企业持久竞争优势的保证，因而是促使“技术—经济”结构提升的“关键要素”。要获得“持续的创新能力”，则必须具备与之相配合的“制度环境”，这即是与“技术—经济”结构范式相匹配的国家创新体系。

高校、科研机构、企业和政府是国家创新体系的四大主体，要提升企业的技术创新能力，就必须将这四者有机地结合起来，实现“从基础理论创新到技术创新”和“从技术创新向生产率的提升”两个层面的转化。而要产生“持续的创新能力”，除本书上文所提到两个层面的转化以外，还必须加强基础理论研究和加大科技投入力度，即必须将“提升的生产率”转化为“现实的创新力”，完成第三个层面的转化，从而形成良性的创新循环机制。

对于如何构建国家创新体系，新古典主义倾向强调市场调节在技术创新中的意义。然而这种调节机制往往要求灵活性的积累体系与之相配合。

尽管中国的改革进程基本上是朝着符合市场原则的灵活性的体系迈进，但支撑当前中国经济持续快速增长的还仍是以国有大型企业为主导的、以固定性和长期导向为特征的积累体系，因此，根据当前的发展实际，从企业组织形式的角度看，应该更加重视具有较强集体学习效应的大型企业尤其是大型国有企业在创新体系中的作用。

主要参考文献

1. 马克思：《资本论》第1—3卷，人民出版社2004年版。
2. 《马克思恩格斯选集》第1—4卷，人民出版社1957—1960年版。
3. 《列宁全集》第1、4卷，人民出版社1958年版。
4. 《斯大林全集》第8—11卷，人民出版社1954年版。
5. 《布哈林选集》（上册），人民出版社1981年版。
6. 艾伯特·赫希曼：《经济发展战略》，经济科学出版社1991年版。
7. 陈佳贵等：《中国地区工业化进程的综合评价和特征分析》，载于《经济研究》2006年第6期。
8. 范家骧：《七十年代的发展经济学》，载于《世界经济》1980年第4期。
9. 郭克莎：《中国工业化的进程——问题与出路》载于《中国社会科学》2000年第3期。
10. 黄泰岩、李德标：《我国新型工业化的道路选择》，载于《中国特色社会主义研究》2003年第1期。
11. 亨利·埃茨科维茨：《三螺旋：大学·产业·政府三元一体的创新战略》，东方出版社2005年版。
12. 惠树鹏：《技术创新与我国区域经济增长的差异性研究》，载于《甘肃社会科学》2009年第3期。
13. 卡萝塔·佩蕾丝：《技术变革与金融资本》，中国人民出版社2007年版。
14. 库恩：《科学革命的结构》，上海科学技术出版社1980年版。
15. 黎贵才、卢荻：《资本深化、资源约束与中国经济可持续增长》，载于《经济学家》2011年第5期。

16. 黎贵才、卢荻：《中国经济增长模式演进的就业效应》，载于《经济理论与经济管理》2009 年第 12 期。

17. 李悦：《中国工业部门结构》，中国人民大学出版社 1983 年版。

18. 林淼：《技术链、产业链和技术创新链：理论分析与政策含义》，载于《科学学压研究》2001 年第 4 期。

19. 刘茂松、彭新宇：《论我国农业转型期的农业》，载于《求索》2005 年 12 期。

20. 卢荻：《变革性经济增长—中国经济的结构与制度分析》，经济科学出版社 2001 年版。

21. 卢荻：《世界发展危机与"中国模式"》，《政治经济学评论》2010 年第 4 期。

22. 卢荻：《面对全球化的制度变革和后进发展》，载于《政治经济学评论》2005 年第 2 期。

23. 欧曼等：《战后发展理论》，中国发展出版社 2000 年版。

24. 钱纳里等：《工业化和经济增长的比较研究》，上海三联书店 1989 年版。

25. 塞风、陈淮：《论工业化理论》载于《中国人民大学学报》1990 年第 3 期。

26. 桑贾亚·拉尔：《对发展中国家工业成功的解释》，载《发展经济学前沿问题》，中国税务出版社 2000 年版。

27. 邵慰、李怀：《中国汽车产业自主创新机制研究》，载于《财经问题研究》2013 年第 4 期。

28. 桑托斯：《帝国主义与依附》，社会科学文献出版社 1999 年版，第 265 页。

29. 王春法：《新经济：一种新的技术 - 经济范式》，载于《世界经济与政治》2001 年第 3 期。

30. 武力、高伯文：《试论马克思主义工业化理论的实践与发展》，载于《马克思主义研究》2003 年第 7 期。

31. 吴敬琏：《中国应当走什么样的工业化道路》，载于《管理世界》2006 年第 8 期。

32. 约翰·科迪等：《发展中国家的工业发展政策》，经济科学出版社

1990 年版。

33. 张培刚:《农业与工业化:农业国工业化问题再论》,华中科技大学出版社 2002 年版。

34. 张军等:《结构改革与中国工业增长》,载于《经济研究》2009 年第 7 期。

35. 郑永年:《国际发展格局中的中国模式》,载于《中国社会科学》2009 年第 5 期。

36. 钟宁桦:《农村工业化还能走多远?》,载于《经济研究》2011 年第 1 期。

37. A. Fischer, "Is China Turning Latin? China's Balancing Act between Power and Dependence in the Lead up to Global Crisis", *Journal of International Development*, 2010, Vol. 20.

38. A. K. Dutt, *Growth, Distribution, and Uneven Development*, London: Cambridge University Press 1990.

39. Baumol Willian J, "Productivity Growth, Convergence, and Welfare: What the Long – run Data Show", *American Economic Review*, 1986.

40. Carlota Perez. , "Structural Change and Assimilation of New Technologies in the Economic and Social Systems", *Futures*, 1983, Vol. 15, no. 4.

41. Carlota Perez, *Technological Revolutions and Financial Capital: The Dynamics of Bubbles and Golden Ages*, Cheltenham: Edward Elgar, 2002.

42. C. Furtado, *Development and Underdevelopment*, Berkeley: University of California Press, 1964.

43. Chandler, A. D. Jr. , *Scale and Scope: The Dynamics of Industrial Capitalism*, Harvard University Press, 1990.

44. D. Santos, "The Structure of Dependence", *American Economic Review*, 1970, Vol. 60, No. 2.

45. Foster, "The Age of Monopoly – Finance Capital", *Monthly Review*, 2010, Vol. 61, No. 2.

46. H. Magdoff, P. Sweezy, "Production and Finance", Monthly Review, 1983, Vol. 27, No. 6.

47. Krugman, P, "The Myth of Asia's Miracle", *Foreign Affairs*,

1994, Vol. 73.

48. N. Kaldor, "Economic Growth and the Verdoorn's Law: A Comment on Mr. Rowthorn's Article", *Economic Journal*, 1975, Vol. 85, No. 340.

49. N. Lardy, "The Role of Foreign Trade and Investment in China's Economic Transformation", *The China Quarterly*, 1995, Vol. 144.

50. O. Sunkel, "National Development Policy and External Dependency in Latin America", *Journal of Development Studies*, 1969, Vol. 1, No. 1.

51. Pack, H., "Endogenous Growth Theory: Intellectual Appeal and Empirical Shortcomings", *Journal of Economic Perspectives*, Vol. 8, No. 4.

52. P. Baran and P. Sweezy, *Monopoly Capital*, New York: Monthly Review Press, 1966.

53. Romer, P. M., "Endogenous Technological Change", *Journal of Political Economy*, 1990, 98.

54. R. Prebisch, "The Economic Development of Latin America and its Principal Problems", *Economic Bulletin for Latin America*, 1962, Vol. 17, No. 1.

55. S. D. A. Kaiser, "Foreign Direct Investment in China: An Examination of the Literature", *Asia Pacific Business Review*, 1996, Vol. 2, No. 3.

56. Wade, R., "The Asian Debt - Development Crisis of 1997 - 1998?: Causes and Consequences", *World Development*, 1998, Vol. 26, No. 8, pp. 1535 - 1553.

57. Wade, R. and Veneroso, "The Asian Crisis: the High Debt Model versus the Wall Street - Treasury - IMF Complex", *New Left Review*, 1998, Vol. 228, pp. 3 - 23.

58. W. Keller, "International Technology Diffusion", *Journal of Economic Literature*, 2004, No. 42.

59. *World Bank*, *World Development Report* 1996, New York, Oxford University Press, 1996.

后　　记

本书系吉林省省级人文社科重点研究重大招标项目“长春市经济增长与南大学城推进策略研究”的最终研究成果。本课题虽将研究范围定位于长春市，但任何一个区域的发展都不是孤立的，因此，要考察长春市的经济发展，还必须将其放在特定时期的中国经济发展阶段与经济全球化的大背景下来进行研究。

中国作为发展中国家，工业化是其经济发展的原动力，因此，本书以工业化作为分析主线。本书的前半部分，主要从社会积累体系演进的角度，讨论了自改革开放以来中国工业化模式变革、效率特性及其可持续性。这部分内容可以看成是笔者 2011 年出版的专著《增长与就业的动态结构分析》（经济科学出版社）的研究内容的一个延伸。这部专著在讨论增长与就业关系的同时，还侧重从就业效应的角度，对改革期间的前后两种中国工业化模式进行了效率比较分析。而本书的前半部分则侧重从“技术—经济范式”视角，分析社会积累体系演进的动力，从而探讨中国工业化模式变革的内在原因。

本书的后半部分主要以长春市为例，进一步运用“技术—经济范式”框架，构建高校、产业与城市三位一体的联动模式，从技术创新视角探讨了当前“新常态”下，如何突破“资本深化”模式的内外部约束，以实现自主发展。这部分内容的基本思想主要来源于弗里曼和佩蕾丝（1988）有关“关键要素”在“技术—经济范式”变革中作用的分析。本书认为唯有“持续的创新能力”才是引起“技术—经济范式”变革的“关键要素”。

运用“技术—经济范式”来分析中国的发展模式，主要是受到笔者博士生导师卢荻教授的“关于后进工业化的技术、增长和体制理论”

(《经济学家》2002 年第 1 期)与“国家创新体系的微观经济学研究”两篇文章的启发。而对中国工业化模式特征的分析，更是建立在卢荻教授“面对全球化的制度变革和后进发展”(《政治经济学评论》2005 年第 2 期)一文的分析基础之上。卢老师渊博的学识，独到的视角，严谨的学风，一直是笔者从事学术研究的知识和精神支持。

相关文献的“技术—经济范式”变革理论，笔者认为，其思想应该来源于马克思的生产力决定理论，至少受其启发。但显然前者由于缺乏历史维度而没有后者深刻。不过，将其用于分析中国特定历史时期的工业化发展仍有较强的解释力。本书在该框架中引入了马克思的两部类再生产理论思想作为微观理论基础，以尽可能地克服该框架的局限。这部分内容主要体现在对“资本深化”工业化模式的动态效率和非均衡的分析中。

笔者的马克思经济学功底和对马克思经济学的感情，主要来自于笔者硕士生导师丁堡骏教授多年的教导。丁老师是笔者步入学术殿堂的引路人，他有着深厚的马克思经济学的理论造诣和坚定的马克思主义信仰。笔者在经济学研究中的马克思主义立场、观点和方法，主要受益于丁老师长期以来的教诲和熏陶。丁老师严谨的治学态度和孜孜不倦的钻研精神，是笔者一生的学习楷模。

本书前半部分的大部分内容，是在已经发表的论文基础上修改而成的。这些文章主要已发表在《经济学家》、《经济理论与经济管理》、《政治经济学评论》和《当代经济研究》等学术刊物上。在此感谢相关期刊的慨允，使得这些内容能够在这里得以大幅引用。最后在此还要感谢中国人民大学经济学院张宇教授、方福前教授、孟捷教授、邱海平教授等一批专家学者的关怀和帮助，感谢谢富胜博士、周端明博士、赵峰博士等朋友们的批评和鼓励，感谢吉林财经大学长期以来给予的帮助和支持，感谢中国社会科学出版社杨晓芳老师、赵丽老师等为本书出版所付出的辛劳。感谢所有给予我帮助的人们，恕我在这里不能一一提及。

黎贵才

2015 年 2 月 1 日